Peter Weingart
Wissensproduktion und
soziale Struktur

Suhrkamp

Wissenschaftsforschung

Beratung
Wolfgang Krohn, Wolf Lepenies, Peter Weingart

suhrkamp taschenbuch wissenschaft 155
Erste Auflage 1976
© Suhrkamp Verlag Frankfurt am Main 1976
Suhrkamp Taschenbuch Verlag
Alle Rechte vorbehalten, insbesondere das des
öffentlichen Vortrags, der Übertragung durch
Rundfunk oder Fernsehen und der Übersetzung,
auch einzelner Teile.
Satz: Maschinensetzerei Bruno Leingärtner, Nabburg
Druck: Nomos, Baden-Baden
Printed in Germany.
Umschlag nach Entwürfen von
Willy Fleckhaus und Rolf Staudt.

Inhalt

Meinem Vater

Vorwort

Dieses Buch ist zum Teil Fazit und zum Teil Programm. Seit die Wissenschaftsforschung sich an einigen Universitäten und Forschungsinstituten in der Bundesrepublik etabliert hat, besteht zwischen einigen der auf diesem Feld Arbeitenden auch eine weitgehende Übereinstimmung darüber, welches die relevanten theoretischen Fragestellungen sind und worin die Unzulänglichkeiten der bisherigen Analysen, insbesondere der Wissenschaftssoziologie, zu sehen sind. Jede Programmatik läßt im Verlauf ihrer Realisierung die ihr spezifischen Schwierigkeiten und Grenzen erkennen. Das ist im Fall der Wissenschaftsforschung auch nicht anders.

Was zuweilen unscharf als kognitive Wissenschaftssoziologie bezeichnet worden ist – das Programm, auch die Inhalte der Wissenschaft zum Gegenstand der Analyse zu machen – hat von Anbeginn eine Fülle von Problemen aufgeworfen. Der in Kapitel II vorgenommene Versuch einer Konzeptualisierung kognitiver und institutioneller Elemente ist das Ergebnis einer nahezu vollständigen Überarbeitung und Erweiterung einer in englischer Sprache erschienenen Arbeit. Überlegungen anderer Wissenschaftsforscher, vor allem R. Whitleys und G. Böhmes, gehen in eine ähnliche Richtung und es steht zu hoffen, daß es in diesem Problembereich bald zu einer einheitlichen Konzeptualisierung kommt. Damit ist zugleich gesagt, daß diese Arbeiten noch nicht zu einem befriedigenden Ende gekommen sind.

Es ist ebenfalls kein Zufall, daß gerade solche Überlegungen die wissenssoziologische Perspektive wieder ins Blickfeld gerückt haben. Auch in dieser Hinsicht besteht offenbar bei einer Reihe von Wissenschaftssoziologen Einigkeit, ohne daß diese das Ergebnis einer engeren Zusammenarbeit wäre. Der Grund dafür scheint in der neuen Formulierung des Internalismus/Externalismus-Problems vor dem Hintergrund einer die kognitiven Orientierungen einbeziehenden Wissenschaftssoziologie zu liegen. Aufgrund dessen schien es angemessen, die gesamte Diskussion auf die wissenssoziologische Fragestellung hin zuzuspitzen. Dennoch wird erst die explizite Aufnahme dieser Analyse erweisen können, ob sie tatsächlich den fruchtbaren

Zugang zur Bestimmung interner und externer Entwicklungs-determinanten der Wissenschaft darstellt, als der er derzeit erscheint. Dieser erste Abschnitt des Buches formuliert den theoretischen Rahmen der einzelnen Studien, die alle aus dem Versuch heraus entstanden sind, am konkreten Fall das Verhältnis von kognitiven und institutionellen Determinanten im Prozeß der Wissenschaftsentwicklung zu klären. Dabei gilt der Beziehung zwischen Wissenschaftsentwicklung und Wissenschaftspolitik besondere Aufmerksamkeit, denn in dieser Beziehung ist die Frage nach autonomer Wissenschaftsentwicklung und Steuerbarkeit am ehesten analytisch zu fassen und empirisch zu untersuchen. Das Kapitel IV ist eine ursprünglich für das Institut für Gesellschaft und Wissenschaft in Erlangen verfaßte und überarbeitete Studie. Das Kapitel V ist eine Zwischenbilanz aus einem größeren empirischen Projekt zur Entstehung des Umweltprogramms und seiner Auswirkungen auf die biologische Forschung in der Bundesrepublik. Es ist eine erweiterte Fassung eines Aufsatzes für den Band *Perspectives in the Sociology of Science* von Stuart Blume.

Es sei darauf hingewiesen, daß diese Arbeit zugleich in den Rahmen eines größeren Projekts fällt, das eine Reihe von Fallstudien zur Frage nach den Bedingungen und Grenzen der Steuerbarkeit von Wissenschaft umfaßt und am Zentrum für Interdisziplinäre Forschung der Universität Bielefeld durchgeführt wird. So ist sie vielleicht auch mehr als die anderen aus einem größerem Diskussionskontext hervorgegangen und abgesehen von der dokumentierten Kooperation mit G. Küppers und P. Lundgreen verdanke ich infolgedessen einen nicht näher bestimmbaren Anteil der Gedanken den Teilnehmern an dieser Diskussion.

Die Arbeit zum Verhältnis von Wissenschaft und Technik, die eine leicht überarbeitete Fassung des im Sonderheft »Wissenschaftssoziologie« der *Kölner Zeitschrift für Soziologie und Sozialpsychologie* erschienenen Aufsatzes ist, stellte einen ersten Schritt in Richtung der Beschäftigung mit eben jenem Forschungsbereich dar. Über die Analyse von Erkenntnisregulativen und gesellschaftlichen Bewährungskriterien verspricht der Vergleich von Wissenschaft und Technik bzw. von ›akademischer‹ und ›technisch orientierter‹ Wissensproduktion einen besonders lohnenden Zugang zum Internalismus/Externalismus-Problem.

Das VI. Kapitel schließlich geht auf ein Gutachten für den Deutschen Bildungsrat zur Begründung der Weiterbildung zurück. Die dafür entwickelte Argumentation ist zwar erhalten geblieben, aber in einen völlig neuen Kontext gestellt worden. Jetzt steht der Nachweis im Vordergrund, daß die Entwicklungsdynamik systematischen Wissens ein Bestimmungsfaktor und eine einschränkende Bedingung sozialer Prozesse ist.

Für den wissenschaftssoziologisch interessierten Leser erhält das Buch seinen Zusammenhang durch das theoretische Programm, das in den ersten beiden Kapiteln entfaltet wird und das die folgenden Kapitel zu elaborieren versuchen. Wer jedoch ein eher praktisches Interesse an wissenschaftssoziologischen Analysen hat, kann sich durch die Lektüre der Kapitel III–VI ein Bild davon machen, ob das theoretische Programm zu interessanten Ergebnissen führt.

Ich danke dem Westdeutschen Verlag, dem Klett Verlag sowie John Wiley & Sons für die Erlaubnis des Wiederabdrucks bzw. der Übersetzung, ich danke ferner Wolf Lepenies, Peter Lundgreen, Wolfgang van den Daele und Enno Schmitz für kritische Hinweise sowie schließlich Kerstin Bornkessel und Brigitte Meise für die technische Herstellung des Manuskripts.

Werther, April 1976

I. Sozialstruktur und Strukturen des Wissens — Die Determinationsverhältnisse zwischen Wissen und sozialer Struktur — Marx, Engels, Weber, Scheler und Mannheim

Daß die Frage, ob das Wissen ein Reflex sozialer Bedingungen oder umgekehrt, diese letztlich durch Wissen konstituiert werden, ob die Wissenschaft ein autonomer Bereich mit eigenen Gesetzen ist oder »externen« Einflüssen unterliegt und nur durch diese erklärbar ist, daß diese Frage die Forschungsprogramme von Gesellschaftstheorie und Wissenschaftsphilosophie bestimmt und die Grenzen zwischen ihnen definiert, ist selbst ein interessantes wissenschaftssoziologisches Phänomen. In den subtilen theoretischen Diskussionen zwischen Philosophie und Soziologie ist die uralte Dichotomisierung von Handarbeit und Kopfarbeit, von Praxis und Theorie und zumal ihre sozialstrukturelle Konfiguration als eine Hierarchie von Stand und Privileg kaum mehr erkennbar, obwohl sie wohl deren Ursprung ist. Vielleicht ist dieser Ursprung des längst verselbständigten und theoretisch überhöhten Problems, zumal die keineswegs überwundene Hierarchie und die daran geknüpften Ideologien, auch die Erklärung dafür, daß das Problem als wissenschaftliche Fragestellung bislang nicht entschieden worden ist und – in der Art, wie es gewöhnlich angegangen wird – überdies unentscheidbar bleibt.[1]

Wenn dieses Buch dennoch das Problem der »internen« und »externen« Determinierung der Wissenschaft zum Gegenstand hat, so deshalb, weil sich das Problem als wissenschaftliches gegenüber seinem sozialen Anlaß verselbständigt und in der Form von Legitimationsweisen eine eigene Realität gewonnen hat. Mit der Ausdifferenzierung der Wissenschaft und der Institutionalisierung der Trennung von »reiner« und »angewandter« Forschung richtet sich die Analyse auf eine soziale Realität, die nicht als bloße Ideologie abgetan werden kann. Die damit gesetzten sozialen Strukturen und die ihnen zugehörigen Legitimationssysteme haben ein Eigengewicht, d. h. sie bestimmen soziales Handeln. Aber es ist noch mehr als die

Ausdifferenzierung von Wissenschaft, die deren soziale Bedingtheit zum wissenschaftlichen Problem macht. Während die wissenssoziologische Frage nach der sozialstrukturellen Bedingtheit von nichtwissenschaftlichen Wissenssystemen ein zwar spannendes aber früh desavouiertes Thema darstellte, hat sich die Soziologie (bzw. die Gesellschaftswissenschaft) mit dem systematischen, universalen Wissen und dessen Reduzierbarkeit auf soziale Strukturen von Anfang an schwer getan. Für Marx stand ebenso wie für Weber und die Wissenssoziologen die Rolle von religiösen, politischen bzw. sozialphilosophischen Wissenssystemen im Vordergrund. Die Tradition, die diese Autoren miteinander verbindet, ist die einer allgemeinen Gesellschaftstheorie, die sich zugleich noch als Theorie kultureller Entwicklung verstehen konnte. Die Wissenschaft hat keine gesonderte Stellung, die sie zum Gegenstand spezieller Überlegungen macht, sie ist vielmehr eine Form des Wissens neben anderen. Gerade die Tatsache aber, daß es in dieser theoretischen Tradition um die Vermittlung von sozialem Sein und Bewußtsein, von Geist und Natur, von geistigen Gebilden und gesellschaftlichen Strukturen allgemein geht und die Wissenschaft unter die »geistigen Gebilde« subsumiert wird, verweist auf die Parallelität der Problemstellung. Anders gesagt: das auf einer allgemeinen Ebene der gesellschaftstheoretischen Analyse gestellte Problem der Beziehungen zwischen sozialen und geistigen Strukturen entspricht dem spezielleren Problem der Beziehungen zwischen sozialen Strukturen und systematischem Wissen. Der besondere Charakter systematischen Wissens (im Unterschied zu religiösen, politischen und philosophischen Wissenssystemen) zwingt jedoch zum Teil zu anderen Antworten.

Der Hinweis auf diese Parallelität der Problemstellung ist kein verzichtbarer Rekurs auf die Theoriegeschichte. Vielmehr verweist sie sowohl auf eine verlorengegangene theoretische Perspektive der Wissenschaftsgeschichte als auch auf spezifische methodische Probleme einer wissenssoziologischen Theorie im weitesten Sinn. Eine Wissenschaftssoziologie, die an die genannte Tradition von Gesellschaftstheorie zumindest in dem Sinn wieder anknüpft, daß sie die Frage nach den »internen« und »externen« Determinanten der Wissenschaftsentwicklung in der allgemeineren gesellschaftstheoretischen Perspektive sieht, führt aus der geschichtslosen Spezialisierung heraus und ermöglicht die schärfere Bestimmung der Grenzen zwischen verschiedenen Wissensformen. Von daher erscheint es möglich, die Entwicklung von Gesellschaftstheorie und Wissenschaftssoziologie wieder umzukehren. Letztere ist zumal in der Form, wie sie in den vergangenen dreißig Jahren überwiegend betrieben wurde, ein klägliches Überbleibsel jener Entwicklungslinie, die Marx, Weber sowie die Kultur- und Wissenssoziologie verbindet. Sie ist zugleich das Produkt einer immer weiteren Zurückdrängung spekulativer Entwürfe zugunsten eingeschränkter, aber empirisch erforschbarer Zusammenhänge. Aus dem Blickwinkel der systematisch-empirischen Erforschung der Wissenschaft ließen sich jedoch wieder die umfassenderen Phänomene soziokulturellen Wandels betrachten, wenn es sich erweist, daß die Entwicklungsmuster der Wissenschaft strukturell nicht von denen anderer Wissensformen unterschieden bzw. der gleichen Art der Analyse zugänglich sind.[2]

Im folgenden soll deshalb die Konzeptualisierung ideeller und materieller bzw. kognitiver und sozialer Strukturen von der Marxschen Ideologiekritik bis zur Wissenssoziologie Schelers und Mannheims verfolgt werden, wobei der Rolle, die die Wissenschaft in diesen Theorien spielt, besondere Beachtung geschenkt wird. Es wird zu zeigen sein, daß die gesellschaftstheoretischen Fragestellungen in dieser Theorietradition zwar zwischenzeitlich in der neu entstehenden Wissenschaftssoziologie verlorengehen, aber in der jüngeren Diskussion in dieser Spezialdisziplin, wenngleich nur sehr vermittelt und auf die Wissenschaft spezifiziert, wiederaufgenommen werden. So stellt sich die Frage, ob diese Entwicklung nur die Wiederholung eines historischen Fehlers oder die Wiederaufnahme einer vorschnell als metaphysisch diskriminierten Fragestellung ist.

Die Marxsche Kennzeichnung des Verhältnisses von Basis und Überbau hat zwar die vulgarisierend-mechanistischen Deutungen des Determinationsverhältnisses zwischen sozialen bzw. ökonomischen und geistigen Strukturen nahegelegt, ist aber von Marx selbst als vermitteltes Verhältnis von ›Geistigem‹ und ›Naturwüchsigem‹ und als Charakteristikum der »dialektischen Struktur des sozialen Prozesses« betrachtet worden.[3] Die Interpretationen, die Marx' Vorstellung der ökonomischen Basis bzw. der materiellen Verhältnisse als den sich wandelnden Formen der Produktion und Reproduktion des Lebens erfahren hat, verweisen bereits auf die Problematik eines derartigen »Substratbegriffs«. Engels hebt hervor, daß Produktion und Reproduktion das »*in letzter Instanz* bestimmende Moment«, aber nicht das einzige ist. Die verschiedenen »Momente des Überbaus«, Verfassungen, Rechtsformen, politische, juristische, philosophische Theorien, religiöse Anschauungen und Dogmensysteme, »bestimmen vorwiegend deren *Form*«. Auch diese Momente, einschließlich der in den »Köpfen der Menschen spukende(n) Tradition spielen eine Rolle, wenn auch nicht die entscheidende.«[4] Max Adler hat Deutungen kritisiert, wonach die »materialistischen« Elemente des Marxismus im Sinne eines mechanistischen Materialismus zu verstehen sind. Er versucht zu zeigen, daß die materiellen Produktionsverhältnisse in der Marxschen Theorie nicht ausschließlich stoffliches Substrat, sondern zugleich auch immer geistige Verhältnisse sind. »Es gibt keine materiellen Verhältnisse, die nicht zugleich geistige sind, weil auch die Arbeit, die sich auf die materielle Produktion bezieht, ebenso wie die Verteilung ihrer Produkte und der Genuß derselben ohne die zweck- und wertsetzende Tätigkeit der Menschen gar nicht möglich ist . . . «[5]

Diese Aufhebung der Trennung zweier unterschiedlicher Sphären kann auch als eine Kritik an Marx gelten, vor allem verweist sie darauf, daß die Dichotomie zwischen ökonomischen oder sozialen Strukturen auf der einen und geistigen auf der anderen möglicherweise doch eine falsche Grenzziehung beinhaltet. Engels' Antwort auf Kritiker eines einseitigen Determinationsverhältnisses läßt die daraus resultierenden Schwierigkeiten erkennen, sie enthält freilich zugleich auch wichtige Hinweise auf die Beziehung zwischen Basis und Überbau. So demonstriert er am Beispiel der Rechtsentwicklung, daß das Recht nicht nur Ausdruck der ökonomischen Lage sein muß, »sondern auch *ein in sich zusammenhängender Ausdruck*, der sich nicht durch innere Widersprüche selbst ins Gesicht schlägt«. Der Gang der Rechtsentwicklung besteht so in dem Oszillieren zwischen dem Zwang zur Herstellung eines harmonischen Rechtssystems und dem Einfluß der ökonomischen Weiterentwicklung, durch den dieses System immer wieder durchbrochen »und in neue Widersprüche verwickelt«

wird. Und mit dem Beispiel des Erbrechts belegt er die These, daß das Recht auf die ökonomische Basis zurückwirkt, indem es die Vermögensteilung beeinflußt.[6] Dennoch bleibt die Rückwirkung des »Überbaus« auf die Basis letztlich ohne Konsequenz, denn, so erklärt Engels im gleichen Zusammenhang, die Rechtssätze sind doch nur ökonomische Reflexe, die politischen Kämpfe und Ereignisse stehen in einer *allgemeinen* Abhängigkeit von ökonomischen »Bedingungen«.[7]

Obgleich die Wissenschaft ebenfalls zum Überbau zählt, sind insbesondere die Naturwissenschaften nicht explizit Gegenstand der Marxschen Ideologiekritik. Die wenigen Bezüge, die sich bei ihm finden, lassen keine eindeutigen Rückschlüsse darauf zu, in welchem Determinations- bzw. Abhängigkeitsverhältnis die Wissenschaftsgeschichte von Marx gesehen wurde. Im Zusammenhang mit der Produktivkraftentwicklung der Arbeit kommt der Entwicklung der Technik eine zentrale Bedeutung zu und eine »kritische Geschichte der Technologie« »enthüllt das aktive Verhalten des Menschen zur Natur, den unmittelbaren Produktionsprozeß seines Lebens, damit auch seiner gesellschaftlichen Lebensverhältnisse und der ihnen entquellenden geistigen Vorstellungen«.[8] Andererseits ist für Marx die Ausnutzung der freien Naturkräfte im Produktionsprozeß abhängig von »Methoden und wissenschaftlichen Fortschritten«,[9] ohne daß deren Entwicklungsgesetze weiter betrachtet werden.

Engels sieht zwar im ökonomischen Bedürfnis die Haupttriebfeder fortschreitender Naturerkenntnis, aber es können nicht für alle falschen Vorstellungen von der Natur, von der Beschaffenheit des Menschen etc. (in Religion, Philosophie usw.) ökonomische Ursachen verantwortlich gemacht werden. Die Wissenschaft hat, insofern sie die Angelegenheit einer innerhalb der gesellschaftlichen Arbeitsteilung selbständigen Gruppe ist, einschließlich ihrer Irrtümer »einen rückwirkenden Einfluß auf die ganze gesellschaftliche Entwicklung, selbst auf die ökonomische.«[10] Auch in diesem Zusammenhang betont Engels, daß die Wissenschaftler »bei alledem … selbst wieder unter dem beherrschenden Einfluß der ökonomischen Entwicklung« stehen, und er versucht das am Beispiel der Philosophie und nicht etwa der Naturwissenschaft nachzuweisen. Letzteres haben in pointierter Form erst marxistisch orientierte Wissenschaftshistoriker wie J. D. Bernal und B. Hessen unternommen.[11]

Hessens Ansatz kann gleichsam als paradigmatisch für die vulgarisierte marxistische Wissenschaftsanalyse gelten, insofern er die »Rückwirkungen« der Wissenschaft auf die ökonomische Basis nicht mehr thematisiert, sondern ein einseitiges Determinationsverhältnis unterstellt. Mit dem Versuch, die zentralen Themenstellungen der Wissenschaft (am Beispiel Newtons) aus den im 17. Jahrhundert vorherrschenden technischen Problemen abzuleiten, gerät er in die für dieses Vorgehen typische Problematik der »Analogisierung« ökonomischer und wissenschaftlicher Entwicklungsprozesse. Der einzige Vermittlungsmechanismus, den er angeben kann, ist die Klassenlage Newtons, und der ist im Hinblick auf die Komplexität der unterstellten Beziehung zu krude.[12] Es muß hinzugefügt werden, daß ein Nachweis der Abhängigkeit der Wissenschaftsentwicklung von ökonomisch-technischen Problemen, wenn überhaupt, für die Zeit des 17. Jahrhunderts noch am ehesten zu führen ist, wo die naturwissenschaftlichen Disziplinen noch nicht gegenstandsspezifisch institutionalisiert waren und die Gegenstände der neuen wissenschaftlichen Methode denen der handwerklichen Praxis noch eng verwandt waren. Im Grunde geht es hier eher um die Analyse der Konstitutionsbedingungen (oder auch der Selektionsbedingungen) der modernen Wissenschaft als um ihre Entwicklungsbedingungen.

Max Weber steht in der Entwicklungslinie von Marx zu den Wissenssoziologen — vor allem aufgrund seiner Kritik am historischen Materialismus, wie er sie in seiner Religionssoziologie geführt hat. Auch für Weber war die Wissenschaft nicht der zentrale Gegenstand, sondern die Entwicklung des Rationalismus in der westlichen Zivilisation, wenngleich die Entstehung der modernen Wissenschaft ein Aspekt dieser Entwicklung ist. Die Analyse der Bedeutung des asketischen Rationalismus hatte er auf die Entwicklung des Kapitalismus beschränkt, aber er betonte, daß sie sich ausweiten lassen müsse, so u. a. auf die Beziehung des asketischen Rationalismus »zur Entwicklung des philosophischen und wissenschaftlichen Empirismus, zu der technischen Entwicklung und zu den geistigen Kulturgütern ...«[13]

Um das volle *Maß* der Kulturbedeutung des asketischen Protestantismus einschätzen zu können, müßte die Analyse sich auf die Frage erstrecken, »wie die protestantische Askese ihrerseits durch die Gesamtheit der gesellschaftlichen Kulturbedingungen, insbesondere auch der *ökonomischen*, in ihrem Werden und ihrer Eigenart beeinflußt worden ist . . . «. Webers Analysen wandten sich zwar gegen einen einseitigen ›Materialismus‹, er wollte aber dagegen auch keine »ebenso einseitig spiritualistische kausale Kultur- und Geschichtsdeutung« setzen, wenn schon er beide für »gleich möglich« hielt.[14] Er hat diesen Strang der Untersuchung nicht verfolgt, weil er daran festhielt, daß die Entstehung des westlichen Rationalismus auf die Wirkungsweise religiöser Ideen zurückzuführen war und gerade dadurch die »Schranken« der geschichtsmaterialistischen Auffassung aufzuweisen waren.[15] Ihm war klar, daß auch die religiösen Bewegungen der Reformation ihre Vorläufer hatten, und obgleich er die sozialen und ökonomischen Einflüsse auf diese nicht im einzelnen untersucht hatte, schenkte er der Geschichte der Stadt im mittelalterlichen Europa besondere Aufmerksamkeit; weil die Entstehung eines Handelsethos und einer sozial geschlossenen städtischen Mittelklasse die besondere Wirkung des Puritanismus erklären helfen.[16]

Die Entstehung der modernen Wissenschaft ist für Weber Teil der »Intellektualisierung und Rationalisierung« und d.h. der »Entzauberung« der Welt und infolgedessen in der gleichen Weise zu erklären, wie die Entstehung der kapitalistischen Wirtschaftsform. Im Anschluß an Windelband wendet er sich gegen die These, die »moderne Naturwissenschaft sei als *Produkt* materiell-technologischer Interessen zu begreifen«, wenngleich er zugesteht, daß natürlich »höchst wichtige Beziehungen vorhanden« sind. Er sieht den entscheidenden Gesichtspunkt in der puritanisch-protestantischen Suche nach dem Weg zu Gott, der eben nicht mehr wie im Mittelalter »bei den Philosophen und ihren Begriffen und Deduktionen« zu suchen war. »In den exakten Naturwissenschaften aber, wo man seine Werke physisch greifen konnte, da hoffte man, seinen Absichten mit der Welt auf die Spur zu kommen.« Es war der calvinistische Gedanke, daß man glaubte, mittels der »empirischen Erfassung der göttlichen Gesetze in der Natur zur Kenntnis des ›Sinnes‹ der Welt emporsteigen zu können«, d. h. durch die Physik und die anderen mit mathematisch-exakten Methoden arbeitenden naturwissenschaftlichen Disziplinen, nicht jedoch mit der aristotelisch spekulativen Philosophie.[17] In einem ähnlichen Zusammenhang fügt Weber hinzu, daß es »selbstredend zuzugeben sei, daß weiterhin ökonomische Interessen es gewesen sind und noch sind, welche Wissenschaften wie der Chemie (und manchen anderen Naturwissenschaften) den nötigen Dampf gaben und geben.«[18]

Wir erfahren von Weber nicht, *wie* er sich die Vermittlung von materiellen Bedingungen und Ideen vorstellt, außer daß es materielle und ideelle Interessen gibt, die unmittelbar das Handeln der Menschen bestimmen, wohingegen die durch «Ideen» geschaffenen «Weltbilder» die Bahn bestimmen, in denen die Dynamik der Interessen das Handeln fortbewegt.[19] Weber macht nur deutlich, *daß* es eine Vermittlung zwischen beiden Momenten gibt. Insbesondere hielt er die wirtschaftlichen Phänomene nicht für scharf abgrenzbar, so daß die wirtschaftlichen Aspekte weder als allein wirtschaftlich bedingt noch als allein wirtschaftlich wirksam vorstellbar seien.[20] Vergleicht man diese Auffassungen mit denen von Marx, so wird deutlich, daß im Hinblick auf die analytisch-materiellen Aspekte einer Theorie des soziokulturellen Wandels keine Unvereinbarkeit zwischen beiden besteht. Im Gegenteil, beide stimmen in der Vermitteltheit der ökonomisch-materiellen Bedingungen und der ideellen Sphäre überein, nur setzen sie die Gewichte unterschiedlich.[21] Insofern besteht eine gewisse Komplementarität zwischen ihren Theorien, als jeweils der eine dem Bereich besondere Aufmerksamkeit geschenkt hat, den der andere vernachlässigt hat. Dadurch aber bleibt die Vermittlung von materiellen und ideellen Bedingungen bei beiden lediglich Programm, die Analyse wird jeweils immer aus dem einen *oder* dem anderen Blickwinkel vollzogen, die Entwicklungsdynamik wird nicht dem Programm gemäß zu Ende verfolgt. (Ihrem eigenen Anspruch nach hat die Marxsche Theorie freilich alles dies geleistet).

Während das Verhältnis von materieller und ideeller »Sphäre« bei Marx und Weber als Problem noch in eine inhaltliche historische Theorie eingebettet war, wird es vor allem in der Marx-Kritik zunehmend zu einer soziologisch systematischen Frage.

Der späte Engels hatte bereits die Entwicklung vorbereitet,

in der die Marxsche Ideologiekritik zum Prinzip der Wechselwirkungen formalisiert wird, das für das wissens- und kultursoziologische Denken in Deutschland bestimmend wird.[22] Vor den Wissenssoziologen ist Troeltschs Gedankengang zu erwähnen, weil er Strukturen aufweist, die denen unserer späteren Argumentationen sehr ähnlich sind. Das bezieht sich freilich nicht auf die Kategorien, mit deren Hilfe Troeltsch den in der Analyse von Wechselwirkungen formal unvermeidlichen unendlichen Regreß stillzustellen sucht. »Da jede Ursache im Grund schon Bewirktes ist, jedes Bewirkte seinerseits wieder zur Ursache wird, besagt die Kategorie ›Wechselwirkung‹ als Bestimmung der Relation zwischen Unterbau und Ideen nur, daß die beiden Gebiete ... auf einander zu wirken fähig sind, was lediglich eine formale Anzeige darstellt.«[23] Kategorien wie »plastische Bildkräfte der Geschichte« und »ursprüngliche Antriebe« und ein als nicht näher beschreibbare Grundkraft bestimmter Rassenbegriff sind zeitgebundene Produkte der damaligen Gesellschaftstheorie und -philosophie. Troeltsch glaubt auch, daß die Vermittlung zwischen den getrennten Entwicklungen der wirtschaftlichen und der ideellen Sphäre nicht durch ein allgemeines Gesetz erfaßt werden kann, sondern vom Zufall bestimmt ist und ihr Ergebnis im jeweils besonderen Fall festgestellt werden muß. Dennoch gibt er einen soziologisch faßbaren Vermittlungsmechanismus an: der Einfluß von Ideen auf soziales und ökonomisches Handeln und umgekehrt erfolgt nicht direkt, sondern über das vermittelnde Prinzip der *Institutionen*, die ihrerseits das Produkt sowohl von Ideen als auch von Interessenmotiven sein können. Im Gegensatz zu Weber vertritt Troeltsch die Auffassung, daß es nicht Ideen oder charismatische Persönlichkeiten, sondern die zu Institutionen geronnenen sozialen Beziehungen sind, »die ein Eigenleben gewonnen haben und damit die Dynamik erzeugen.«[24]

Für die Wissenssoziologie wird die Bestimmung der Beziehungen zwischen sozialem Sein und Bewußtsein, zwischen gesellschaftlichen Strukturen und ideellen Gebilden zum zentralen Thema, d. h. diese Frage konstituiert sie allererst und wird so zum Gegenstandsbereich einer Spezialdisziplin. Die Wissenssoziologie bleibt dem Marxschen Basis-Überbau-Schema verhaftet, wie sie überhaupt im Grunde eine spezifische Fortführung der Marxschen Ideologiekritik ist, gekennzeichnet durch den Übergang von einer allgemeineren Gesellschaftsphilosophie zur spezialisierten systematischen Soziologie. Dabei erfahren die Kategorien von Marx ausnahmslos eine Veränderung, ebenso wie seine Ideologiekritik insgesamt. Das beginnt damit, daß an die Stelle der Analyse der konkreten Beziehung zwischen verschiedenen Klassen im Produktionsprozeß und den realen Lebensverhältnissen »die Methode der Zuordnung von typologisch gefaßten Denkstilen und den sie tragenden Gruppen tritt.«[25] Dieses Verfahren, bestimmte gedankliche Systeme auf ein hinter ihnen liegendes Substrat zu beziehen, das im übrigen auf der Voraussetzung einer Trennung von Genesis und Geltung, von Praxis und Theorie beruht, bedingt eine Neufassung der Begriffe der ökonomischen Basis und des (ideellen) Überbaus.

Das Ideologieproblem wird aus dem spezifischen theoretischen Zusammenhang herausgelöst, in dem es bei Marx stand, und seiner ökonomischen Wurzeln beraubt. Statt dessen, das ist eine allgemeine Tendenz der deutschen Soziologie, wird versucht, den Begriff des Unterbaus zu erweitern. Bei Scheler wird er zu »sinnblinden Realfaktoren«, die u. a. als »geistblinde, institutionalisierte Triebsysteme« definiert wurden, bei Mannheim erhält der Begriff die Bedeutung der sozialen Struktur und des menschlichen Lebenszusammenhangs überhaupt, ohne daß er in seinen Analysen eine konkrete Gestalt erhält. Vielmehr ergibt sich aus der Unbestimmtheit zugleich eine Beliebigkeit im Hinblick auf die Inhalte die der Unterbaubegriff annehmen kann, an die Stelle der ökonomischen »Beziehungsebene, auf die hin Ideen funktionalisiert werden«, können »auch biologische Momente, wie Rasse, psychologische Momente, wie Macht-, Nahrungs- und sonstige Triebe, aber auch höhere seelische Phänomene« gesetzt werden.[26]

Parallel zur Ausweitung des Begriffs des sozialen Seins bzw. der Basiskategorie verläuft die Ausdehnung des Ideologiebegriffs »auf die Struktur des menschlichen Denkens schlechthin.«[27] Bei Marx bildet die Ideologie als der Überbau politischer und philosophischer Ideen wie auch des Rechtssystems das Korrelat zur jeweiligen Klassen- und Herrschaftsstruktur. Für die Wissenssoziologie sind die Gedankensysteme »Resultat der in das Denken hineinragenden Interessenstrukturen gesellschaftlicher Gruppen, wobei diese Kollektiva von der Familie bis zur Generation oder gar zur Größenordnung eines Volkes und eines ganzen Kulturkreises variieren.«[28] Scheler behauptet die Perspektivität der Denk- und Wissensformen aller Schichten und Mannheim systematisiert diesen Ansatz zu einer Theorie der generellen Seinsverbundenheit menschlichen Denkens. Bei Mannheim werden alle theoretischen Aussagen, die über die bloße Feststellung von Fakten hinausgehen, zur Ideologie.

Die Vermittlung zwischen sozialen und geistigen Strukturen schließlich bleibt vor allem bei Mannheim unklar, zwar bedeutet die »Seinsverbundenheit des Wissens«, daß nicht nur die Resultate von Denkprozessen, sondern auch deren Strukturen sozial bedingt sind. Zwischen den dauerhaften Strukturen der Gesellschaft und den Systemen geistiger Bildung bestehen aber nur ›Entsprechungen‹ möglicherweise sehr indirekter Art, nicht jedoch ein mechanisches Bestimmungsverhältnis. Scheler hingegen zeichnet ein komplexeres Bild selektiver Prozesse. Dabei unterscheidet er zwischen dem »Geist als solchen«, der »*keine* Spur von ›Kraft‹ oder ›Wirksamkeit‹ (hat), die seine Inhalte auch ins Dasein setzen. Er ist wohl ein *Determinationsfaktor*, aber kein ›Realisationsfaktor‹ des möglichen Kulturwerdens«. Realisations- bzw. reale Auslesefaktoren sind die »triebhaft bedingten Lebensverhältnisse, d. h. die je besondere ›Kombination von Realfaktoren‹: der Machtverhältnisse, der ökonomischen Produktionsfaktoren . . . « usw.. Erst wenn sich Ideen mit Interessen, Trieben, Kollektivtrieben, d. h. ›Tendenzen‹ vereinen, gewinnen sie indirekt Wirksamkeit. Ein positiver Realisationsfaktor ist für Scheler allein »die *freie Tat* und der freie Wille« einer kleinen Zahl von Personen, die durch eine große Zahl von Personen nachgeahmt werden.[29]

Scheler unterscheidet die Beziehungen der Realfaktoren sowie der Idealfaktoren untereinander und schließlich der Realfaktoren zu den Idealfaktoren. Die Wirkungsweise der Realfaktoren, denen gegenüber die Ideen ohnmächtig sind, ist ihrerseits nicht eindeutig determinierend, sondern vielmehr selektiv lenkend. Die Realgeschichte bestimmt nicht den »positiven Sinngehalt der Werke des Geistes, wohl aber hindert sie, enthemmt sie, verzögert oder beschleunigt« sie das Wirklichwerden der Sinngehalte. Scheler verwendet hier das Bild einer »Schleuse«.[30]

Während Mannheim in seiner Wissenssoziologie den positiven Wissenschaften keinen systematischen Platz einräumt, nimmt Scheler eine eindeutige Einordnung vor. Mannheim erklärt (wie auch Scheler) den Positivismus als die für die Naturwissenschaften bestimmende Erkenntnistheorie zur Metaphysik und behauptet, daß selbst dort, wo die Formalisierung des Denkens maximal fortgeschritten ist (wie in der Wissenschaft), »stets ein Moment von Richtungsbestimmtheit« erkennbar ist und »man ... mit der Seinsverbundenheit als Konstituens zu rechnen haben und sich ... mit der Lehre von der gleitenden Denkbasis auseinandersetzen« muß. (Mannheim verweist in diesem Zusammenhang auf die die Ergebnisse konstituierende Rolle der Meßinstrumente in der Quantentheorie.[31] Andererseits räumt er ein, daß die Naturwissenschaften als ein Typ von Wissensformen sich im Gegensatz zur regellosen Aufeinanderfolge künstlerischer Stilarten gradlinig entwickeln, d. h. ein anderes Entwicklungsmuster aufweisen. Alles in allem ist seine Position im Hinblick auf die soziale Bedingtheit der Wissenschaft nicht eindeutig).

Scheler ordnet die positive Wissenschaft neben Religion und Metaphysik in die Typologie verschiedener Wissensformen ein und unterwirft sie wissenssoziologischer Analyse. Der Ursprung der positiven Wissenschaft liegt nach Scheler in der gegenseitigen Durchdringung der »Stände« freier kontemplativer Menschen und von Menschen mit Arbeits- und Handwerkserfahrung. Gemäß seinem Selektionsmodell unterscheidet Scheler negative und positive Bedingungen für das Werden der modernen Wissenschaft und versucht die Entwicklung der modernen Wissenschaft seit ihrer Entstehung entsprechend dieser Vorstellung zu erklären. So nennt er z. B. den negativen Einfluß der Reformationen wie den positiven der »Emphase von Liebe«, (von der jedes neue Sachgebiet ergriffen werden muß, ein neues Natur*gefühl*, das jede neue Naturwissenschaft voraussetzt) und den Trieb des Stadtbürgertums zu systematischer Naturbeherrschung als entscheidende Faktoren der Entstehung der modernen Wissenschaft.

In diesem Kontext erklärt Scheler den »soziologisch bedingte(n) Ursprung des kategorialen Denkapparats« sowie die

»objektiven Gesamtziele der Forschung und ihrer versachlichten ›Methoden‹« zum Deklarandum seiner Soziologie der positiven Wissenschaft.[32] »Warum gewinnt die Kategorie der Quantität den Primat vor der der ›Qualität‹ ... die Kategorie des ›Naturgesetzes‹ vor jener der ›Form‹, der Gestalt, ferner des ›Typus‹ und der ›Kraft‹ usw.«[33]

Gleichsam als Vorstufe zur kausalen Selektionsanalyse ist offenbar die Identifikation von strukturellen Analogien oder »Sinnentsprechungen« zu deuten, die Scheler angesichts des überaus schwierigen Problems des Verhältnisses von Wissenschaft und Technik vornimmt. Dieses könne nicht kausal erklärt werden, bevor nicht zunächst »die Serien von Sinnentsprechungen zwischen der Struktur der modernen Wissenschaft einerseits und der Technik andererseits, aber auch der Technik selbst und der Wirtschaft zusammengestellt« würden.[34] Sinnentsprechungen dieser Art sind u. a.: die »Richtungsänderung des Machttriebs« und die *»gleichzeitige«* (wie Scheler ausdrücklich hervorhebt) neue Wertung der möglichen Herrschaft über die Natur, die einen neuen »technischen Herrschaftswillen« entstehen läßt.[35]

Daraus leitet Scheler ein Wechselwirkungsverhältnis in der Entwicklung von Technik und Wissenschaft her und wendet sich gleichermaßen gegen intellektualistische und pragmatistische Geschichtsauffassungen der Wissenschaft. Weitere Sinnentsprechungen von moderner Wirtschaft und moderner Wissenschaft liegen etwa im »Willen zu grenzenlosem Erwerben« in der Wirtschaft und dem Willen zu Methode in der Wissenschaft, »aus denen ... in grenzenloser Weise in einem unbegrenzten Prozesse immer neues materielles Wissen arbeitsteilig ... hervorgeht,«[36] und in der »Versachlichung der wissenschaftlichen Produktionsmittel«, die genau derselbe Prozeß ist, wie bei der »Kriegstechnik oder der materiellen Produktion und Kommunikationstechnik«.[37]

Die dargestellte Entwicklung der Frage nach dem Primat kognitiver oder materieller Strukturen von Marx über Weber zur Wissenssoziologie Schelers und Mannheims findet mit dem letzteren in der deutschen Soziologie ihren Abschluß. Seither führt die Wissenssoziologie, wo sie überhaupt noch fortgesetzt wird, ein Schattendasein und sie verändert auch, angesichts der fortschreitenden Theorieentwicklung ihren Charakter.

Gurvitchs Arbeiten in Frankreich bleiben in der angelsächsischen und deutschen Soziologie weitgehend unbeachtet.[38] Die explizite Wiederaufnahme der wissenssoziologischen Diskussion in der amerikanischen Soziologie durch Berger und Luckmann findet auch unter einer prononcierten Veränderung des Fokus der Fragestellung statt.[39] Sie ist zwar formal auf alle Wissensformen gerichtet, faktisch jedoch mit der »Struktur der ›common-sense‹-Welt des täglichen Lebens befaßt. Damit werden der Gegenstandsbereich der Wissenssoziologie erweitert und die schwierigen epistemologischen Probleme umgangen, aber gleichwohl die Möglichkeit einer Ausweitung der wissenssoziologischen Fragestellung auf systematisches Wissen nicht verstellt. Entscheidend ist vielmehr die methodologische Prämisse: Durkheims Regel, daß soziale Fakten als Dinge zu betrachten seien, und Webers These, daß der Gegenstand der Soziologie der Sinnzusammenhang des Handelns ist. Beide Thesen widersprechen einander nicht, sondern markieren den dualen Charakter der Gesellschaft, die sowohl objektive Faktizität ist, als auch auf Handeln beruht, das subjektiven Sinn ausdrückt. Aufgrund dieser Voraussetzung formulieren Berger/Luckmann die »zentrale Frage für die soziologische Theorie«: »Wie ist es möglich, daß subjektive Sinngebungen zu objektiven Faktizitäten werden?«, oder anders formuliert: »Wie ist es möglich, daß menschliches Handeln eine Welt der Dinge (choses) produziert?«.[40]

In dieser Formulierung der Frage wird die theoretische und methodologische Aktualität deutlich, die der Analyse des Verhältnisses idealer und sozialer Strukturen innerhalb einer allgemeinen soziologischen Theorie auch heute wieder (oder noch immer) zukommt, unabhängig davon, welchen Platz die Wissenschaftssoziologie dabei einnehmen kann. Sie verdankt gerade ihre Entstehung als Spezialdisziplin der Aufgabe dieser Problemstellung zugunsten einer neuen theoretischen Orientierung. Die allgemeine Gesellschaftstheorie nahm, wo sie neben bzw. innerhalb einer sich immer stärker empirisch orientierenden Soziologie überhaupt noch Bestand hatte, die Gestalt einer strukturell-funktionalen Handlungstheorie an.[41] In dieser Theorie wird die Kategorie der ›Basis‹ bzw. des ›materiellen Substrats‹ zwar nicht völlig eliminiert, aber doch residual. Ihr gegenüber erhält das Hobbessche Ordnungsproblem, die Frage nach dem Zusammenhalt der Gesellschaft und mit ihr die Vorstellung ihrer normativen Integration zentrale Bedeutung. Damit geht die konzeptuelle Unterscheidung zwischen sozialen und ideellen Strukturen ebenso verloren wie die Vermittlungsproblematik. Das ist zuallererst eine Konsequenz des theoretischen und methodologischen Fortschritts der Soziologie. Die Wissenssoziologie hatte das Forschungsprogramm, unter dem sie angetreten war, kaum wesentlich über den Stand der Problemformulierung hinaustreiben können. Die Dimensionen der Fragestellungen erlaubten kaum Operationalisierungen und die soziologische Begriffsbildung war noch stark philosophisch beeinflußt. So waren insbesondere die Konzeptualisierungen der Kategorien des materiellen Substrats bzw. der »Basis«–Strukturen metaphysisch oder zumindest unpräzis. Im Zusammenhang damit mußte sich die Frage stellen, die implizit schon Adler formuliert hatte, ob nämlich die Dichotomie sozialer Strukturen und geistiger Gebilde überhaupt eine sinnvolle Konzeptualisierung darstellte. War das nicht der Fall, so würde sich auch die gesamte Fragestellung der Wissenssoziologie als obsolet erweisen. Und schließlich mußte die Ambivalenz, in der die Vermittlung zwischen sozialen Strukturen und Ideen gefaßt war, gegenüber den immer schärfer gefaßten Standards kausalempirischer Sozialforschung zunehmend unbefriedigend erscheinen. Weder die Kategorie der ›Entsprechung‹ noch die der ›Wechselwirkung‹ hatte zureichenden Erklärungsgehalt. Die weitergehende Frage nach soziologisch faßbaren Mechanismen, die die Vermittlung bzw. die kausale Verknüpfung zwischen sozialen Strukturen und Ideen leisteten, blieb unbeantwortet.

Dieses methodische Defizit galt auch für die beginnende Diskussion um die »internalistische« und die »externalistische« Rekonstruktion der Wissenschaftsentwicklung. Sie war zunächst nicht Gegenstand der Soziologie, sondern der Wissenschaftsgeschichte, doch wurde die These der ökonomischen bzw. sozialen Bedingtheit der wissenschaftlichen Entwicklung unter dem Einfluß des Marxismus vorgetragen[42] oder stand doch zumindest im Kontext der Diskussion um den Primat ökonomischer Strukturen oder religiöser Ideen. Merton schrieb seine Studie »Sciene, Technology and Society in Seventeenth Century England« unter dem Einfluß Hessens und Webers.[43]

Vielleicht ist es gerade durch die Tatsache zu erklären, daß es zu jener Zeit noch keine spezialisierte Wissenschaftssoziologie gab und soziologisch orientierte Autoren wie Borkenau und Zilsel doch eher zur Wirtschafts- oder Wissenschaftsgeschichte zu zählen waren und in der soziologischen Diskussion kaum rezipiert wurden, daß die von Merton vollzogene Wendung zum Funktionalismus für die Wissenschaftssoziologie, so wie sie sich in den fünfziger Jahren etabliert, bestimmend wurde. Hatte Merton in seiner Dissertation noch den Versuch unternommen, Webers unvollendetes Programm auszuführen[44] und dadurch zugleich die simplifizierenden vulgärmarxistischen Thesen zurückzuweisen,[45] so legt er schon in seinem 1942 erschienenen Aufsatz »Science and Technology in a Democratic Order« den Grundstein für die funktionalistische Wissenschaftssoziologie, die in der Folgezeit geradezu eine Monopolstellung eingenommen hat.[46] Diese theoretische Wende ist im Zusammenhang mit Mertons Versuch zu sehen, in der Formulierung eines Paradigmas für die Wissenssoziologie, die er mit Aufsätzen 1941 und 1945 für die amerikanische Soziologie rezipiert, eine Verknüpfung von Wissenssoziologie und strukturell-funktionaler Theorie herzustellen.[47]

Wo diese theoretische Richtung vorherrschend wird, geht es nicht mehr um eine Determinationsbeziehung oder ein Wechselwirkungsverhältnis zwischen sozialen Bedingungen und wissenschaftlichen Inhalten. Vielmehr setzt Merton Wissenschaft mit einer spezifischen Methode gleich und die Kriterien zur Beurteilung wissenschaftlicher Ergebnisse sind zeitunabhängig gültig. Die Frage ist nun, welche handlungsbestimmenden Normen in der Gesellschaft institutionalisiert sein müssen bzw. funktional sind für die Sicherung des »institutionellen Ziels der Wissenschaft«, nämlich die »Erweiterung gesicherten Wissens«.[48] Dadurch wird eine soziologische Erklärung kognitiver Prozesse und d. h. eine wie auch immer gefaßte soziale Bedingtheit wissenschaftlicher Inhalte ausgeschlossen. Nicht spezifische Inhalte, z. B. die Abgrenzung von Gegenstandsbereichen, bestimmte Erklärungsideale oder z. B. wie Scheler fragt, der Primat der Kategorie der »Qualität« u. a. m. werden auf ihre möglichen soziologischen Ursprünge hin befragt, sondern lediglich die gesellschaftlichen und motivationalen Bestandsbedingungen der Institution ›Wissenschaft‹ stehen zur Diskussion. Ein Nebenprodukt dieser Entwicklung war die Etablierung der wissenschaftlichen Arbeitsteilung zwischen der Wissenschaftstheorie und der Wissenschaftssoziologie, zwischen der Analyse der Wissenschaft als »einer besonderen Art von Wissen« und als »einer besonderen Art von Verhalten.«[49]

Während marxistische Wissenschaftshistoriker bzw. ›Wissenschaftsforscher‹ (wenn man diesen Terminus ex post auf sie anwenden will) das Problem der kausalen Verknüpfung sozialer oder ökonomischer Strukturen und wissenschaftlicher Ideen nicht endgültig zu lösen vermochten[50] und dem Aufweis von analogen Strukturen verhaftet blieben, gab die vorherrschende bürgerliche Soziologie diese Fragestellung zunächst völlig auf.

Wie es scheint, gibt es dafür gute Gründe. Die Schwierigkeiten, die die Wissenssoziologie, aber auch schon die Marxsche Ideologiekritik mit der Wissenschaft hat, sind nicht bei der theoretischen Unfähigkeit der Autoren, sondern eher im Verhältnis der spezifischen Fragestellung zu ihrem Gegenstandsbereich zu sehen. Es kann fraglich erscheinen, ob die Übertragung der wissenssoziologischen Grundproblematik, der Analyse »der Beziehung zwischen menschlichem Denken und dem sozialen Kontext, in dem es entsteht«, auf die Wissenschaft überhaupt möglich und legitim ist.[51] Merton hat in seiner Rezeption der Wissenssoziologie bereits auf die Ambiguität hingewiesen, die im Hinblick auf die Beziehung verschiedener Typen von Wissen zu ihrer sozialen Basis bestand. Dabei arbeitete er insbesondere die Rolle der exakten Naturwissenschaften heraus, die seiner Interpretation zufolge bei Marx, Engels, Mannheim und Scheler wohl in ihrem Fokus, nicht aber in ihrem konzeptuellen Apparat sozial determiniert gesehen wurden und so schon in der Wissenssoziologie einen anderen Status hatten, als andere Formen des Wissens. Abgesehen von den erkenntnistheoretischen Problemen einer ›Wissenssoziologie der Wissenschaft‹, dem als stärkstes Gegenargument vorgebrachten ›Relativismus-Dilemma‹, gilt die Wissenschaft gerade als durch ihre ›Immunität von sozialer Determinierung‹ von anderen Typen unterschiedene Wissensform. Gerade die Tatsache, daß die Wissenschaft durch universale Vernunft, intersubjektive Überprüfbarkeit und »empirisch bestätigte und logisch konsistente Voraussagen« definiert wird, scheint sie der wissenssoziologischen Analyse zu entziehen.[52]

Die Wissenschaft wird von der Überzeugung bestimmt, »daß es eine einzige Wissenschaft von der wirklichen Welt geben könne« und in der modernen Wissenschaft sind fortdauernde theoretische Alternativen kaum aufzufinden.[53] Die erdrückende Evidenz der Wissenschaftsgeschichte scheint die einer universalen, kumulativen Entwicklung zu sein, gegenüber der eine Untersuchung sozialer Einflüsse ein von vornherein vergebliches Unternehmen sein muß. Wenn die Wissenschaftssoziologie als eine auf die Analyse des sozialen Handelns von Wissenschaftlern beschränkte Spezialdisziplin *u. a.* das Resultat der funktionalistischen Umdeutung der Wissenssoziologie durch Merton war, so läßt sich nun die Wiederentdeckung der wissenssoziologischen Perspektive innerhalb der Wissenschaftssoziologie *u. a.* auf die zunehmende Kritik am Wissenschaftsbegriff der formal-logischen Wissenschaftstheorie zurückführen, wohlgemerkt jenes Wissenschaftsbegriffs, mit dem Merton die Zurückweisung der Wissenssoziologie begründet. Diese Gründe für die Aktualisierung wissenssoziologischer Fragestellungen in der Wissenschaftssoziologie und ihre theoretischen Implikationen sollen als nächstes untersucht werden.

Anmerkungen

1 vgl. W. Krohn, Zur soziologischen Interpretation der neuzeitlichen Wissenschaft, in: Edgar Zilsel: Die soziologischen Ursprünge der neuzeitlichen Wissenschaft, S. 7-43. Hrsg. W. Krohn, Suhrkamp-Verlag, Frankfurt 1976.

2 vgl. zu dieser Perspektive D. Crane, Invisible Colleges, Chicago und London, 1972, Kapitel 8.

3 vgl. K. Lenk, Marx in der Wissenssoziologie, Neuwied und Berlin, 1972, 263.

4 F. Engels, Brief an Joseph Bloch, 21. 9. 1890, in: Marx, Engels, Werke, Bd. 37, Berlin, 1967, 463. Auf die Widersprüchlichkeit und letztlich Immunisierung der Engelsschen Thesen hat u.a. Norbert Elias hingewiesen, vgl. N. Elias, Sociology of Knowledge: New Perspectives, in: Sociology, Bd. 5, No. 2, 1971.

5 M. Adler, Wissenschaft und soziale Struktur, in: Verhandlungen des 4. Deutschen Soziologentags, 1924, Zit. in: Lenk, a. a. O., 265.

6 Engels an C. Schmidt, 27. 10. 1890, in MEW, 491 f.

7 ebda., 493.

8 K. Marx, Das Kapital, Bd. I (1931) 1961, 389 u.

9 K. Marx, Das Kapital, Bd. II (1932) 1961, 37.

10 Engels an C. Schmidt, a. a. O., 492.

11 vgl. J. D. Bernal, The Social Function of Science, Cambridge, Mass., 1967, B. Hessen, The Social and Economic Roots of Newton's «Principia» (1931) dt. in: P. Weingart, Hrsg. Wissenschaftssoziologie 2. Determinanten wissenschaftlicher Entwicklung, Frankfurt 1974.

12 vgl. G. Clark, Science and Social Welfare in the Age of Newton, (1937), Kapitel III, dt. in: P. Weingart, a. a. O.

13 M. Weber, Gesammelte Aufsätze zur Religionssoziologie I, Die Protestantische Ethik und der Geist des Kapitalismus, Tübingen, 1922, 205.

14 ebda.

15 M. Weber, Antikritisches zum »Geist« des Kapitalismus (1910) in: Max Weber, Die Protestantische Ethik II, Kritiken und Antikritiken, J. Winckelmann, Hrsg., München und Hamburg, 1968, 169.

16 vgl. R. Bendix, Max Weber, An Intellectual Portrait, Garden City, New York, 1962, 69.

17 M. Weber, Protestantische Ethik, a. a. O., 141 f. u., Max Weber, Vom inneren Beruf zur Wissenschaft, in: ders., Soziologie, weltgeschichtliche Analysen, Politik, hrsg. v. J. Winckelmann, Stuttgart, 1956, 321, vgl. auch F. H. Tenbruck, Max Weber and the Sociology of Science: A Case Reopened, in: Zeitschrift für Soziologie, Jg. 3,3, (Juni 1974), 312-320.

18 M. Weber, Gesammelte Aufsätze zur Wissenschaftslehre, Tübingen 1922, 399.

19 Max Weber, Einleitung in die Wirtschaftsethik der Weltreligionen, in: ders., Soziologie..., a. a. O., 414.

20 A. Giddens, Marx, Weber und die Entwicklung des Kapitalismus, in: C. Seyfarth, W. Sprondel, Hrsg., Seminar: Religion und gesellschaftliche Entwicklung, Frankfurt, 1973, 81.

21 ebda.

22 vgl. K. Lenk, a. a. O., 259, 271.

23 ebda., 259.

24 Freilich bleibt dieser Gedanke bei Troeltsch verdeckter, als es in der Interpretation Lenks hier den Anschein hat. So schreibt Troeltsch, daß die christliche Idee ihre Haupteinwirkung »nicht durch die ethische Forderung selbst, sondern indirekt durch die von ihr geschaffenen religiösen Gemeinschaftsbildungen« vollzieht. E. Troeltsch, Aufsätze zur Geistesgeschichte und Religionssoziologie, Tübingen, 1925, 31 f., vgl. auch K. Lenk, a. a. O., 260.

25 Lenk, a. a. O., 241., die folgende Darstellung orientiert sich, wo

nicht anders kenntlich gemacht, an Lenk, 238-291.

26 K. Mannheim, Ideologische und soziologische Interpretation der geistigen Gebilde, zit. in Lenk, a. a. O., 266.

27 Lenk, a. a. O., 245.

28 ebda., 281.

29 M. Scheler, Die Wissensformen und die Gesellschaft, 2. Aufl., (Gesammelte Werke, Bd. 8) Bern und München, 1960, 21.

30 ebda., 39 f.

31 K. Mannheim, Ideologie und Utopie, Frankfurt, 1952, 261, 262.

32 M. Scheler, a. a. O., 113.

33 ebda.

34 vgl. ebda., 123.

35 ebda., 124.

36 ebda., 129.

37 ebda., 132.

38 Sein Buch: »Les cadres sociaux de la connaissance« wurde 1966 veröffentlicht. Darin definiert Gurvitch die Wissenssoziologie als die Analyse der »*funktionalen Korrelationen*« (!) zwischen verschiedenen Typen von Wissen und den sozialen Rahmen wie Gesellschaften, Klassen, Gruppen und mikrosozialen Elementen. Aufgabe der Wissenssoziologie ist u. a. die Untersuchung der Tendenz der Differenzierung und Kombination von Wissenstypen, die mit globalen Gesellschaften, Klassen oder Gruppierungen *korrespondieren*, und auch Gurvitch stellt die Frage, welches kognitive System einer bestimmten sozio-politischen Struktur und Gesellschaft entspricht wie umgekehrt, welchen Effekt dieses kognitive System auf seinen sozialen Rahmen hat. Vgl. G. Gurvitch, The Social Frameworks of Knowledge, Oxford, 1971, 17, 189.

39 Berger und Luckmann setzen sich von der Wissenssoziologie Schelers und Mannheims und damit von dem erkenntnistheoretischen Problem der sozialen Bedingtheit (und damit des ideologischen Charakters) wissenssoziologischer Aussagen ab, das sie der Methodologie und Erkenntnisphilosophie der Sozialwissenschaften überantworten. Die Wissenssoziologie muß sich mit allem beschäftigen, was in der Gesellschaft als ›Wissen‹ gilt, unabhängig von der letztlichen Gültigkeit dieses Wissens. Entscheidend ist vielmehr, daß dieses Wissen in einer Weise entwickelt, vermittelt und in sozialen Situationen behauptet wird, daß es für den »Mann auf der Straße« Realität gewinnt. Das bedeutet, daß die Wissenssoziologie mit der Analyse der »sozialen Konstruktion von Wirklichkeit« befaßt ist. P. Berger, T. Luckmann, The Social Construction of Reality, (1966), Penguin, 1971, 15. Trotz dieser umfassenden Abgrenzung ihres Gegenstands verschiebt

sich für Berger/Luckmann der Fokus von den theoretischen Ideen und Weltanschauungen (»nur eine sehr begrenzte Gruppe von Menschen in einer Gesellschaft beschäftigt sich mit Theoretisieren, Ideen und der ›Konstruktion von Weltanschauungen‹«) zum alltagsweltlichen Wissen. (Damit steht ihre Wissenssoziologie in einer Linie mit der sprachanalytisch mikrosoziologischen Theorie des symbolischen Interaktionismus).

40 ebda., 30.

41 vgl. T. Parsons, The Structure of Social Action, Glencoe, Ill. (1937), 1964, T. Parsons, E. Shils, Hrsg., Toward A General Theory of Action, (1951), New York and Evanston, 1962.

42 vgl. B. Hessen, The Social and Economic Roots of Newton's Principia (1931), dt. in: P. Weingart, Wissenschaftssoziologie 2, a. a. O.

43 R. K. Merton, Science, Technology and Society in Seventeenth Century England, (1938), New York und Evanston, 1970.

44 vgl. oben.

45 vgl. R. Merton, a. a. O., Vorwort, 1970.

46 vgl. R. Merton, Science and Technology in a Democratic Order, später als ›Science and Democratic Social Structure‹ veröffentlicht in: ders., ›Social Theory and Social Structure‹, Glencoe, Ill., 1957, dt. in: P. Weingart, Hrsg., Wissenschaftssoziologie I, Wissenschaftliche Entwicklung als sozialer Prozeß, Frankfurt, 1972.

47 vgl. R. Merton, Social Theory . . ., a. a. O., Kapitel XII.

48 Merton, Wissenschaft und demokratische Sozialstruktur, in: P. Weingart, Wissenschaftssoziologie I, a. a. O., 47.

49 M. D. King, Vernunft, Tradition und die Fortschrittlichkeit der Wissenschaft, in: P. Weingart, Wissenschaftssoziologie 2, a. a. O., 40.

50 vgl. die Kontroverse zwischen Borkenau und Großmann. F. Borkenau, der Übergang vom feudalen zum bürgerlichen Weltbild, Schriften des Instituts für Sozialforschung, 4. Bd., Paris, 1934, H. Großmann, Die gesellschaftlichen Grundlagen der mechanistischen Philosophie und der Manufactur, Zeitschrift für Sozialforschung, IV, 2, 1935, beide erschienen in Juniusdrucke; vgl. ferner J. D. Bernal, The Social Function of Science, (1939), Cambridge, Mass., 1967, sowie A. Sohn-Rethel, Geistige und körperliche Arbeit, Frankfurt, 1970.

51 P. Berger, T. Luckmann, a. a. O., 16.

52 M. D. King, a. a. O., 40, R. Merton, Wissenschaft und demokratische Sozialstruktur, a. a. O., 47.

53 L. Krüger, Hrsg., Erkenntnisprobleme der Naturwissenschaften, Köln, Berlin, 1970, Einleitung, 14 f., vgl. auch G. Böhme, W. van den Daele, W. Krohn, Alternativen in der Wissenschaft, in: Zeitschrift für Soziologie, Jg. I, Heft 4, (Oktober 1972).

II. Paradigmastruktur und wissenschaftliche Gemeinschaft — das Problem wissenschaftlicher Entwicklung

1. Revolutionärer Wandel und evolutionäre Entwicklung in der Wissenschaftsphilosophie – Kuhn und Toulmin

Die Aktualisierung der wissenssoziologischen Grundproblematik durch die Wissenschaftsphilosophie erfolgt sicherlich zufällig und ohne Bezug auf diese. Hier geht es zunächst überhaupt nicht um die Frage des sozialen Kontexts von Wissen, sondern um die Erklärung wissenschaftlicher Entwicklung. Ausgelöst durch Kuhns Thesen zur »Struktur wissenschaftlicher Revolutionen«[1] sind die Unzulänglichkeiten des logischen Empirismus in der Erklärung wissenschaftlicher Entwicklung offengelegt worden, soweit diese Wissenschaftstheorie eine solche Erklärung überhaupt anstrebt. Ihr primäres Interesse ist die »rationale Rekonstruktion«, d. h. die Identifikation der Kriterien, die die Annahme und Ablehnung von Hypothesen und Theorien und damit ihre Abfolge erklären. Sie ist auf den Begründungszusammenhang gerichtet, während die Genese von Ideen als außerhalb der Erkenntnistheorie liegend der Soziologie oder Psychologie überantwortet wird. Durch diese Beschränkung verfehlt die Wissenschaftstheorie den prozessualen Charakter von Wissenschaft, der nunmehr gleichwohl problematisch geworden ist.[2]

Zugleich markiert diese Arbeitsteilung zwischen Wissenschaftstheorie (und einer überwiegend ideengeschichtlich orientierten Wissenschaftsgeschichte) auf der einen und Wissenschaftssoziologie (und -psychologie, soweit man von ihr überhaupt sprechen kann) auf der anderen Seite, die Fronten der Diskussion um die ›internalistische‹ und die ›externalistische‹ Interpretation der Wissenschaft. Solange diese Interpretationen in getrennt institutionalisierten Disziplinen erarbeitet werden, wie dies seit der Entstehung der funktionalistischen Wissenschaftssoziologie und der Etablierung der kritisch-rationalistischen Wissenschaftstheorie der Fall ist, sind die jeweiligen Analysen freilich nicht aufeinander bezogen. Erst in dem

Augenblick, in dem die grundlegenden Annahmen in der einen oder anderen Disziplin und damit die Grenzen zwischen ihnen infragegestellt werden, beginnt die Diskussion wieder. Obgleich Autoren wie Bachelard und Canguilhem sich im Bereich der Wissenschaftsgeschichte nicht an diese Grenzziehung gehalten haben und wohl gerade deshalb außerhalb des ›mainstream‹ dieser internalistischen Disziplin standen, wird das Programm einer angemessenen Erklärung wissenschaftlicher Entwicklung erst durch Kuhn virulent. Kuhn bewegt sich »frei hinüber und herüber über die Grenzen zwischen der Ideengeschichte und der Soziologie wissenschaftlichen Verhaltens« und wirft die Frage erneut auf, ob die intellektuellen und sozialen Dimensionen wissenschaftlichen Handelns isoliert zu begreifen sind.[3]

Da das Werk Kuhns inzwischen so ausführlich rezipiert worden ist, können wir uns auf eine sehr knappe Darstellung der zentralen Thesen beschränken. Die zentrale Behauptung Kuhns im Hinblick auf die Beschreibung wissenschaftlichen Wandels ist die der Inkommensurabilität konkurrierender Paradigmen. Der Wissenschaftsfortschritt erfolgt über den Wechsel von Perioden der ›normalen Wissenschaft‹ über die Krise und ›Revolution‹ zu einer neuen Periode ›normaler Wissenschaft‹. Dieser ›revolutionäre‹ Prozeß ist durch die Ablösung eines alten durch ein neues, inkommensurables Paradigma gekennzeichnet, er ist nicht kumulativ, sondern jeweils die Rekonstruktion »des Gebietes auf neuen Grundlagen (die) ... einige der elementarsten theoretischen Verallgemeinerungen des Gebietes wie auch viele seiner Paradigmamethoden und -anwendungen verändert.«[4] Nach Kuhn kann es demgemäß keine logischen Gründe für die Übernahme eines neuen Paradigmas geben, selbst jene, die auf Werte wie »Genauigkeit, Reichweite, Einfachheit und Fruchtbarkeit« bezogen sind, sind fragwürdig, weil diese auch interpretiert werden können.[5] Die Gründe sind somit nicht im Bezugsrahmen der Wissenschaft, sondern außerhalb seiner zu suchen.

Ein zweites wichtiges Moment der Kuhnschen Theorie, das sich daran anschließt, liegt in der Verknüpfung kognitiver Prozesse und sozialer Strukturen. Da die Durchsetzung eines neuen Paradigmas nicht auf der Grundlage allseits geteilter Standards erfolgt, sondern ein Überzeugungsprozeß möglicherweise auch gegen den Widerstand relevanter Untergruppen der Disziplin ist, muß die Entscheidung für ein neues Paradigma die einer ›scientific community‹ sein. Nur in ihrer Geltung für diese kann überhaupt von der Existenz eines Paradigmas gesprochen werden.[6] Folgerichtig macht Kuhn die in einem Spezialgebiet tätigen Wissenschaftler zur analytischen Einheit.[7] Das Paradigma konstituiert somit den jeweiligen spezialisierten Kommunikationszusammenhang und damit das »Spezialgebiet« als soziale Gruppe. Das dieser Gruppe eigene Paradigma wird durch Sozialisation vermittelt (Ausbildung, Lehrbücher etc.), es strukturiert den Erkenntnisprozeß, bestimmt die Probleme und legitimiert deren Lösungen.[8] In diesem Rekurs auf die ›community structure‹ sieht Kuhn selbst die ›soziologische Basis‹ seiner Position.[9]

In einem anderen Zusammenhang haben wir die sich aus diesen Thesen ergebenden, für die Wissenschaftssoziologie zentralen Folgerungen herausgearbeitet, die in leicht veränderter Form auch für den gegenwärtigen Kontext relevant sind: 1.) kognitive Elemente wie Theorien, Begriffe, Methoden etc. (»Paradigmen«, »disziplinäre Matrix«) haben für die ›scientific community‹ den Stellenwert sozialer Normen (bzw. ›Orientierungskomplexe‹, da sie im Prinzip disponibel und revidierbar sind). 2.) Die soziale Geltung dieser ›Orientierungskomplexe‹ kann zu ihrer ›rationalen‹ Geltung in Widerspruch geraten (Anomalien). 3.) die ›rationale‹ Wirksamkeit dieser kognitiven Elemente, d. h. ihre Transformation zu ›sozialen‹ Orientierungskomplexen bedarf der *sozialen* Geltung, d. h. Akzeptierung durch eine Gruppe bzw. der Bildung einer ›scientific community‹. Daraus folgt, daß 4.) die ›scientific community‹ sowohl ein Argumentations- als auch ein Handlungszusammenhang ist.[10]

Erinnern wir uns der Adlerschen These,[11] daß materielle Strukturen zugleich immer auch geistige sind, so führt die Interpretation Kuhns *strukturell* zu dem gleichen Schluß. Freilich ist der *Kontext*, auf den diese Kategorien bezogen sind, *ein ganz anderer*. Es geht hier um die Analyse wissenschaftlichen Wandels, die ›materiellen‹ Strukturen sind eingeschränkt auf die sozialen Strukturen der Wissenschaftsgemeinschaft und die ›geistigen‹ Strukturen werden mit den Konzepten des Paradigmas bzw. der disziplinären Matrix beschrieben.

Hier ist überdies festzuhalten, daß Kuhn *implizit* zwei soziologische Mechanismen zur Erklärung dafür angibt, daß soziale und kognitive Strukturen vermittelt sind: *Sozialisation* und *Institutionalisierung*.

Kuhns Thesen haben in der Wissenschaftstheorie wie auch in der Wissenschaftssoziologie das Problem der Analyse wissenschaftlichen Wandels ins Zentrum gerückt. Im Bereich der Wissenschaftstheorie (bzw. -philosophie) hat sich die Diskussion vor allem auf das von Kuhn unterstellte ›revolutionäre‹ Entwicklungsmuster konzentriert. Hier ist es Toulmins Evolutionskonzept, das als das weitest entwickelte Gegenkonzept gelten kann. Ihm zufolge sind nicht Revolutionen das entscheidende Merkmal wissenschaftlichen Wandels, sondern die Konkurrenz zwischen Theorien bzw. Begriffssystemen. Neben einem jeweils vorhandenen Repertoire von Begriffen, Modellen und Erklärungsweisen, das nur zum Teil das jeweils erklärte Ziel zu erreichen imstande ist, gibt es einen Satz von begrifflichen Varianten (»conceptual variants«) oder Möglichkeiten, die als Kandidaten für die Eingliederung in das etablierte Repertoire gelten. Der Wandel vollzieht sich mit der Eingliederung einiger dieser Varianten, deren Auswahl im Hinblick auf die theoretische Situation, d. h. die offenen Probleme und nach unterschiedlichen, z. T. konfligierenden Kriterien erfolgt. Diese Kriterien unterscheiden sich untereinander noch von Disziplin zu Disziplin und von Epoche zu Epoche innerhalb einer Wissenschaft.[12]

Die Frage nach den Faktoren und/oder Erwägungen, die die Träger einer intellektuellen Tradition veranlassen, ›vorzuschlagen‹ oder ›auszuwählen‹ bezieht sich auf Gründe (»reasons«) und Ursachen (»causes«) und ist ebenso eine rationale oder historische Frage, wie sie eine soziologische oder psychologische ist.[13] Toulmin entwickelt nun ein Modell der *evolutionären* Entwicklung der Wissenschaft, das den Anspruch erhebt, mit Hilfe der Mechanismen von Variation und Selektion sowohl Kontinuität als auch Wandel zu erklären. Auch dieses Entwicklungsmodell verweist auf die Bedeutung »externer« Faktoren, bzw. enthält es eine Vorstellung eines Determinationsverhältnisses zwischen sozialen und intellektuellen Strukturen. Diese Vorstellung steht in deutlicher Nähe zu dem Schelerschen Selektionsmodell. Bei Toulmin stellen die Umweltbedingungen das erforderliche »Forum der Konkurrenz« dar, aus dem heraus die »ökologischen Anforderungen« gestellt werden.[14] Es bleibt allerdings problematisch, ob die Umwelt als eine »intellectual ecology« (Toulmin) gedacht ist, oder ob die sozio-ökonomischen Verhältnisse dazuzurechnen sind. Dies hängt wiederum davon ab, welcher Begriff der Selektion unterstellt wird und welche Dimensionen wissenschaftlicher Entwicklung man mit ihm erklären will.[15] Die Funktionsweise der Selektionsfaktoren entspricht bei Toulmin dem für diese Modelle üblichen Verständnis. Danach begrenzen die ›sozialen‹ Faktoren die Möglichkeiten intellektueller Innovation überhaupt, während das Urteil der Wissenschaftler – nach innerwissenschaftlichen Kriterien – über die Erfordernisse der intellektuellen Situation entscheidet.[16] D. h., obgleich beide Arten von Faktoren prinzipiell als unabhängige Filter wirken, die sowohl koinzidieren als auch gegensätzlich sein können, führt die Unterscheidung zwischen »entscheidenden« (crucial) und »notwendigen« (necessary) Faktoren zu der Konsequenz, daß die ›sozialen‹ Faktoren letztlich konstitutive Bedingungen der Wissenschaftsentwicklung sind und insofern nur noch trivialen Erklärungswert haben. Einen Einfluß auf den Inhalt der Wissenschaft haben sie jedoch nicht.[17] Selektionsfaktoren im inhaltlich diskriminierenden Sinn sind für Toulmin nur innerwissenschaftliche Kriterien.

2. Die Rezeption Kuhns in der Wissenschaftssoziologie und die Transformation der wissenssoziologischen Grundfrage

Kuhns Thesen blieben in ihrer provokativen Wirkung nicht auf die Wissenschaftsphilosophie beschränkt, sondern wurden sofort auch in der Wissenschaftssoziologie rezipiert und führten dort zu einer tiefgreifenden Neuorientierung.[18] Allerdings lassen sich in der Rezeption zwei Richtungen unterscheiden, jene, die durch den Versuch gekennzeichnet ist, die Kuhnsche Fragestellung mit der funktionalistischen Wissenschaftssoziologie zu verbinden, und jene, für die Kuhn der Ausgangspunkt einer grundsätzlichen Kritik an dieser Wissenschaftssoziologie ist. In all den verschiedenen Ansätzen, die unter dem Einfluß Kuhns in der Wissenschaftssoziologie entwickelt worden sind, läßt sich jedoch die Problematisierung des Verhältnisses zwischen sozialen und kognitiven Strukturen erkennen. Auch das soll nur thesenartig zusammengefaßt werden.

In die erste der genannten Kategorien fallen die Zitations- und Kommunikationsanalysen, soweit sie nicht dazu dienen, Hypothesen der Mertonschen Wissenschaftssoziologie zu prüfen,[19] und als Zitationsmuster einer zumeist fragwürdigen Indikatorenbildung dienen,[20] bilden sie eine Evidenz besonderer Art. Die zentrale Fragestellung dieser Untersuchungen ist, ob »scientific communities« und Veränderungen im Kommunikationsverhalten die *Entwicklung* des Wissens beeinflussen.[21] Für diesen Ansatz ergibt sich eine doppelte Schwierigkeit: das soziale Gebilde (die »community«) wird über Indikatoren (Zitations- bzw. Kommunikationsmuster) identifiziert, die kognitive Strukturen (Forschungsgebiete) repräsentieren, um sodann die Determinationsbeziehungen der ersteren auf die letzteren untersuchen zu können. Darin liegt ein Zirkelschluß. Zudem handelt es sich bei den Indikatoren um soziale Akte (das Zitieren), deren Bezug zu kognitiven Strukturen selbst Gegenstand der Fragestellung ist, aber nicht thematisiert wird.[22] Aufgrund dessen bleibt auch der Transformationsmechanismus zwischen kognitiven und sozialen Strukturen verborgen. Dessen ungeachtet handelt es sich um Analysen, in denen beabsichtigt ist, die Beziehungen zwischen spezifischen kognitiven Strukturen (z. B. Forschungsgebieten wie der Phagenforschung) und den entsprechenden sozialen Strukturen zu bestimmen, so etwa die parallele Entwicklung von Paradigmen und Disziplinen.[23]

Als ein weiterer Ansatz läßt sich jene Variante der »Austausch-Theorien« identifizieren, wie sie von Hagstrom und Mulkay vertreten wird. Diese gehen auf Kuhn ein und versuchen die kognitiven Prozesse mit den vorhandenen soziologischen Erklärungsschemata zu integrieren. Hagstrom analysiert theoretische Wandlungsprozesse unter Bezug auf ein soziales System der Wissenschaft, in dem wissenschaftliche Methode und Mechanismen sozialer Kontrolle miteinander verknüpft sind. Phasen der normalen Wissenschaft z. B. entsprechen danach einem allgemeinen Konsensus über Methoden, Probleme und Problemlösungen, der seinerseits Ausdruck in der sozialen Kohäsion der »scientific community« findet. Die revolutionäre Leistung eines Wissenschaftlers muß zunächst zu dessen ›Ausstoß‹ aus der Gemeinschaft führen. Die Gründung einer ›Schule‹ stellt einen substantiellen Konflikt dar, der so lange den Fortschritt aufhält, bis einer Schule der Durchbruch gelungen ist. Zielkonflikte dagegen werden durch Segmentierung und strukturelle Differenzierung gelöst, d. h. durch die Abspaltung neuer Spezialgebiete und die Begründung neuer wissenschaftlicher Traditionen.[24]

Mulkay konstatiert, daß das »zentrale Problem der Wissenschaftssoziologie«, die Entwicklung wissenschaftlicher Erkenntnis bzw. die Analyse wissenschaftlicher Innovation, gleichbedeutend wird mit der Analyse sozialer Kontrolle und Nonkonformität.[25] Letztlich werden vor allem in der krassen Homansschen Variante der »Exchange«-Theorie die Wandlungsprozesse in der Wissenschaft nunmehr sozial erklärt, die Beziehung zu eigengesetzlichen kognitiven Prozessen aber bleibt offen.

Die zweite der oben genannten Richtungen in der wissenschaftssoziologischen Kuhnrezeption läßt sich nun durch die Wiederaufnahme der wissenssoziologischen Fragestellung kennzeichnen, auch wenn der Rekurs auf die Wissenssoziologie nicht immer eingestanden wird. Whitley erklärt die Frage zum Gegenstand dieses Ansatzes, »wie soziale und kognitive Faktoren interagieren in der Produktion von Wissen und welche Auswirkungen unterschiedliche Formen wissenschaftlichen Wissens auf die Gesellschaft haben«.[26] Und für King besteht der erfolgversprechende Weg der Wissenschaftssoziologie in der »Untersuchung der Wechselbeziehungen zwischen Denkweisen, Arbeitsstilen und den sozialen Positionen von Wissenschaftlern, wobei ... die Vorstellung von wissenschaftlicher Autorität – rational oder ›traditional‹, intellektuell oder sozial – als der verbindende Schlüsselbegriff verwendet werden muß.[27] Die Umsetzung dieses Programms erfolgt bislang auf sehr unterschiedliche Weise. Als ein gemeinsamer Nenner kann der Versuch gelten, die Institutionalisierung spezifischer kognitiver Strukturen, z. B. eines wissenschaftlichen Gegenstandsbereichs, eines Materials oder ›Systems‹ oder schließlich der Instrumentierung einerseits und die Institutionalisierungsformen spezifischer sozialer Strukturen der Wissenschaft, z. B. Zeitschriften, Kongresse, Lehrstühle oder Fakultäten andererseits miteinander in Beziehung zu bringen.[28]

Ein darüber hinausgehender Ansatz ist der konsequente Versuch, derartige kognitive und soziale Strukturen als miteinander vermittelt aufzuweisen, sei es über die Annahme einer strategischen Institutionalisierung bestimmter Ideen,[29] sei es über die Annahme des Argumentationszusammenhangs als organisierendes und d. h. konstitutives Prinzip wissenschaftlicher Fachgemeinschaften.[30] Diesen Ansätzen liegt die Überzeugung des Primats kognitiver Strukturen zugrunde, die zugleich (das bezeichnet ihre Institutionalisierung im soziologischen Sinn) den Charakter von sozial wirksamen »Orientierungskomplexen« (Weingart) bzw. »Verbindlichkeiten« (Böhme) annehmen und so die spezifischen Fachgemeinschaften als soziale Gebilde konstituieren. Im Grunde handelt es sich bei diesen theoretischen Versuchen um eine mögliche Weiterentwicklung der Kuhnschen Vorstellung der disziplinären Matrix,[31] mit der eine differenzierte (und nicht nur globale) Beziehung zwischen kognitiven und sozialen Strukturen behauptet wird.

Die Transformation der wissenssoziologischen Grundfrage auf die Analyse der Wissenschaft, die sich in der Neuformulierung der Internalismus/Externalismus-Diskussion im Rahmen der Analyse wissenschaftlicher Entwicklung dokumentiert, stellt nun freilich dieselben Probleme, wie sie die Wissenssoziologie ungelöst hinterlassen hat. Wir werden zunächst zwei Fragen nachgehen, der Konzeptualisierung der kognitiven Elemente und den Dimensionen ihres Wandels in der wissenschaftstheoretischen Diskussion sowie denen der sozialen Strukturen, wie sie innerhalb der Wissenschaftssoziologie vorgenommen worden sind. Wir werden dann einige mögliche soziologische Mechanismen angeben, die die Vermittlung zwischen kognitiven Orientierungskomplexen und sozialen Strukturen erklären können.

3. Dimensionen des wissenschaftlichen Wandels – zur Konzeptualisierung kognitiver Orientierungskomplexe

Bevor eine Analyse der Determinations- oder Interdependenzverhältnisse zwischen kognitiven und sozialen Strukturen in Angriff genommen werden kann, um die Wissenschaftsentwicklung sowohl wissenschaftstheoretisch als auch wissenschaftssoziologisch erklären zu können, muß die Struktur wissenschaftlichen Wissens entschlüsselt werden. Bei genauerer Betrachtung z. B. der Konzeptionen Kuhns oder Toulmins zeigt sich, daß im Hinblick auf die begriffliche Bestimmung dessen, was unter Paradigma, wissenschaftlichen Bewertungskriterien, Begriffssystemen, allgemeinen Werten und dergleichen verstanden wird, keine Einigkeit und Klarheit besteht. Weder die Wissenschaftsgeschichte noch die Wissenschaftstheorie haben bislang eine solche Klärung geschaffen, zumal nicht unter der nunmehr relevanten Fragestellung. Eine analytische Differenzierung des Komplexes »Wissenschaft« ist nämlich erforderlich, um bestimmen zu können, welchen Wandlungsprozessen diese besondere Form des Wissens unterliegt, welchen Gesetzmäßigkeiten diese Prozesse gehorchen und welchen Einflußfaktoren sie unterliegen. Zugleich muß es möglich sein, Phänomene des kontinuierlich kumulativen und solche des revolutionären und diskontinuierlichen Wandels in einem Modell gemeinsam zu erklären. Um dabei falschen Dichotomien zu entgehen, ist zu fragen, *was* sich in der Wissenschaft *wie*, d. h. in welchen Zeiträumen, wandelt.

Die Beantwortung der Frage nach dem »Was« setzt eine allgemeine Bemerkung hinsichtlich der Qualität kognitiver Orientierungen voraus. Wenn im Kontext der Wissenschaftsphilosophie von Werten und Normen oder Paradigmen, Methoden etc. die Rede ist, so müssen diese, insoweit sie Wissenschaft als eine soziale Aktivität konstituieren, von einer Gruppe von Menschen geteilt und in deren Handeln und Denken identifizierbar sein. Methodologisch haben sie damit einen ähnlichen Status, wie soziale Normen und Werte in der soziologischen Theorie. Allerdings umfaßt der Begriff des Paradigmas oder des »Orientierungskomplexes«, wie wir hier sagen werden, mehr als der der Norm. Orientierungskomplexe haben zwar auch normativen Charakter (etwa im Sinne dogmatischer Geltung), was sich vor allem in ihren institutionellen Dimensionen dokumentiert. Andererseits unterliegen sie aber *auch* dem Widerruf qua Erkenntnis und rationalem Diskurs. Dies meint Luhmann, wenn er darauf verweist, daß die Orientierung an symptomatischen Kriterien wie Reputation in der Wissenschaft labil bleibt, da andernfalls das Wissenschaftssystem im Dogma erstarren würde.[32] Damit kann sowohl die Vorstellung eines unterschiedlichen Verbindlichkeitsgrades wissenschaftlicher Orientierungskomplexe als auch die seiner Veränderung im Zeitablauf, d. h. im Verlauf des entsprechend orientierten Handlungsvollzugs, gemeint sein. Die letztere Annahme könnte die Abfolge von ›normaler‹ und ›revolutionärer‹ Wissenschaft gleichermaßen abdecken. Sie zielt auf eine Analyse eines an wissenschaftsspezifischen Orientierungskomplexen orientierten Handelns, das aus sich selbst heraus die Bedingungen der Aufhebung der normativen Wirkung der Orientierungskomplexe produziert. Diese Vorstellung ist in Kuhns Thesen zu der Entstehung von Anomalien in der Phase der normalen Wissenschaft und ihrer schließlichen Verursachung von Revolutionen impliziert. Ihr ist jedoch die Vorstellung unterschiedlicher Verbindlichkeitsgrade von Orientierungskomplexen gleichsam vorgelagert, denn jede soziale Handlungssituation ist durch eine Mehrzahl von normativen Orientierungen bestimmt, die sich in ihrer Spezifität und ihrer Verbindlichkeit unterscheiden. Diese Vorstellung ist ebenfalls bei Kuhn anzutreffen, z. B. in seiner These zum Kontinuitätsproblem, wonach bestimmte übergeordnete Werte (»paramount values«) in der Form eine richtungsweisende Funktion haben, als sie immer dann bedeutsam werden, »wenn zwischen Theorien eine Wahl getroffen werden muß«.[33] Dies ist zunächst formal die Art von Vorstellungen, die es zu suchen gilt.[34]

Die Schwierigkeiten zu bestimmen, »was« sich in der Wissenschaft wandelt, ergeben sich aus der erwähnten Unklarheit in der Definition der kognitiven Orientierungsmuster. Zunächst sollen einige von Kuhn und anderen vorgenommenen Versuche der Differenzierung des Paradigmabegriffs verfolgt werden, um möglicherweise genauere Schlußfolgerungen im Hinblick auf den Wandel wissenschaftlicher Orientierungen und ihre gruppenkonstituierende Rolle ziehen zu können. Masterman hat allein einundzwanzig verschiedene Bedeutungen des Paradigmabegriffs identifiziert, die sich allerdings in drei verschiedene Kategorien einordnen lassen. Danach entsprechen metaphysische bzw. Metaparadigmen einer metaphysischen Sichtweise, einem erkenntnis- oder perzeptionsorientierenden Prinzip; soziologische Paradigmen sind konkrete, allgemein anerkannte wissenschaftliche Leistungen und Konstruktparadigmen (oder »artefact paradigms«) schließlich sind Lehrbücher, klassische Texte, eine bestimmte Instrumentierung etc.[35]

Soziologisch gesehen, so Masterman, sind Paradigmen ein Satz von wissenschaftlichen Gewohnheiten (»scientific habits«), die von Kuhn *nicht* mit »wissenschaftlicher Theorie« synonym gebraucht werden. Sie sind »vortheoretische« Orientierungskomplexe, die ausreichend neu sind, »um eine dauerhafte Gruppe von Anhängern von konkurrierenden Formen der wissenschaftlichen Aktivitäten weg anzuziehen« und ausreichend offen, um alle möglichen Probleme für die neu definierte Gruppe zur Lösung übrig zu lassen.[36]

So unscharf die Begriffe auch in dieser Form bleiben, wird doch zumindest verständlich, daß die Wandlungsprozesse, die sie involvieren, sehr langfristiger Natur sein müssen. Traditionen, Weisen, Wissenschaft zu betreiben oder ›habits‹ als »Wahleinheiten« wissenschaftlicher Entscheidungen setzen langfristige Prozesse der Einstellungsveränderung voraus, und sind am ehesten über Sozialisation zu garantieren. Desgleichen wird mit diesem Begriffsrahmen die Vorstellung *revolutionären* Wandels gesetzt, *nicht* im *zeitlichen, sondern* in einem inhaltlichen Sinn.

Eine für die Struktur der Wandlungsprozesse zentrale Frage ist die nach dem Geltungsumfang von Paradigmen. Auch im Hinblick darauf ist Kuhn mehrdeutig. Bereits die von Masterman vorgenommene Kategorisierung der Paradigmen erhellt deren unterschiedliche Spannweite, und auch Kuhn spricht von »sehr spezialisierten« Paradigmen, die offenkundig allgemeineren gegenüberstehen müssen.[37] Aufgrund der unterschiedlichen Geltungsbereiche kommt er folgerichtig dazu, die soziale Basis des jeweiligen Paradigmas zum Unterscheidungskriterium zu machen. Für Kuhn scheint vor allem in den reiferen Wissenschaften die Spezialistengruppe (›specialists group‹) *die zentrale analytische Einheit* zu sein.[38]

Im Sinne der soziologischen Intention Kuhns wird es notwendig sein, diese subdisziplinären Gruppen (hundert Wissenschaftler und »manchmal sehr viel weniger«[39]) gegen die unklaren Bestimmungen des Paradigmas zu verteidigen. Das führt jedoch zu der Frage zurück, welche *Art* der paradigmatischen Orientierung unter den verschiedenen Bedeutungsvarianten des Begriffs den normativen Zusammenhalt und die soziale bzw. wissenschaftliche Integration herstellt. Unterhalb der allgemeineren wissenschaftlichen Werte und Normen müssen spezifische inhaltliche und methodologische Orientierungsstandards für die Geschlossenheit dieser Gruppen verantwortlich sein.

Unabhängig von der notwendigen inhaltlichen Bestimmung dessen, was Paradigma hier genau heißen kann, gibt es zunächst gute soziologische Gründe, wie Kuhn das Spezialgebiet analytisch zu der Gruppe bzw. Einheit zu erklären, »die wissenschaftliches Wissen produziert«,[40] in der also die entscheidenden *inhaltlichen* Problemlösungs- und Entscheidungsprozesse ablaufen. Aufgrund der geringen Größe und der Leichtigkeit und Häufigkeit der Kommunikation (die nicht etwa geographische Nähe, sondern *inhaltliche* Übereinstimmung hinsichtlich der Problemrelevanz voraussetzt) könnte man hier von ›scientific peer group‹ sprechen. »Innerhalb des Spezialgebiets ist der Druck der wissenschaftlichen ›peer group‹, das Gewicht der gemeinsamen wissenschaftlichen Auffassung am größten ...«[41] Damit wäre zugleich eine Unterscheidung zu der weiteren disziplinären und möglicherweise supradisziplinären ›scientific community‹ gegeben. Im Gegensatz zum kognitiven Konsensus der ›specialty‹, also einer *inhaltlichen* und *methodologischen* Orientierung, ginge es auf der allgemeineren Ebene um einen Konsensus bezüglich formaler Verhaltensregeln von Wissenschaftlern.

Möglicherweise hat Kuhn angesichts der Schwierigkeiten seines mehrdeutigen Paradigmabegriffs eine derartige Differenzierung im Sinn gehabt, als er den Paradigmabegriff durch den der »disziplinären Matrix« ersetzt hat. Damit ist die »ganze Konstellation von Meinungen, Werten und Techniken usw., die von den Mitgliedern einer gegebenen Gemeinschaft geteilt werden« gemeint.[42] Kuhn gibt zwar die Elemente dieses *disziplinären* Orientierungskomplexes an, versäumt es jedoch, sie systematisch zu strukturieren. Dies sind: (a) symbolische Verallgemeinerungen (f=ma), (b) metaphysische Paradigmen (Glaube an Atome, Energiefelder, Hitze als Substanz oder als Bewegungsform), (c) Bewertung von Theorien (Konsistenz, Voraussagefähigkeit), (d) exemplarische, konkrete »puzzle-solutions«.[43]

Ein weiteres Differenzierungsmoment hat Toulmin in die

Diskussion gebracht. Der zentrale Begriff in seiner Konzeption ist der des »conceptual scheme«. Toulmin gibt zwar zu, daß es in der Entwicklung der Wissenschaften zu »konzeptuellen Diskontinuitäten« kommt. Die Ersetzung eines Begriffssystems durch ein anderes geschieht aber aus guten Gründen, die ihrerseits nicht in allgemeinere Begriffe oder noch allgemeinere Axiome formalisiert werden könnten. Was nämlich von beiden Parteien – Anhängern des alten und Vertretern des neuen Begriffssystems – vorausgesetzt wird, »ist nicht ein Satz gemeinsamer Prinzipien und Axiome«: es ist vielmehr ein Satz gemeinsamer ›Selektionsverfahren‹ und ›Selektionsregeln‹, und diese sind nicht so sehr ›wissenschaftliche Prinzipien‹ als »Prinzipien, die konstitutiv für Wissenschaft sind«.[44] Die ›Selektionsregeln‹ unterliegen ihrerseits auch dem Wandel, jedoch in größeren Intervallen als die Theorien, für deren Beurteilung sie herangezogen werden. Aus dem Kontext der Argumentation Toulmins ergibt sich nicht mit letzter Sicherheit, in welchem Verhältnis ›conceptual schemes‹ zu Paradigmen stehen. So bleibt unklar, welche Art von ›Gemeinschaft‹ sie konstituieren. Toulmins Vorstellung eines differenzierten Wandels kognitiver Orientierungen ist jedoch überzeugend und erlaubt eine Integration revolutionärer und evolutionärer Entwicklungsmuster. In einer kurzfristigen Perspektive wissenschaftlichen Wandels müssen alle formulierten Probleme, entwickelten Methoden und Konzepte und die zusammengetragenen Daten in einer Erklärung berücksichtigt werden. In einer langfristigen Perspektive überleben davon nur wenige und der ursprüngliche Prozeß wird als eine scheinbare Abfolge von Schritten betrachtet.[45]

Eine wesentliche Voraussetzung für die Analyse von Konflikten und Entscheidungen, von Krisen und Wandel ist die Kenntnis des inneren Zusammenhangs bzw. der Abhängigkeit der verschiedenen Elemente der Orientierungskomplexe untereinander. Diese Kenntnis, das hat die Darstellung der verschiedenen Ansätze gezeigt, fehlt bislang. Da diese Elemente unterschiedliche Geltungsbereiche haben, müßten sie diesen gemäß geordnet werden, da nur dann Wandlungsprozesse in ihren differenzierten Auswirkungen auf ›specialists communities‹, Disziplinen und möglicherweise ganze Wissenschaftszweige beurteilt werden können.

Wenngleich zunächst davon ausgegangen werden kann, daß die Rangordnung nach dem Geltungsbereich und Allgemeinheitsgrad der Orientierungskomplexe zugleich auch die Rangordnung ihrer Abhängigkeiten ist, bleibt dies jedoch nur eine formale heuristische Annahme. Auf der inhaltlichen Ebene ist das Bild wahrscheinlich noch viel komplexer. Methoden, Instrumente oder Theorien, die als solche als kognitive Orientierungskomplexe dienen mögen und verschiedene Arten von ›Gemeinschaften‹ konstituieren, können über deren Grenzen hinweg transferiert und entweder direkt oder als Analogien verwandt werden. Sie können in einem Fall ›eine Lücke‹ füllen und eine schon laufende Entwicklung beschleunigen, in einem anderen Fall aber die Aufgabe eines ganzen ›Weltbildes‹ erzwingen. Die Komplexität der Beziehungen zwischen verschiedenen Schichten von kognitiven Orientierungen dokumentiert sich in Situationen, wenn die Annahme einer Theorie oder Beobachtung abhängig ist von der gleichzeitigen Entwicklung anderer Theorien, Methoden oder Instrumente, in Verbindung mit denen sie allein interpretiert werden können und plausibel sind. Viele ›Wiederentdeckungen‹ sind dafür ein Beleg. Offensichtlich müssen wir uns hier mit der Vermutung zufriedengeben, daß es solche Beziehungen gibt. Die konkrete Analyse wissenschaftlichen Wandels wird sich jedoch auf diese Beziehungen im kognitiven Bereich richten müssen, da sie in einigen Fällen die entscheidende Erklärung zu geben vermögen. Eine gewiß nur vorläufige Ordnung nach dem Allgemeinheitsgrad rechtfertigt sich also durch die Annahme, daß der Grad der Allgemeinheit, den die einzelnen Orientierungselemente haben, zugleich auch ihre unterschiedlichen Veränderungschancen bezeichnet oder, soziologisch betrachtet, ihren unterschiedlichen Verbindlichkeitsgrad. Wir folgen damit der formalen Struktur des Toulminschen Arguments, wonach sich je nach dem Grad der Differenzierung verschiedener Ebenen des wissenschaftlichen Prozesses ganz unterschiedliche Bilder von der Struktur des Wandels ergeben. Daß die hier versuchte heuristisch gemeinte Ordnung nicht viel präziser sein kann, als die ihr zugrundeliegenden Begriffe, versteht sich von selbst und markiert zugleich die Desiderata der Wissenschaftsgeschichte und -theorie. Dennoch kann sie vielleicht erklären, daß sich die meisten theoretischen Konflikte um die Bestimmung der *Art* des Wandels aus den divergierenden Bezügen auf verschiedene Ebenen wissenschaftlicher Orientierungskomplexe ergeben. Kuhn sieht dies auch sehr deutlich, wenn er schreibt: »Der Kern des Problems ist, daß, um die Frage ›normal oder revolutionär?‹ zu beantworten, man zuerst fragen muß, für wen?«[46]

Auf der Basis der bisher diskutierten Begriffe ließe sich demgemäß die folgende Rangordnung kognitiver Orientierungselemente angeben:

1) Die allgemeinste Ebene stellen Werte dar, wie die Überzeugung einer grundsätzlichen Ordnung der Natur, die verstanden werden kann und/oder der Glaube an einen kumulativen Wissensfortschritt. Diese Werte (die in einem größeren Ausmaß von Wissenschaftlern geteilt werden, als die übrigen Komponenten der disziplinären Matrix[47]) entsprechen den ›Selektionsverfahren‹ Toulmins und den übergreifenden Werten bei Kuhn. Sie sind nur in sehr großen Intervallen historischem Wandel unterworfen. Sie konstituieren den Kern der »politischen Kultur der Wissenschaft« und sind etwa auch verantwortlich für eine Art »kognitiver Schichtung«, wonach zwischen »reifen« und »unreifen« Disziplinen hierarchisch unterschieden wird.[48] Ob der Geltungsbereich dieser Werte das gesamte Wissenschaftssystem umfaßt, ist zumindest angesichts unterschiedlicher Theoriebegriffe in den Natur- und Sozialwissenschaften fragwürdig (z. B. empirische und hermeneutische, aber auch kausale und funktionale Theoriebegriffe).

2) Auf der zweiten Ebene wären die ›metaphysischen Paradigmen‹ anzusiedeln, »ein organisierendes Prinzip, daß die Wahrnehmung selbst bestimmt« oder eine »ganze Weltanschauung«.[49] Im Hinblick auf ihren Geltungsbereich sind Verallgemeinerungen jedoch kaum möglich, da sie je nach ihrem spezifischen Inhalt einen unterschiedlichen Stellenwert in der gesamten kognitiven Struktur der Wissenschaft haben. So nennt Kuhn Beispiele der unterschiedlichen Reichweite von Revolutionen dieser »cognitive commitments«. »Die kopernikanische Astronomie war für jeden eine Revolution; Sauerstoff war eine Revolution für Chemiker aber nicht für mathematische Astronomen ... Für die letztere Gruppe war Sauerstoff einfach ein anderes Gas und seine Entdeckung war lediglich eine Bereicherung ihres Wissens; durch die Einordnung der

Entdeckung mußte nichts wesentliches für sie als Astronomen geändert werden«.[50] Aus verschiedenen Gründen ist es jedoch sinnvoll anzunehmen, daß Wandlungen dieser ›Metaparadigmen‹ weitreichende Folgen haben. Zum einen konvergieren so gut wie alle Bestimmungen des Terminus ›Metaparadigma‹ in der Eigenschaft, daß sie Erfahrung strukturieren. Sie sind mithin vortheoretisch und zugleich Ausgangspunkt für Begriffs- und Theoriebildung. Ganz gleich, wo genau die Grenzen des Geltungsbereichs dieser Paradigmen gezogen werden, muß eine Änderung in den erfahrungsstrukturierenden Prinzipien logischer- (bzw. tautologischer-)weise all jene Bereiche erfassen, die in ihrer Begriffsbildung auf diesen Prinzipien aufbauen. Die langfristigen Wandlungsintervalle, die Kuhn als Revolution beschreibt, beziehen sich wohl primär auf die Metaparadigmen und die von ihnen abhängigen Theorie- und Begriffssysteme.

3) Auf der dritten Ebene könnten die ›soziologischen Paradigmen‹ angesiedelt werden, die als »allgemein anerkannte wissenschaftliche Leistungen« definiert sind. Diese sind ebenfalls noch vortheoretisch und umfassen nach Kuhn »Gesetz, Theorie, Anwendung und Instrumentierung«. In dieser Weise gelten sie als Modelle, aus denen kohärente Forschungstraditionen erwachsen wie z. B. die kopernikanische Astronomie gegenüber der ptolemäischen, die aristotelische Dynamik, die gefolgt wird von der Newtonschen, oder schließlich die ›Wellen-Optik‹ gegenüber der ›Korpuskular-Optik‹.[52] Dem ist Ravetz' Vorstellung der ›standardisierten‹ Fakten oder Instrumente sehr ähnlich, die, wenn sie einmal etabliert sind, die ›Ahnen‹ weiterer Abkömmlinge von Problemen werden bzw. auf Probleme und Gegenstände außerhalb des Gebiets ihrer ursprünglichen Anwendung übertragen werden. Sie dienen als Herausforderung, heuristische Richtlinien weiterer Arbeit und Mittel der Problemlösung.[53] Obgleich diese Paradigmen durch ihre gruppenkonstituierende Kraft definiert sind, ist eine Abgrenzung der relativen Geltungsbereiche im Vergleich zu den Metaparadigmen schwierig. Anhaltspunkt ist die offenkundig spezifischere kognitive Orientierung, die in den Elementen der ›wissenschaftlichen Leistung‹ gegeben ist. Probleme sind, Kuhn zufolge, bereits eindeutig vorgegeben, so daß von ihnen eine ausgerichtete Forschungsaktivität, wenn auch in verschiedenen

Spezialisierungen ausgeht.[54] Die damit gegebene unmittelbare Umsetzung in konkretes Handeln[55] bringt Masterman wohl auch dazu, diese Art der Paradigmen als ›soziologische‹ zu bezeichnen, wenngleich sie von den ›philosophischen‹, den Metaparadigmen, nur eben durch diese Eigenschaft unterschieden sind, jene aber durchaus auch unter soziologischen Gesichtspunkten als kognitive Orientierungsmuster analysiert werden können.

Die Wandlungsintervalle, denen diese Art des Paradigmas unterliegt, sind immer noch sehr langfristig. Auch im Hinblick darauf ist eine eindeutige Abgrenzung gegenüber den Metaparadigmen kaum möglich. Aufgrund der Begriffsbestimmung können wir jedoch pragmatisch annehmen, daß sie sich graduell schneller wandeln, als die erkenntnisstrukturierenden Sichtweisen (z. B. Theorien, Instrumentierung) und daß ihr Wandel weniger weitreichende Konsequenzen für die übrige Wissenschaft hat.

4) Noch konkreter ist die Art von Paradigma, die Masterman unter dem Begriff des »artefact paradigm« oder »construct paradigm« subsumiert hat und für das am besten das spezifische »klassische Werk«, aber auch eine bestimmte Instrumentierung oder eine Analogie steht. Aus dieser Bestimmung geht hervor, daß die Unterscheidung zwischen ›soziologischen‹ und ›artefact‹-Paradigmen nicht grundsätzlich ist. Masterman, die den Begriff für den genetischen Aspekt kognitiver Prozesse reserviert (definiert als »the initial practical trick-which-works-sufficiently-for-the-choice-of-it-to-embody-a-potential-insight . . .«) unterscheidet ihn nicht auf der Grundlage derselben analytischen Kriterien, wie die anderen beiden Bedeutungen des Paradigmabegriffs – nämlich als wahrnehmungs- und verhaltensorientierend im kognitiven Prozeß.[56] Akzeptiert man, daß das ›artefact‹-Paradigma weder ein metaphysisches Weltbild liefert, noch aus etablierten wissenschaftlichen Leistungen abgeleitet werden kann, so kommen ihm beide Funktionen zu, die, einen Gegenstand in spezifischer Weise zu sehen, und die, ihn zu untersuchen. Mit einiger Vorsicht scheint es gerechtfertigt zu sein, das ›artefact‹-Paradigma auf einer niedrigeren Ebene einzuordnen, als der zuvor erwähnten.

5) Auf der untersten Ebene schließlich wären die ›conceptual schemes‹ anzusiedeln, die in ihrem Geltungsbereich auf einzelne

Problemlösungsversuche beschränkt sind und nur im Fall ihres Erfolges Bestandteil »klassischer Werke«, d. h. Teil der jeweiligen Tradition des Spezialgebietes und damit der Disziplin werden. Ihr Wandel vollzieht sich in relativ kurzen Abständen (nach Toulmin mit jeder neuen Generation von Wissenschaftlern), wobei Konsequenzen einer Veränderung nur für die Gruppe von Wissenschaftlern entstehen, die unmittelbar auf ein bestimmtes Begriffssystem verpflichtet ist und an bestimmten Problemlösungen arbeitet. Hier ist vor allem Toulmins Hinweis von Bedeutung, daß der *effektive* Wandel von ›conceptual schemes‹ (nämlich der, der sich in der Richtung des Wandels der wissenschaftlichen Tradition dokumentiert) unterschieden ist von der aktuellen Quantität der Innovation. Diese »unterste« Ebene des wissenschaftlichen Prozesses, auf der die aktuellen Such-, Problemlösungs- und Entscheidungsprozesse sich abspielen, ist soziologisch gesehen wahrscheinlich die interessanteste, während z. B. die Wandlungen der ›Selektionsverfahren‹ und der metaphysischen Paradigmen aufgrund ihrer Langfristigkeit eher Gegenstand einer soziologisch informierten Wissenschafts- und Ideengeschichte sein können.

Die Differenzierung verschiedener kognitiver Orientierungskomplexe nach ihrem Geltungsbereich und ihren Wandlungsintervallen ist, wie gesagt, ein heuristisches Modell, ein vorläufiger Versuch, die verschiedenen Einheiten des ›kognitiven Bereichs‹ in der Wissenschaft zu identifizieren. Auf diese Weise kann man zudem dem scheinbaren Widerspruch zwischen Kontinuitäts- und Diskontinuitätsthesen durch eine differenziertere Analyse entgehen. Dieser Widerspruch wird durch Kuhns dichotome Konzeptualisierung von ›normaler Wissenschaft‹, d. h. kumulativer Entwicklung, und ›revolutionärer Wissenschaft‹ nicht überwunden. Toulmin, dessen Argumentation wir formal gefolgt sind, gelingt dies allerdings auch nur um den Preis der Unterschlagung der fruchtbaren Aspekte des Kuhnschen Begriffs von revolutionärem Wandel. Kuhn ist angesichts der Kritik durch eine wenngleich kaum klarere Differenzierung seines Revolutionsbegriffs nach dem Kriterium des Geltungsbereichs kognitiver Orientierungen der Toulminschen Argumentation im Prinzip gefolgt. Ein Zitat Feyerabends mag dieses Prinzip verdeutlichen: »... jede besondere Episode ist rational in dem Sinn, daß einige ihrer Züge durch Gründe erklärt werden können, die entweder zur Zeit ihres Eintretens bereits anerkannt waren oder die doch im Laufe ihrer Entwicklung erfunden wurden.«[57]

4. Zur Konzeptualisierung sozialer Strukturen in der Wissenschaft

War zuvor gezeigt worden, daß eine systematische Konzeptualisierung kognitiver Orientierungskomplexe durch die Wissenschaftsphilosophie bislang noch aussteht, so ist das gleiche für die Konzeptualisierung der sozialen Strukturen der Wissenschaft festzustellen. Das ist nicht verwunderlich, da sich vor dem Fragehorizont der strukturell-funktionalen Wissenschaftssoziologie das Problem der Beziehung zwischen kognitiven und sozialen Strukturen und damit der Identifikation unterschiedlicher analytischer Handlungseinheiten gar nicht stellt. So fehlt, von wenigen Ausnahmen abgesehen, auch eine Diskussion, an die wir wie im Fall der Explikation des Paradigmabegriffs bei der Entwicklung eines heuristischen Modells unterschiedlicher Institutionalisierungsebenen und ihrer Wandlungsintervalle anschließen könnten. Diejenigen Studien, die sich direkt mit den Konfigurationen der sozialen Organisation der Wissenschaft befassen, konzentrieren sich in der Regel auf zwei Formen: das Spezialgebiet und den Problembereich.[58]

Wir beschränken uns aufgrund dieses Mangels hier auf ein sehr vorläufiges Argument und knüpfen noch einmal an den Gedanken Kuhns an, wonach ein Paradigma den jeweiligen spezialisierten Kommunikationszusammenhang und damit die »community« als soziale Gruppe konstituiert. Das dieser Gruppe eigene Paradigma bzw. der Satz von Orientierungskomplexen wird durch Sozialisation vermittelt, strukturiert den Erkenntnisprozeß, bestimmt die Probleme und legitimiert deren Lösungen oder auch nicht.[59] Die Notwendigkeit des Transfers durch Sozialisation setzt ein Minimum formaler Institutionalisierung des ›Paradigmas‹ voraus. Die Sozialisation kognitiver Orientierungskomplexe und damit ihre Institutionalisierung ist Voraussetzung für ihre Differenzierung nach unterschiedlichen Geltungsbereichen. Jetzt betrachten wir die unterschiedlichen institutionellen Ausprägungen der ›scientific community‹ bzw. ›der Wissenschaft‹, wobei es zunächst nahe-liegt, dies in direkter Analogie zu der Differenzierung der Orientierungskomplexe zu tun, unter der Annahme, daß die sozialen Strukturen eben das Resultat der Institutionalisierung kognitiver Gehalte sind und die Grenzen ihrer Geltung mar-kieren. Diese Annahme abstrahiert erst einmal davon, daß auch andere Determinanten der Institutionalisierung möglich sind. Sie zielt auf eine heuristische Vorstellung ab, wonach die differenzierte Struktur von kognitiven Orientierungskomple-xen sich in einer entsprechenden differenzierten Struktur sozia-ler Organisation wissenschaftlichen Handelns widerspiegelt. Wir unterstellen aufgrund der Sozialisation und Institutiona-lisierung wissenschaftlicher kognitiver Orientierungskomplexe ein Determinationsverhältnis, in dem die sozialen Organisa-tionsformen durch die kognitiven Strukturen bestimmt wer-den. Daß es derartige Organisationsformen gibt, die die Pro-duktion, Koordination und Diffusion systematischen Wissens leisten, ist Ausdruck der gesellschaftlichen Ausdifferenzierung, deren Anfänge im Fall der *modernen* Wissenschaft in der Re-naissance liegen und die seither viele Wandlungen durchge-macht hat.[60]

Wir folgen somit Whitley darin, daß sich ›soziale Institutio-nalisierung‹ auf die Schaffung und Erhaltung formaler Struk-turen bezieht, die die ›Mitglieder‹ einer kognitiven Struktur von denen einer anderen abgrenzt. Die soziale Institutionali-sierung kann graduell unterschiedlich sein und von der Kennt-nis anderer Wissenschaftler, die im gleichen Problembereich arbeiten, und dem Austausch von Ideen und Informationen mit ihnen bis hin zu der komplexen Struktur von Forschungs-einrichtungen, Wissenschaftsgesellschaften, Zeitschriften usw. reichen.[61] Unterschiedliche Grade sozialer Institutionalisierung können mit unterschiedlichen Graden kognitiver Institutiona-lisierung in Verbindung gebracht werden, obgleich hier offen-bar Disparitäten möglich sind.[62]

Folgende Ebenen der sozialen Institutionalisierung der Wis-senschaft sollen unterschieden werden.

1.) Die umfassendste und allgemeinste Organisationsform der Wissenschaft ist keine einheitliche, in sich geschlossene Institu-tion, sondern ein Komplex von Institutionen, in denen Wis-senschaft in ihrer Gesamtheit repräsentiert wird, Stiftungen,

Akademien, Universitäten und die großen umfassenden wissenschaftlichen Gesellschaften (z. B. die GDNÄ, die AAAS oder BAAS*). Sie sind daher auch der Ort, wo über die Grenzen der Disziplinen hinweg die übergreifenden Werte und Prinzipien artikuliert und gegenüber der übrigen Gesellschaft vertreten werden. Historisch folgen Akademien und wissenschaftliche Gesellschaften aufeinander und die Funktionen beider haben sich aufgrund von kognitiv bedingten Entwicklungs- und Differenzierungsprozessen gewandelt. Deshalb stellt sich die Frage, welche Art von sozialem, auf Wissenschaft bezogenem Handeln in diesen Institutionen heute noch seinen Platz hat. Die Akademien klassischen Typs, wie die Royal Society und die Académie des Sciences waren zu ihrer Blütezeit der Ort wissenschaftlicher Forschung und Kommunikation und kannten, entsprechend dem Stand der Naturforschung (bzw. -philosophie) zunächst noch keine formale interne Differenzierung. Diese setzt jedoch schon früh ein, allerdings folgt sie noch nicht sofort den heutigen Disziplinengrenzen.[63] Die Gründung der großen wissenschaftlichen Gesellschaften wie GDNÄ (1822), BAAS (1831) und AAAS (1848) ist gegen die erstarrten Strukturen der Akademien gerichtet und soll die Entwicklung der »bürgerlichen Wissenschaft« fördern. Typischerweise sind zunächst auch die Aufnahmekriterien noch unspezifisch (die AAAS steht bis heute allen interessierten Laien offen) und die Aufgaben vage. Während die GDNÄ für ihren Gründer, Oken, ursprünglich die Funktion haben sollte, die *sozialen* Kontakte zwischen Wissenschaftlern zu fördern, über die dann indirekt die wissenschaftliche Kommunikation im weitesten Sinne verbessert werden würde, verändert sie sich mit der 1828 einsetzenden internen Differenzierung durch die Gründung von Sektionen. Für Alexander von Humboldt wird die wissenschaftliche Diskussion »derer, welche dasselbe Feld der Wissenschaft bearbeiten«, zur Hauptaufgabe der Gesellschaft. Schon 1847 beginnt jedoch ein sekundärer Differenzierungsprozeß mit der Gründung unabhängiger Fachgesellschaften, deren Zahl bis zum Weltkrieg stetig zunimmt. Dadurch kommt es zu einem abermaligen Funktionswandel. Nunmehr wird die

* GDNÄ = Gesellschaft deutscher Naturforscher und Ärzte
  AAAS   American Association for the Advancement of Science
  BAAS = British Association for the Advancement of Science

Funktion der GDNÄ darin gesehen, Bindeglied zwischen den auseinanderstrebenden, spezialisierten Fachgesellschaften zu sein, und die Diskussion über die disziplinären Grenzen hinweg aufrechtzuerhalten. Infolgedessen kam es auch zur internen Gruppenbildung, die im Grunde eine Rücknahme der Differenzierung war.[64] Diese Entwicklung, die im übrigen auch für die anderen Gesellschaften zu beobachten ist,[65] zeigt auf, daß die umfassenden wissenschaftlichen Gesellschaften als Institution erhalten bleiben, aber nicht länger Ort der relevanten wissenschaftlichen Kommunikation sind. Diese verlagert sich auf »spezifische« Organisationen.

2.) Auf einer etwas eingeschränkteren Ebene finden sich die Organisationen von Disziplinen, Fakultäten in Hochschulen, Forschungsinstitute, Abteilungen oder Klassen in Akademien, Sektionen in den umfassenden wissenschaftlichen Gesellschaften, aber vor allem auch disziplinäre wissenschaftliche Gesellschaften (wie z. B. ›Deutsche Physikalische Gesellschaft‹ oder die ›American Chemical Society‹). Die kurz skizzierte Spezialisierungsentwicklung innerhalb der umfassenden wissenschaftlichen Gesellschaften hat freilich inzwischen auch die disziplinär organisierten Vereinigungen erfaßt und diese Entwicklung macht sich auch in allen anderen Institutionen bemerkbar, deren Organisationsprinzip die Disziplin ist. Von den disziplinären wissenschaftlichen Gesellschaften werden in der Regel Publikations- und Kommunikationsfunktionen wahrgenommen, aber zunehmend auch »standespolitische« Aufgaben, wie die Erarbeitung von Richtlinien für Prüfungsordnungen und Lehrpläne. Eine repräsentative Umfrage unter deutschen Universitätswissenschaftlern aus vier Disziplinen (Physik, Biologie, Ökonomie und Geschichtswissenschaft) ergab, daß 55,4 % aller Befragten die für ihre *professionellen* Interessen relevante Kommunikation mit Kollegen führen, die Angehörige derselben *Disziplin* sind, aber *nicht* im selben Forschungsgebiet arbeiten. Demgegenüber ist die Disziplin nur für 19,4 % die Ebene, auf der die für die Forschungsarbeiten unmittelbar relevante Kommunikation geführt wird.[66] Dabei ist dieses Verhältnis in den stärker differenzierten Disziplinen noch ausgeprägter als z. B. in der Geschichtswissenschaft, woraus ersichtlich wird, daß die innerdisziplinäre Spezialisierung die disziplinären Organisationen bereits auszuhöhlen beginnt.

Es ist deshalb auch fragwürdig, ob die Disziplin, in der Universität institutionalisiert als Fakultät, noch der organisatorische Rahmen ist, innerhalb dessen die »Hauptverantwortung für die Theorieentwicklung« und damit die Organisation und Leitfunktion für die Erweiterung des entsprechenden Wissens liegt.[67]

3.) Auf der nächst niedrigeren Ebene finden sich Institutionalisierungsformen von Spezialgebieten. Spezialgebiete werden kognitiv als durch realitätsdeutende Modelle,[68] Verfahren bzw. Methoden, Theorien oder Gegenstandsbereiche bzw. Probleme[69] konstituiert bestimmt. Die schon erwähnten Sektionen in wissenschaftlichen Gesellschaften, spezialisierte Lehrstühle und Zeitschriften sowie Institute innerhalb von Fakultäten sind institutioneller Ausdruck von Spezialgebieten. Eine klare Abgrenzung von Spezialgebieten ist schwierig, sie verändern sich erheblich schneller als Disziplinen insgesamt betrachtet, obgleich die Differenzierungsprozesse der Spezialgebiete den internen Wandel der Disziplin darstellen, zu der sie gehören. Außerdem sind sie sehr unterschiedlich im Hinblick auf ihren Umfang und ihren Organisationsgrad je nach Differenzierungsgrad der Disziplin, denkt man etwa an einen Vergleich zwischen Hochenergiephysik und Wirtschaftspolitik. Zudem sind die Spezialgebiete der Ausgangspunkt für disziplinäre Differenzierungen, sie bilden gleichsam die Schwelle zur Herausbildung neuer Disziplinen wie z. B. die Molekularbiologie oder die Radioastronomie. Aufgrund des oben zitierten Datenmaterials ist jedoch der Schluß erlaubt, daß in den Spezialgebieten die für die Wissensproduktion relevante Kommunikation stattfindet. Das Spezialgebiet ist für 55,6 % der Befragten der Bezugsrahmen, in dem die forschungsrelevante Kommunikation geführt wird, gegenüber 19,4 %, für die die Disziplin diesen Rahmen abgibt. Für 30 % ist das Spezialgebiet auch der für die professionspolitischen Interessen relevante Rahmen und diese Tendenz ist in den stärker differenzierten Disziplinen noch ausgeprägter.

4.) »Unterhalb« der Spezialgebiete sind schließlich die Problembereiche (»research« oder »problem areas«) anzusiedeln. Die Ordnungsprinzipien können unterschiedlich sein. Whitley nennt die folgenden Möglichkeiten: Erstens kann das untersuchte Phänomen ähnlich sein. Supraleitung mag an verschiedenen Materialien mit unterschiedlichen Techniken analysiert werden, aber es besteht Einigkeit über das Phänomen selbst. Zweitens kann ein Material oder ›System‹ die Basis gemeinsamer Problemsituation bestimmen, wie z. B. die Analyse amorpher Materialien und ihres theoretisch überraschenden Verhaltens unter bestimmten Bedingungen. Die mit unterschiedlichen Techniken durchgeführten Untersuchungen sind alle durch ihren Bezug auf nichtkristallines Material definiert. Ein drittes Ordnungsprinzip ist die gemeinsame Verwendung einer spezifischen Instrumentierung mit den entsprechenden Regeln. Dies tritt auf, wenn die verwendete Technik vergleichsweise komplex ist und die erforderlichen ›skills‹ eine ausgedehnte Ausbildung verlangen, wie z. B. der Gebrauch von flüssigem Helium in der Niedrigtemperaturphysik oder, ursprünglich, die Anwendung von Neutronenstrahlen und Elektronenmikroskop in der Analyse von Geweben in der Biologie.[70]

Problembereiche haben kaum formale Organisationsformen, d. h. sie weisen einen geringeren Institutionalisierungsgrad auf als die Spezialgebiete, weil der kognitive »Fokus« enger ist, d. h. die Orientierungskomplexe, die die »organisierenden Prinzipien« im Sinne Whitleys darstellen, haben einen geringeren Geltungsbereich. Damit gehen kürzere Wandlungsintervalle einher. Problembereiche sind in der Regel wohl als weitgehend informelle Kommunikationsbeziehungen zu identifizieren, dazu sind auch zeitlich begrenzte Forschungsgruppen, hektographierte »newsletters« und spezialisierte Tagungen zu zählen.

Die dargestellte Hierarchie institutioneller Ausprägungen der Wissenschaft ist, wie gesagt, nicht direkt auf die Hierarchie kognitiver Orientierungskomplexe bezogen. Andererseits ist deutlich geworden, daß die Strukturen der formalen Organisationen der Wissenschaft offenkundig durch kognitive Komplexe geprägt werden, wenngleich auch sicherlich nicht ausschließlich. Andere, nicht-wissenschaftliche Determinanten werden zunächst außer Acht gelassen. Die Wissenschaftsorganisationen ließen sich auch nach anderen Kriterien ordnen und beschreiben, z. B. nach dem Grad der Hierarchisierung ihrer Entscheidungsstrukturen oder den Rekrutierungsmechanismen, mit denen sie ihre Mitglieder anwerben. Derartige, von den kognitiven Strukturen der Wissenschaft unabhängigen Definitionskriterien, die keine Unterscheidung zwischen wissenschaftlichen und nichtwissenschaftlichen Organisationen erlauben, können gleichwohl bedeutsam sein, wenn es darum geht, die Abhängigkeit (bzw. Determinierung) der Organisationsstrukturen, z. B. durch politische Faktoren einzuschätzen. In diesem Kontext ging es jedoch zunächst einmal um die Konzeptualisierung der sozialen Organisation der Wissenschaft gemäß kognitiver Abgrenzungskriterien. Dementsprechend ist auch plausibel, daß die Hierarchie analog zu der der Orientierungskomplexe unterschiedliche Wandlungsintervalle impliziert. Je höher der Institutionalisierungsgrad, desto langsamer werden sich die entsprechenden Organisationsformen wandeln. Eine soziologische Erklärung dafür ist, daß mit zunehmender Institutionalisierung die Widerstände gegen Veränderungen aufgrund der involvierten Verhaltensänderungen und ›vested interests‹ steigen.

Das weist bereits daraufhin, daß die verschiedenen Ebenen von Institutionalisierung auch als Beschreibung eines Entwicklungsprozesses gedeutet werden können, wie das am Beispiel der Differenzierung der wissenschaftlichen Gesellschaften schon angedeutet worden ist. Tatsächlich sind über die Verfolgung von Zitaten und Biographien, d. h. im wesentlichen über die Entwicklung von Kommunikation derartige Institutionalisierungsprozesse beschrieben worden. Am überzeugendsten hat dies Mullins für die Entwicklung der Molekularbiologie getan, an deren Beispiel er die Abfolge charakteristischer Strukturen gewinnt, die von der Paradigmagruppe (Mitglieder ohne notwendige soziale Beziehungen) über das Netzwerk (Integration unabhängiger Wissenschaftler und verstärkte Bindung zwischen ihnen), die Gruppe (»cluster«) (Bewußtwerdung der Kommunikation und Abgrenzung), bis zum Spezialgebiet (Formalisierung der Ausbildungs- und Rekrutierungsprozesse, Zeitschriften, Kongresse) führt.[71] Mullins Analyse zeigt (ebenso wie andere ähnliche Untersuchungen von Kommunikationsbeziehungen), daß eine direkte Entsprechung zwischen der kognitiven Entwicklung eines wissenschaftlichen Problems und der Entwicklung sozialer Beziehungen und Organisationsformen besteht. Über diese Parallelisierung hinaus läßt sich aber im Kontext der Netzwerkanalysen kein Zusammenhang angeben. Dieser wird erst verständlich, wenn man den Primat der kognitiven Orientierung für die soziale Organisation der Wissenschaft in Anschlag bringt.[72] Die Annahme des Primats kognitiver Strukturen wird durch die empirischen Befunde der Kommunikationsanalysen gestützt. Sie läßt sich überdies durch den Mechanismus der Sozialisation soziologisch begründen. Kognitive Elemente werden über Sozialisationsprozesse handlungs- (und erkenntnis-) bestimmend und somit institutionalisiert.[73] Wenn diese Annahme auch für kognitive Prozesse im Bereich systematischen Wissens gelten soll, müssen sich organisationsstrukturelle Entwicklungsmuster identifizieren lassen, die unabhängig von den spezifischen Inhalten soziologisch dadurch bestimmbar sind, daß sie als Funktionen der Sozialisation und Institutionalisierung kognitiver Strukturen interpretiert werden können. In diesem Interpretationsrahmen bieten die kommunikationsanalytischen Studien der Entstehung von Spezialgebieten wertvolles Material.[74] (Dabei können nur solche Fälle erfaßt werden, in denen kognitive Prozesse [Innovationen] zur Ausdifferenzierung sozialer Strukturen führen, da diejenigen, die keine Konsequenzen in diesem Sinn haben, keine Innovationen und nicht mehr Gegenstand der Sozialisation sind). Folgende Funktionen können unterschieden werden:

a) Identifikation: die Identifikation eines Problems durch einen Forscher und die anderer Kollegen, die am gleichen Problem arbeiten, ist ein analytisch gesetzter Ausgangspunkt eines Institutionalisierungsprozesses, da er in jedem Fall eine intellektuelle »Vorgeschichte« hat.

b) Kommunikation: zuerst werden informelle Kommunikationsbeziehungen zur Elaborierung und Kritik einer Innovation (d. h. auch eines neu identifizierten Problems) aufgenommen, die zugleich auch der Versicherung der eigenen Position dienen.

c) Initiation und Abgrenzung: Gruppengrenzen (zumeist in Kategorien einer spezifischen kognitiven Orientierung) und Bedingungen der Zugehörigkeit werden definiert. Dies gilt der Konsolidierung einer von außen unter Umständen als bedroht erachteten Position.

d) Rekrutierung: das Bemühen um die Rekrutierung von Proselyten gilt sowohl der Kapazitätserweiterung, die zur Bearbeitung aller anfallenden Probleme erforderlich ist, als auch

der Perpetuierung der Innovation über den Generationswechsel hinweg.

e) Diffusion: die Verbreitung der Innovation über bestehende oder typischerweise über eigens dazu neu geschaffene Mittel
(z. B. Zeitschriften) nicht nur zur »Sozialisation« neuer Anhänger, sondern auch zur Herstellung einer »Sichtbarkeit« gegenüber der übrigen »scientific community« und gesellschaftlichen Förderern.

f) Sanktionierung: die Schaffung institutioneller Mechanismen,
um die »herrschenden« Standards der »Zugangs-« und »Ver-
teilungskontrollen« außer Kraft zu setzen, soweit sie mit den
neu entwickelten konfligieren und die eigene Entwicklung be-
hindern und um Abweichler negativ sanktionieren zu können.

Diese Funktionen könnten zugleich auch eine Abfolge von
Institutionalisierungsphasen beschreiben, ohne allerdings scharf
voneinander geschieden zu sein. Sie sind überdies allgemein
und wahrscheinlich auch für die Institutionalisierung anderer
(nichtwissenschaftlicher) kognitiver Komplexe gültig. Es müssen infolgedessen die für die soziale Organisation der Wissenschaft spezifischen institutionellen Mechanismen angegeben
werden. Einige dieser Mechanismen sollen beispielhaft genannt werden.

Nach der Konstituierung einer Gruppe um ein zentrales
»Dogma« oder »Paradigma«, die als soziale Gruppe erst besteht, wenn die gemeinsame wissenschaftliche Orientierung
auch zu sozialen Kontakten führt (also z. B. Kommunikation),
kommt es in der Regel zur systematischeren Organisation von
Kommunikationsbeziehungen (Forschung und Veröffentlichun-
gen) und zur planvollen Rekrutierung von Studenten. Im Fall
der frühen Molekularbiologie wurden die etablierten Institutionen umgangen und durch die Gründung eines Sommerkur-
ses Wissenschaftler aus anderen Forschungsbereichen angewor-
ben.[75] Ein anderer Weg ist von den Skinnerschen Behaviori-
sten gewählt worden, die in einem frühen Stadium ihrer Entwicklung ein Lehrprogramm innerhalb der Psychologie an der
Universität einrichten konnten.[76]

Der folgende Schritt, der durchaus komplementär zu dem der
Rekrutierung ist, besteht in der intendierten Abgrenzung ge-
genüber anderen Gruppen auf der Grundlage wiederum des
»Paradigmas« und der gemeinsamen Arbeit an seiner Präzi-

sierung. Die Abgrenzung und daraus resultierende Stärkung eines ›in-group‹ / ›out-group‹-Bewußtseins dient der Verpflichtung auf die grundlegenden Orientierungsstandards und ist ein wichtiger Mechanismus der Sozialisation. Indiz dafür sind gruppeninterne Kontrollen der Veröffentlichungspolitik,[77] die Einschränkung des Forschungsinteresses und Entwicklung eines besonderen Forschungsstils sowie die damit offenbar verbundene Verschließung gegenüber Informationen von außen. Eine derartige Isolierung gegenüber der Ursprungsdisziplin ist zumindest im Fall der Skinnerianer, der Phagenforscher und der Ethnomethodologen extrem gewesen.

Die Gruppen, die diese ersten Entwicklungsphasen durchschritten haben, weisen noch keine formal institutionelle Identität auf, außer daß sich die Demarkationslinien zwischen ihnen und der übrigen »scientific community« schärfer zu konturieren beginnen. Der erste formale Institutionalisierungsschritt, der in der Regel auf die vorangegangenen folgt, ist die Gründung einer Zeitschrift und/oder einer wissenschaftlichen Gesellschaft bzw. einer Sektion innerhalb bestehender wissenschaftlicher Gesellschaften. Diese sind wichtige institutionelle Mechanismen in der Etablierung eines neuen »Paradigmas«, da sie die zumindest partielle Unabhängigkeit der Beurteilungsstandards sichern – aufgrund dessen sind sie Grundlage eines beginnenden Differenzierungsprozesses – und zugleich sichern sie die Kommunikation und Kritik von Ergebnissen sowie die Anerkennung durch die weitere »community«. Eins von vielen Beispielen ist das der operanten Psychologen, die zunächst gezwungen waren, in Zeitschriften geringeren Status zu veröffentlichen, und infolgedessen nach einem Informations- und Diffusionsinstrument suchten, das ihren Standards angemessen war. Der Prozeß der sukzessiven Gründung von Zeitschriften auf dem Gebiet des operanten Konditionierens wird von Krantz als die Außerkraftsetzung »gruppenexterner« Kontrollstandards beschrieben, und Toulmin betont, daß wissenschaftliche Zeitschriften aufgrund ihrer selektiven Filterfunktion zu den mächtigsten ›Institutionen‹ der Wissenschaft zählen.[78]

Ein weiterer und letzter Schritt der Konsolidierung liegt typischerweise in der Integration des neu entstandenen Gebietes in das bestehende akademische System, d. h. die Einrichtung von Lehrstühlen und möglicherweise von Fakultäten bzw. Departments. Damit werden auch die Beurteilungs- und Kontrollstandards des neuen Gebietes über die der Wissenschaft eigenen Sozialisations- und Sanktionsmechanismen sozial wirksam, sie werden Bestandteil von Zulassungs- und Leistungsprüfungen, Lehrplänen und Lehrstuhldefinitionen usw. Es ist hinzuzufügen, daß hier auch die institutionelle Schwelle zu einer über die Grenzen des akademischen Systems hinausreichenden Wirkung und Geltung des solcherart institutionalisierten Wissens liegt. Mit seiner Kodifizierung in universitären Lehrplänen und Prüfungsordnungen ist die Grundlage für Professionalisierungsprozesse gelegt, mittels derer das entsprechende Wissenssystem als berufliche Praxis in der Gesellschaft konkret wirksam wird. Professionalisierung als die Etablierung spezieller Anwendungsbereiche systematischen Wissens kann insofern als die höchste Stufe des Institutionalisierungsprozesses dieser Art von Wissen gelten.

Damit ist auf der Grundlage der derzeitigen empirischen Kenntnisse das Determinationsverhältnis zwischen kognitiven und sozialen Strukturen in der Wissenschaft sowohl systematisch analytisch beschrieben als auch in seinem prozessualen Ablauf als Institutionalisierungsprozeß soziologisch begründet. Bislang sind jene Zusammenhänge bestimmt worden, die die Determinierung der sozialen Strukturen der Wissenschaft durch die kognitiven Prozesse betreffen, konkret die Rolle von Sozialisation und Institutionalisierung. Umgekehrt lassen sich soziale Mechanismen ausmachen, die (relativ) unabhängig von kognitiven Prozessen eine Eigendynamik der sozialen Strukturen begründen und deren Wirkungsweise das bis jetzt unterstellte ›reine‹ Determinationsverhältnis relativiert.

5. Die wissenschaftsspezifische Funktion von Schichtung, Sozialstruktur und »Macht«

Einige der in der Gesellschaft wirksamen sozialen Mechanismen, die ihre Dynamik erklären, lassen sich im Wissenschaftssystem wiederfinden. Allerdings nehmen sie hier ganz spezifische Ausprägungen an. Das gilt auch für Prozesse der sozialen Schichtung, der Bildung einer besonderen Sozialstruktur und Prozesse der Statuszuschreibung und Machtbildung sowie der Konfliktaustragung. Daß es auch in der Wissenschaft Schichtung und »Macht« in einem spezifischen Sinn gibt, ist nicht selbstverständlich, denn das Wissenschaftssystem kann gleichsam als Paradigma demokratischer und egalitärer Sozialordnung gelten. Mertons Normen des ›Universalismus‹, des ›organisierten Skeptizismus‹, der ›Kommunalität‹ und der ›Uneigennützigkeit‹ sind insofern zweifellos zutreffend, als sie die zentralen Elemente eines Idealtyps von Wissenschaft beschreiben, der seine Entsprechung im Selbstverständnis insbesondere der Naturwissenschaftler des 19. Jahrhunderts hat und zum Teil auch in der Popperschen Wissenschaftstheorie impliziert ist. Dennoch lassen sich Phänomene von Schichtung und »Machtbildung« in der Wissenschaft beobachten, und es stellt sich die Frage, welche Bedeutung ihnen bei der Erklärung wissenschaftlicher Entwicklung zukommt.

Sowohl die funktionalistische als auch die austauschtheoretische Wissenschaftssoziologie erklären die soziale Schichtung innerhalb der Wissenschaft durch die an wissenschaftliche Leistung gebundene ›Anerkennung‹.[79] Schon hier ist eine Einschränkung notwendig. Die Schichtung muß an die Differenzierung der (kognitiv bestimmten) Kommunikationszusammenhänge anschließen, denn die Bewertung wissenschaftlicher Leistungen kann nur innerhalb der Grenzen erfolgen, innerhalb derer sie kommunikabel und für den Erkenntnisprozeß relevant sind. Das heißt auch, daß sich die Zuweisung von Anerkennung bezüglich ihres Geltungsbereichs in der gleichen Weise differenziert, wie die ›scientific communities‹. M. a. W., die nach ihm benannte Entdeckung des Mößbauer-Effekts bringt seinem Erfinder die Anerkennung des Nobelpreises und damit der Gemeinschaft der Physiker. Da die Entdeckung jedoch für einen Geologen ohne Belang ist, erstreckt sich diese Anerkennung nicht auch auf diese Disziplin außer der allgemeinen Wertschätzung, die Nobelpreisträgern von der Gesellschaft entgegengebracht wird. Diese ist jedoch ohne direkte Konsequenzen für die sozialen Prozesse innerhalb der Physiker-Gemeinschaft.

Erst solche Konsequenzen der Schichtung sind aber von Belang. Die Schichtung hat nämlich institutionelle Folgen wie z. B. die Zuweisung von ›facilities‹, mit deren Hilfe neue Leistungen erbracht werden können.[80] Schichtung ist hier wie in der übrigen Gesellschaft mehr als nur ideelle Bewertung und Belohnung. ›Facilities‹, wie die Zuweisung von Lehrstühlen, Stipendien, Forschungsmitteln, Instituten oder Herausgeberschaften von Zeitschriften, haben materiellen Charakter mit unmittelbaren Auswirkungen auf das Leistungs*potential* des Empfängers. Es besteht ein gradueller Unterschied zwischen Wissenschafts- und Gesellschaftssystem insofern, als man nicht »reich« in die Wissenschaft hineingeboren werden kann und schon die Ausgangssituation darüber entscheidet, welche Arten von Leistung überhaupt vom einzelnen verlangt und welche möglicherweise eingeschränkten Belohnungen er erwarten kann. Es gibt keine Vererbung von persönlicher Reputation in der Wissenschaft. Die Ausnahme bildet die Verfestigung der Reputation von Institutionen. So ist etwa die bessere Startchance durch den Besuch bzw. die Zugehörigkeit zu einer der renommierten amerikanischen Universitäten z. T. schon empirisch belegt.[81]

Dennoch läßt sich zeigen, daß auch die biographisch (d. h. auf einen speziellen Wissenschaftler) bezogenen Bewertungsprozesse zu institutionellen Strukturen gerinnen. Dieses Phänomen ist von Merton als der Matthäus-Effekt bezeichnet worden.[82] Am Beispiel der Anerkennung bei simultanen Entdeckungen und der Kollaboration unbekannter Wissenschaftler mit Nobelpreisträgern kann er zeigen, daß das Matthäuswort, »wer hat, dem wird gegeben ...«, gilt. Obgleich auch Merton sieht, daß dieser Effekt die Belohnungszuordnung verzerrt und diese dadurch ihrerseits einen möglicherweise hinderlichen, ganz sicher aber einen strukturierenden Einfluß auf die Kommunikation von Ideen und deren Rezeption hat, deutet er ihn letztlich doch als funktional. Im Hinblick auf das Kommunikationssystem hat der Matthäus-Effekt nämlich die funktionale Konsequenz, »große« Wissenschaftler und unbedeutendere zu polarisieren und die ersteren für »risikoreiche« Forschungen freizusetzen.[83]

Das setzt voraus, daß die einmal aufgrund einer ›großen‹ Leistung erworbene Reputation nur Indikator für eine generelle Qualifikation des betreffenden Wissenschaftlers ist. Diese tendenzielle Verselbständigung von Reputation analysiert auch Luhmann und er sieht in ihr ebenfalls ein funktionales

Moment. Reputation stellt ein Selektionskriterium dar, das an die Stelle der »Sache selbst«, d. h. der geprüften Leistung des einzelnen Wissenschaftlers, tritt. Indem sich andere an Reputation als einem Symptom orientieren, reduziert sich die Komplexität des anders nicht zu bewältigenden Anfalls von Informationen und ihrer Überprüfung.

Problematisch ist die Beziehung zwischen ›Wahrheitskontext‹ und ›Reputationskontext‹, die notwendig diskrepant ist. Theoretisch muß die Orientierung an Reputation labil bleiben, anderenfalls würde die Komplexität nicht reduziert sondern beseitigt, das Wissenschaftssystem würde unter einem Dogma erstarren und es würden keine neuen Informationen und Erkenntnisse mehr akzeptiert, die das ›Dogma‹ in Frage stellen.[84] Daß eine derartige Situation zwar extrem, aber nicht undenkbar ist, zeigen Beispiele aus sehr fest institutionalisierten akademischen Strukturelementen wie etwa dem ›patron‹ der Pariser Sorbonne[85] oder vereinzelte Fälle deutscher Ordinariate. Der einzig systematische Grund, der die Verselbständigung von Reputation unter Kontrolle hält, ist der Umstand, daß es tendenziell nur die Ideen reputierter Wissenschaftler sind, die zur Kritik bzw. zur Elaboration stehen.[86] Sie werden infolgedessen früher oder später aufgrund ihrer »Exponiertheit«, d. h. gerade weil sie den Erkenntnisprozeß aufgrund ihrer sozialen Geltung kognitiv bestimmen, überwunden.

In der Wissenschaft als ›Entscheidungssystem‹ treten Reputationsdifferenzen – d. h. ein System der sozialen Schichtung – an die Stelle von Hierarchie, die, wie im politischen System, auf Macht als Kommunikationsmedium bezogen sind.[87] Reputationsbildung ist der wissenschaftsspezifische Mechanismus der Machtzuordnung. Institutionell regelt das Reputationskriterium die Allokationsentscheidungen, kognitiv steuert es den Erkenntnisprozeß.

Die durch Reputation definierte Elite hat auch bei Kuhn und Lakatos eine ähnliche Funktion. Kuhn schreibt, daß »die Verantwortung für die Anwendung gemeinsamer wissenschaftlicher Werte der Spezialistengruppe überlassen bleiben muß. Sie kann nicht einmal auf alle Wissenschaftler ausgedehnt werden.«[88] Um dem Vorwurf des Relativismus entgegenzutreten, ohne zugleich seine These von den paradigma-bestimmten und in gewissem Sinn »dogmatischen« Entwicklungsprozessen aufgeben zu müssen, muß Kuhn beinahe notwendig auf die Vorstellung von einer wert- und normexplizierenden Elite in der Wissenschaft kommen. Diese Vorstellung ist nahezu äquivalent zu der, daß jeweils das geltende Wissenschaft ist, was von Wissenschaftlern »auf der Basis ihrer vergangenen Erfahrungen und in Konformität mit traditionellen Werten« als solche qua Entscheidung bestimmt wird.[89]

In Kuhns Analyse des normativ-autoritativen Charakters der Paradigmen fehlte zunächst die institutionelle Perspektive, die erst über den Zusammenhang von Paradigmakonsensus und ›community-structure‹ eröffnet wird. Dann wird nämlich deutlich, daß jeweils geltende Paradigmen (ihre vorab gegebene Differenzierung einmal vorausgesetzt) u. a. auch einer sie explizierenden wissenschaftlichen Elite bedürfen, deren ›Macht‹ durch eben diese Funktion und die damit verbundenen Bewertungs- und Allokationskompetenzen abgesichert ist.

Lakatos kommt zu denselben Schlußfolgerungen, wenn er für ein ›duales System der Autorität‹ votiert, aufgrund der Einsicht nämlich, daß Gesetze autoritative Interpreten brauchen, daß, wie er Popper entgegenhält, Gesetze wissenschaftlichen Verhaltens allein kaum ausreichen, dieses zu steuern. Vielmehr werden wissenschaftliche Normen von einer »Wissenschafts-Elite in besonderen Fällen instinktiv angewendet«,[90] was nichts anderes bedeutet, als daß die vielfältig differenzierten Orientierungskomplexe mit unterschiedlichen Geltungsbereichen gleichermaßen der Explikation und autoritativen Durchsetzung durch wissenschaftliche Eliten bedürfen. Dieser Rekurs auf eine letztlich dezisionistisch gefaßte Elite, der in der Wissenschaftstheorie das zweifelhafte, ad hoc eingeführte Argument zur Erklärung von Kontinuität und Wandel darstellt, hat in der soziologischen Handlungstheorie einen systematischen Platz. Dort entspricht er der theoretischen Nahtstelle, wo die normative Orientierung von Handeln (hier der Wissenschaftler) ihre Wirksamkeit aufgrund der Inexplizitheit und Ambivalenz der Normen verliert und eine der Normeninternalisierung nachgeordnete »Aufstellung von vorschreibenden oder verbietenden Rollenerwartungen durch die Inhaber verantwortlicher Rollen einsetzt«.[91] Dagegen muß der Einwand erhoben werden, daß auch das autoritative Handeln solcher Eliten durch strukturelle Bedingungen bestimmt wird.

Die Analyse wissenschaftlichen Wandels, d. h. wissenschaftlicher Revolutionen, struktureller Differenzierungen oder der Prozesse der ›normal science‹, bleibt unvollständig, solange sie sich nur auf kognitive Prozesse und die normative Ebene beschränkt. Sie muß vielmehr die institutionelle Ebene der Wissenschaft miteinbeziehen und die relative Interdependenz beider Ebenen einerseits und eingeschränkte Eigengesetzlichkeit andererseits aufeinander beziehen. Nimmt man an, daß sich die sozialen Strukturen in der Wissenschaft – ›communities‹, Schichtung, Kommunikation etc. – über wissenschaftliche Werte und Orientierungskomplexe konstituieren, dann muß auch ihr Wandel aus der Dynamik der kognitiven Prozesse heraus erklärt werden. Demgegenüber kommt auch den institutionellen Strukturen ein Eigengewicht zu, wie das etwa Hagstrom ausführlich, wenn auch in einem ganz anderen theoretischen Bezugsrahmen, dargestellt hat. Sie können die kognitiven Prozesse ihrerseits strukturieren oder aber ihnen gegenüber gleichsam ein größeres Trägheitsmoment aufweisen.

Es liegt nahe, zur Illustration der Wirkung der genannten sozialen Mechanismen auf Beispiele von Prozeßanalysen zurückzugreifen, vor allem auch, um abschätzen zu können, in welcher Beziehung sie zu kognitiven Prozessen stehen. Das betrifft zum einen Hagstroms Analysen der »geordneten Zielabfolge«, unter der er die Entstehung von »Moden« in der Wissenschaft und die Auswirkung von »leadership«, d. h. Reputation zusammenfaßt sowie Prozesse der Zielkonflikte und der sich daraus ergebenden Differenzierung.[92] Zum anderen betrifft das Kuhns Analyse der Krisen und Revolutionen. Es wird hier davon ausgegangen, daß trotz einer möglichen analytischen Unterscheidung dieser Prozesse diese im Grunde verwandte Dimensionen wissenschaftlichen Wandels bezeichnen.

›Moden‹ in der Wissenschaft sind schwer zu identifizieren, weil sich ihre Ursachen als entweder ›soziale‹ oder ›kognitive‹ nur erfolgreich isolieren lassen, wenn eine genaue Kenntnis der rationalen Struktur der kognitiven Prozesse möglich ist. Die empirische Forschung wird sich mit Indikatoren begnügen müssen. Wenn der Begriff der ›Moden‹ einen Erklärungswert haben soll, nämlich Akzentverschiebungen in der Bewertung und aktuellen Bearbeitung von Problemen zu bezeichnen, die trotz bestehender, noch ungelöster ›puzzles‹, fruchtbarer ›Paradigmen‹ und ohne erkennbare Krise erfolgen, müssen diese aus den Bedingungen der institutionellen Struktur erklärt werden.

Gemäß der Differenzierung von Orientierungskomplexen ist die Bedingung auf der kognitiven Ebene die Möglichkeit des relativ leichten Wechsels von einem Problembereich in einen anderen. In stark differenzierten Disziplinen werden ›Moden‹ sehr viel eingeschränktere Auswirkungen haben. Starke Differenzierung, die institutionell einen höheren Grad der Arbeitsteilung bedeutet, ist wahrscheinlich auch gleichbedeutend mit einer präziseren Definition von Problemen und damit die Ursache für eine Beschleunigung der Problemlösungsprozesse, d. h. die Verkürzung der Intervalle, in denen Probleme gelöst und neue entdeckt werden.

Hagstroms Argument ist plausibel, daß zwei sich kompensierende Bedingungskomplexe die disziplinären Unterschiede im Hinblick auf die Bedeutung von Moden reduzieren.[93] Wo, wie in der Physik, die Halbwertzeit von Wissen relativ kurz ist, mag eine hohe Anpassungsfähigkeit der institutionellen Struktur an Problemverlagerungen vorherrschen. Sie ist sicherlich eingeschränkt durch die Differenzierung der Orientierungskomplexe und die Geschlossenheit des theoretischen Bezugsrahmens bzw. die Geltung etwa von ›soziologischen Paradigmen‹ im angegebenen Sinn, die eine relativ eindeutige Rangordnung von Kriterien zur Bewertung der Relevanz von Problemen zuläßt. ›Moden‹ in der Physik z. B. wären demnach vorwiegend durch die ›wissenschaftliche Elite‹ in der Disziplin induziert, sind also letztlich bei relativ stabiler Schichtung auf die Führungsrolle der Eliten in der Explikation der kognitiven Orientierungen zurückzuführen.[94]

Von dieserart begründeten Prozessen des Problemwandels in der Physik (womit andere Wirkungsfaktoren nicht völlig ausgeschlossen werden sollen) wären jene zu unterscheiden, die Hagstrom aufgrund andersartiger Bedingungen in der deskriptiven Biologie, der Mathematik und in der Soziologie sieht. In den formalen und den empirischen Wissenschaften, in denen es an allgemein akzeptierten Kriterien zur Relevanzbeurteilung von Problemen fehlt, ist eine größere Bedeutung von Moden zu erwarten.[95] Vor allem für die Soziologie wird man annehmen können, daß das Schichtungssystem relativ uneinheitlich ist, über Spezialgebiete hinaus anerkannte ›Eliten‹ kaum bestehen und eine von ihnen ausgehende autoritative Orientierung kaum ausgeprägt ist. Von daher wäre eine relativ starke »Anfälligkeit« für Moden zu vermuten, die auf »außerwissenschaftliche«, d.h. gesellschaftliche Zielsetzungen zurückzuführen sind. Entsprechend der von Kuhn für die Sozialwissenschaften konstatierten vorparadigmatischen Verfassung sind die Zielsetzungen einem vergleichsweise arbiträren Wandel unterworfen, der kaum durch eine institutionalisierte Sozialstruktur der Wissenschaft determiniert wird.

Von den Prozessen der ›geordneten Zielabfolge‹ unterscheidet Hagstrom jene, in denen die Abfolge bzw. Ersetzung von Zielen nur als Resultat von Konflikten erfolgt. Erstes Anzeichen für solche Konflikte ist seiner Ansicht nach die Entstehung »devianter« Spezialgebiete, Gebiete, deren Vertreter entweder die Bewertung ihres Gebietes durch die übrige Disziplin gemessen an deren Zielen für zu gering erachten (»Reformer«) oder die zentralen Ziele der Disziplin und damit auch deren Reputationssystem ganz ablehnen («Rebellen«).[96] Die Bezeichnung derartiger Entwicklungen als »deviant« geht auf den hier nicht verbindlichen Bezugsrahmen der Theorie der sozialen Kontrolle zurück. Dementsprechend gilt Hagstrom auch die Ablehnung des disziplinären Reputationssystems als das entscheidende Kriterium des Zielkonflikts.

Statt dessen müssen die Ursachen für »Reform« und »Rebellion«, in Hagstroms Terminologie, primär auf der Ebene der kognitiven Orientierung und ihrer Interdependenzen gesucht werden. So läßt sich etwa mit Hilfe der von Martins zitierten Unterscheidung zwischen ›beschränkten‹ und ›unbeschränkten Wissenschaften‹[97] verdeutlichen, daß systematische Beziehungen innerhalb der Struktur der kognitiven Orientierungskomplexe als Grund für die Zielkonflikte gelten können. Die Relativitätstheoretiker, die eine spezialisierte und gegenüber den vorherrschenden Quantentheoretikern marginale Gruppe innerhalb der Physik darstellen, konstituieren sich über einem ›Paradigma‹, das in seiner Geltung im Bezug auf die gesamte Disziplin (vor allem offensichtlich im Hinblick auf sein Potential an »puzzles«) relativ eingeschränkt ist. Die Ablehnung des Schichtsystems der Physik zumal bezüglich ihres eigenen Gebietes, die die Relativitätstheoretiker z. B. von den Festkörperphysikern unterscheidet, geht wohl darauf zurück, daß ihr ›Paradigma‹ nicht aus dem der Quantentheorie abgeleitet ist. Beide Gruppen sind auf der Ebene der »soziologischen Paradigmen« unterschiedlich orientiert, die eine empirisch-experimentell, die andere theoretisch-mathematisch. Ihrem Ziel nach beansprucht die Relativitätstheorie zugleich mehr als nur die Lösung eines abgeleiteten Teilproblems, nämlich die Aufstellung einer einheitlichen Feldtheorie. Die Ablehnung eines Schichtsystems, das ihr nur eine untergeordnete Rolle zuspricht, kann daher nicht überraschen. Daß dies keine nachhaltigen Folgen für die Schichtstruktur der gesamten Disziplin hat, mag daran liegen, daß die Relativitätstheorie keine überlegene Erklärungskraft hat beweisen können und entsprechend auch nicht über eine ausreichend institutionalisierte ›soziale‹ Organisation verfügt.[98]

Was Hagstrom nun unter ›rebellious specialties‹ versteht, ist keinesfalls mit Kuhns Vorstellung von ›Revolution‹ in Verbindung zu bringen. ›Rebellion‹ ist für Hagstrom eine soziale Kategorie. Das von ihm herangezogene Beispiel der Molekularbiologie zeigt aber, daß die Gründe auf der kognitiven Ebene zu suchen sind. Die subdisziplinären Grenzen der Biologie, zwischen Zoologie, Botanik, Physiologie und Bakteriologie verwischen sich in dem Maße, in dem in all diesen Gebieten damit begonnen worden ist, das Leben auf der molekularen Ebene zu analysieren. Das klassische Ziel oder besser wohl: die traditionellen Begriffssysteme (und das Metaparadigma?) der Biologie werden zugunsten derer der Chemie aufgegeben.[99] Böhme et al. deuten den gleichen Vorgang als eine Internalisierung des Zwecks, die biologische Zelle zu erklären, in die Chemie, mit dem Erfolg, daß ein Forschungsprozeß induziert wird, der die Chemie in die Richtung der molekularen Biologie steuert.[100] Entscheidend ist die historische Genese dieser Entwicklung und die Frage, für *welche* Disziplin diese Zielverschiebung *was* bedeutet, nämlich Integration eines neuen Zieles auf der einen oder möglicherweise Ersetzung eines Paradigmas auf der anderen Seite.

Unabhängig davon, aus welcher Disziplin heraus die Entwicklung zur Molekularbiologie vorangetragen worden ist,[101] liegt die Ursache ihrer Entstehung, abgesehen von den spezifischen Bedingungen der Situation wie die Möglichkeiten der

Elektronenmikroskopie, in der Struktur der kognitiven Orientierungskomplexe von Biologie und/oder organischer Chemie, die es erforderlich erscheinen läßt, die Analyse von Problemen über die disziplinären Grenzen hinaus und in andere Disziplinen hinein zu verfolgen.

Das Resultat des Vorstoßes in den Bereich »unterhalb« der Zelle hat weitreichende Konsequenzen für die Biologie, ohne daß alle traditionellen Probleme ihrer Spezialgebiete deshalb schon obsolet werden. Zumindest aber ist das Ziel, die Analyse und Erklärung der biologischen Zelle und die darauf aufbauenden wissenschaftlichen Leistungen für die Molekularbiologen in der traditionellen Weise nicht mehr verbindlich. Die Molekularbiologie hat sich institutionalisieren können und der Zielkonflikt zwischen ihr und der Biologie, der bislang wohl nur zur strukturellen Differenzierung geführt hat, wird in dem Augenblick zur Revolution, in dem es unumgänglich wird, anzuerkennen, daß Leben eine Funktion des Moleküls und nicht der Zelle ist.[102]

Gegen diese auf der kognitiven Ebene induzierten Entwicklungen stellen sich Widerstände auf der institutionellen Ebene ein, die den Bezeichnungen von ›Reform‹ und ›Rebellion‹ allererst ihren Sinn verleihen. Hagstroms Analyse der Bereiche der universitären Stellenbesetzung und Ausbildung sowie der Publikationsmöglichkeiten und ihrer spezifischen Anpassungsmechanismen angesichts von Zielkonflikten ebenso wie die Analyse von Mullins sind hierfür ausreichend belegt.[103]

Da in der Geschichte der Wissenschaft die Entdeckungen, deren Weiterverbreitung trotz ihrer Validität durch die institutionellen Bedingungen des Wissenschaftssystems verhindert worden ist, bis auf wenige Ausnahmen nicht aufgezeichnet werden, kann man auch kein vollständiges Bild von der Wirkungsweise der institutionellen Faktoren gewinnen. Man muß sich mit den indikativen Fällen behelfen, den Wiederentdeckungen ursprünglich verworfener Theorien. Barbers Analyse des Widerstandes von Wissenschaftlern gegen wissenschaftliche Entdeckungen,[104] in der er sowohl ›kulturelle‹ (»materielle Begriffe«, »methodologische Vorstellungen«, »religiöse Ideen«) wie ›soziale‹ (»wissenschaftlicher Rang«, »wissenschaftliche Spezialisierung«, »wissenschaftliche Gesellschaften«, »Schulen« und »Seniorität«) Faktoren für den Widerstand gegen Neuerungen und Entdeckungen verantwortlich macht, läßt noch die Schwierigkeit erkennen, Bedingungen der allgemeinen ›kognitiven Situation‹ und die Wirkung ihres ›sozialen‹ Substrats analytisch voneinander zu trennen.

So ist die gleichzeitige und unabhängige Wiederentdeckung der Mendelschen Gesetze durch de Vries, Correns und Tschermak 1900 offenbar an die Entwicklung der Botanik geknüpft, die erst zu der Konzeption getrennter Vererbung von Eigenschaftseinheiten vordringen mußte, bevor Mendels Entdeckung wiederholt und vor allem *akzeptiert* werden konnte.[105] Die Geschichte der Wiederentdeckung belegt im Grunde jedoch die Annahme, daß vorherrschende Orientierungen, Paradigmen und ›conceptual schemes‹ eben nicht, wie Whitley unterstellt, genau spezifizieren, »was existiert und wie Phänomene sich verhalten«.[106] Die Tatsache, daß kognitive Orientierungskomplexe genausowenig wie soziale Normensysteme soziales »Verhalten« exakt determinieren können, ist der Grund dafür, daß in der Wissenschaft kognitive und institutionelle Strukturen, wenngleich analytisch betrachtet aufeinander bezogen, faktisch nicht deckungsgleich sein müssen, sondern aufgrund ihrer Eigengesetzlichkeit zueinander in ein disparates Verhältnis geraten können. Indirekt lassen Wiederentdeckungen darauf schließen, daß ›unabhängige‹ Entdeckungen auf der kognitiven Ebene (nämlich die verworfenen und ›vergessenen‹ Erstentdeckungen) dann nicht zum Durchbruch kommen, wenn kognitive Orientierungskomplexe und institutionelle Struktur einer Disziplin oder eines Spezialgebietes integriert sind. Kuhns Anomalien sind gleichsam der umgekehrte Fall.

Dieselben Entdeckungen (oder Theorien), die in einer Phase der ›normal science‹ verworfen und ignoriert werden, erlangen in der Krise überragende Bedeutung, werden akzeptiert und verdrängen die überkommenen ›Paradigmen‹.[107] Kuhn gibt jedoch nur die kognitiven Bedingungen dafür an, daß es überhaupt zur Erkennung und Akzeptierung von Anomalien kommt. Anomalien im Hinblick auf den kognitiven Kontext können nur vor dem Hintergrund eines Paradigmas auftreten, das den Wissenschaftler einerseits mit einer präzisen Erwartung ausstattet und ihn andererseits erkennen läßt, daß die Erwartung mit den Ergebnissen seines Experiments nicht übereinstimmt.[108] Anomalien treten vor dem Hintergrund der ›normal science‹ auf, d. h. in einer Phase, in der kognitive Orientierungen und institutionelle Struktur integriert sind. Sie erscheinen als unerwartete Entdeckungen bzw. als Weigerungen der »Natur«, die an sie gestellten Fragen zu beantworten.[109] Oft geht den Anomalien aber ein vorgängiges Bewußtsein von den Schwierigkeiten des herrschenden Paradigmas voraus. Die einsetzende Krise wird dann an der wachsenden Zahl konkurrierender Erklärungen, der Bereitschaft, *alles* zu versuchen, um zu einer Lösung zu kommen, dem Rekurs auf spekulative Theorien und vor allem die Philosophie sowie schließlich an der Debatte über die fundamentalen Grundlagen des jeweiligen Gebietes erkennbar.[110] D. h. Paradigmen können scheitern, weil sie aufgrund ihrer Inexplizität nicht alle Probleme lösen bzw. alle Problemlösungen determinieren können. Damit das Scheitern als solches erkannt und akzeptiert wird, müssen allgemeinere Kriterien wissenschaftlichen Handelns intakt bleiben, wie. z. B. die ›übergreifenden Werte‹.

Kuhns Erklärung wissenschaftlicher Revolutionen muß jedoch um die institutionelle Dimension erweitert werden, wenn verständlich werden soll, weshalb schockierende Entdeckungen oder auch neu ›erfundene‹ Theorien zur Krise führen, warum die wissenschaftlichen Eliten ihre normexplizierende Machtstellung aufzugeben gezwungen sind bzw. im Verlauf der ›Revolution entmachtet‹ werden. Herrschende Orientierungskomplexe stellen analytisch gleichsam die Legitimitätsordnung des institutionellen Schichtungssystems dar. Kognitive und institutionelle Strukturen sind integriert, solange wie die geltenden Paradigmen die im kognitiven Prozeß anfallenden Probleme lösen, d. h. erklären und integrieren können. In dem Augenblick jedoch, in dem ›Gegenbeispiele‹ auftreten, Anomalien, die als solche nicht mehr ignoriert werden können, werden das Paradigma in seiner Problemlösungskapazität und damit die institutionelle Ordnung in ihrer Legitimität in Frage gestellt. Der Widerstand der ›wissenschaftlichen Eliten‹ sowohl gegen die Anerkennung der Anomalie wie gegen den Rekurs auf eine Diskussion der Grundlagen ist ein verlorener Kampf um die Erhaltung der »Macht«, die in diesem Stadium aber ihrer rationalen und legitimen Grundlagen schon beraubt ist. In der Revolution setzt sich jene Gruppe durch, der es gelingt, ein umfassendes Paradigma zu formulieren, das, dem alten überlegen, eine größere Problemlösungskapazität aufweist, d. h. die akkumulierten Anomalien in einem neuen Interpretationszusammenhang integrieren kann. Wie weitreichend der revolutionäre Machtwechsel ist, hängt von dem je besonderen Verhältnis zwischen Orientierungskomplexen und Anomalien ab. Im Unterschied zu den Differenzierungsprozessen involviert er aber in jedem Fall die Beseitigung alter ›Paradigmen‹ durch neue, den Sturz der traditionellen ›wissenschaftlichen Eliten‹ und die »Machtergreifung« einer neuen und schließlich auch die Ablösung des alten Schichtsystems durch ein neues. Die labile Orientierung an Reputation bricht zusammen, weil die Reputation ihre Legitimität, d. h. ihre Komplexität reduzierende Funktion verloren hat und erst auf der Grundlage eines neuen Paradigmas wird Reputation wieder neu konstituiert. Wo Eliten ihre Legitimität verloren haben und den Fortgang der Forschung nicht mehr maßgeblich bestimmen können, müssen auch die inhaltlich spezifischen institutionellen Machtmechanismen der Sozialisation, Mittelallokation und Stellenbesetzung, vielleicht mit einiger Verzögerung, zusammenbrechen.

Auf dem Hintergrund der bisher entwickelten Konzeptualisierungen soll im folgenden Abschnitt noch ein weiterer Schritt gegangen werden, indem diese zu einem handlungstheoretischen Modell zusammengefaßt werden. Dabei werden allerdings nicht alle begrifflichen Differenzierungen aufgenommen.

6. Ein handlungstheoretisches Modell wissenschaftlichen Wandels

Der Überblick über die wissenschaftssoziologischen Ansätze, die im Zeichen der Kuhn-Rezeption stehen (vgl. II, 2), hatte gezeigt, daß sie im Grunde dieselben Probleme offen lassen wie die Wissenssoziologie, nämlich die Bestimmung der kognitiven und sozialen Elemente, die in einer Determinationsbeziehung stehen, sowie ihre dimensionale Abgrenzung. Diese Fragen sind mit der heuristischen Konzeptualisierung der kognitiven und sozialen Strukturen (Kap. II, 3 u. 4) einer empirischen Analyse zugänglich gemacht. Auf ein drittes zentrales Problem ist ebenfalls eine tentative Antwort gegeben worden, nämlich welcher Art die Determinationsverhältnisse zwischen kognitiven und sozialen Strukturen sind und durch welche Mechanismen sie begründet werden. Dabei hat sich gezeigt, daß (in der Wissenschaft) die sozialen Strukturen als durch kognitive Strukturen über *Sozialisation* und *Institutionalisierung* konstituiert begriffen werden müssen.

Damit stellt sich ein weiteres Problem. Zwar können die wissenschaftssoziologischen Ansätze gerade dadurch aus der Sackgasse geführt werden, daß die kognitive Orientierung (und ihre Spezifizierung) für die soziale Organisation in Anschlag gebracht wird. Die Annahme aber, daß ein einseitiges und immer gleichartiges Determinations- bzw. Konstitutionsverhältnis (konkret: ein Primat der kognitiven Orientierung) besteht, führt ihrerseits in eine neue Schwierigkeit. Sie impliziert die tautologische Definition der kognitiven und sozialen Strukturen und die Erklärung der wissenschaftlichen Entwicklungsdynamik allein durch kognitive Prozesse. Im vorangegangenen Abschnitt ist deshalb bereits ein weiterer Aspekt eingeführt worden, nämlich die respektive Eigendynamik kognitiver und sozialer Prozesse. Nur dadurch wird der schon in der Kritik der Wissenssoziologie geltend gemachten Behauptung der Ambivalenz der Determinationsverhältnisse Rechnung getragen, dergemäß bestehende kognitive und soziale Strukturen ihrerseits neue kognitive Entwicklungen strukturieren.[111]

In dem folgenden Versuch einer handlungstheoretisch modellhaften Präzisierung des Determinationsverhältnisses zwischen kognitiven und sozialen Strukturen und der ihre Entwicklungsdynamik begründenden Mechanismen schließen wir an die zuvor getroffenen begrifflichen Unterscheidungen an. Insbesondere gehen wir, ähnlich wie andere Autoren[112] auch davon aus, daß die handlungstheoretische Ebene den geeigneten Ansatzpunkt bildet.

Zunächst nehmen wir (in kaum mehr als oberflächlicher Anlehnung an Parsons) an, daß Handeln u. a. durch »kognitive Symbole« determiniert bzw. orientiert wird. Dies gilt für alle kulturellen Muster, die, wenn sie institutionalisiert sind, *normativen* Charakter erhalten.[113] Kognitive Symbole wie z. B. Wissenschaft sind ein selektives System kognitiver Orientierungen an der Realität,[114] d. h. zusammen mit anderen kulturellen Symbolen konstituieren sie einen selektiven Wahrnehmungskontext und orientieren entsprechend die aus diesem resultierenden Handlungen. Werden sie institutionalisiert, d. h. erlangen sie normativen Status und werden internalisiert, so konstituieren sie relativ feste Handlungsmuster.[115]

Derartige institutionalisierte Handlungsmuster (z. B. Forschungsorganisation) strukturieren ihrerseits das System kognitiver Symbole, und zwar weil ›Wissen‹ ein Produkt des Handelns ist. »Wissen ist nicht nur eine Funktion der intrinsischen Natur der Phänomene, sondern auch der Handlungsbedingungen und Prozesse des Wissens.«[116] Es ist einsichtig, daß die institutionalisierten Handlungsmuster ebenfalls eine selektive Funktion haben, d. h. für den Akteur oder ein Kollektiv einen selektiven Wahrnehmungskontext konstituieren. Dieser reflektiert zunächst die Struktur der institutionalisierten kognitiven Symbolsysteme. Aus mehreren systematischen Gründen werden nun jedoch die institutionalisierten kognitiven Systeme nicht einfach perpetuiert, d. h. kognitive und soziale Strukturen werden nicht vollkommen deckungsgleich. Erstens ist, wie an anderer Stelle zuvor betont, die handlungsorientierende Funktion kognitiver Symbole (wie die aller Normen) aufgrund ihrer Inexplizitheit im Verhältnis zur konkreten Handlungssituation nie vollständig. Zweitens generiert das hier gemeinte Handeln, nämlich Forschen, selbst kognitive Symbole. Drittens ist dieses Handeln auch an natürlichen Phänomenen orientiert (das ist der Objektbezug wissenschaftlichen Handelns). Und schließlich wird dieses Handeln durch Bezüge zum übrigen sozialen System mitbestimmt. Aus diesen zunächst nicht weiter explizierten Gründen läßt sich die Beziehung zwischen kognitiven Strukturen und Handlungsstrukturen, die nur analytisch in statische Komponenten zerlegt werden kann, als eine dynamische Beziehung begreifen, die das Schema auf S. 76 verdeutlicht.

Eine Reihe von Problemen, die sich mit diesem handlungstheoretischen Konzept stellen, müssen nun weitergehend präzisiert werden. Eine vorgängige Frage ist, welche kognitiven Systemkomponenten zu Handlungsstrukturen institutionalisiert werden.

Formal (und im Grunde tautologisch) läßt sich bestimmen, daß die kognitiven Symbole hinreichend stabil über die Zeit und für einen hinreichend großen Kreis von Akteuren (d. h. Forschern) Geltung haben müssen. So sind etwa Ergebnisse

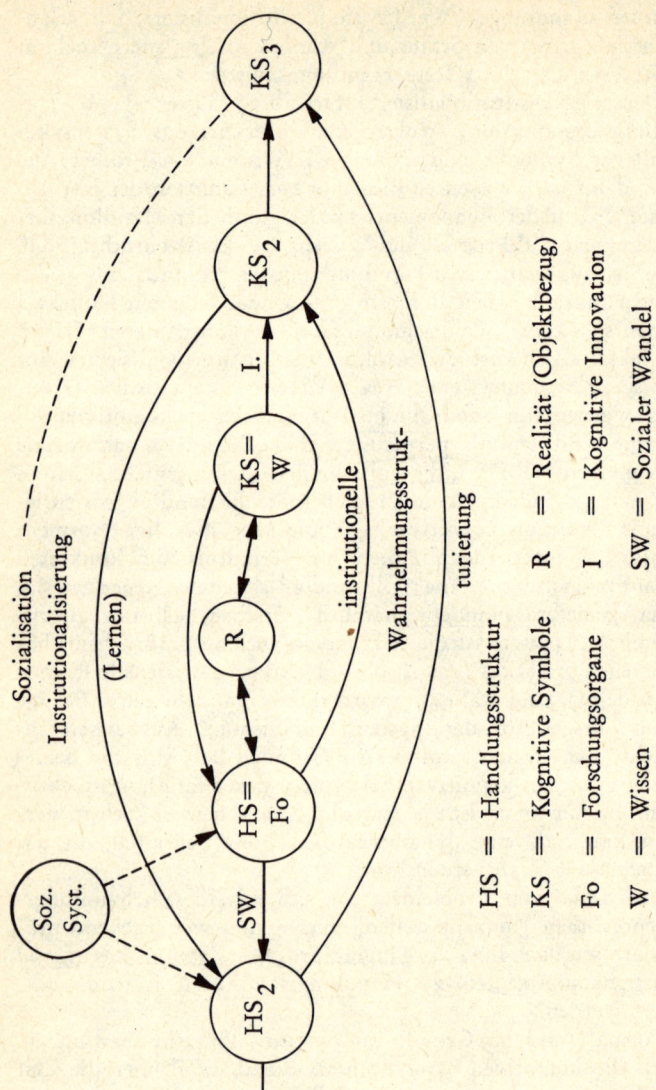

Sozialisation

Institutionalisierung

(Lernen)

institutionelle Wahrnehmungsstruk- turierung

HS = Handlungsstruktur

KS = Kognitive Symbole

Fo = Forschungsorgane

W = Wissen

R = Realität (Objektbezug)

I = Kognitive Innovation

SW = Sozialer Wandel

eines Beobachtungszyklus mit einem Radioteleskop, die sich erst im weiteren Verlauf als Entdeckung von Pulsaren herausstellen, noch nicht Gegenstand der Institutionalisierung. Erst in dem Augenblick, in dem sie in das bestehende Wissen eingeordnet werden können, bestimmen sie ihrerseits den Forschungsprozeß.[117] Freilich ist der Institutionalisierungsgrad, d. h. die normative Funktion der Suche nach Pulsaren weitaus geringer als beispielsweise die der Definition des Gegenstandsbereichs der Radioastronomie durch den Frequenzbereich von Radiowellen und Radioquellen im Kosmos. Sie bestimmt nicht nur den Bau der entsprechenden Beobachtungsinstrumente, sondern einen Kommunikations- und Identifikationszusammenhang ebenso wie die Struktur von Forschungseinrichtungen.

Dies nur illustrative Beispiel verweist auf die zuvor vorgenommene Konzeptualisierung kognitiver Orientierungskomplexe (vgl. Kap. II, 3) und ihrer unterschiedlichen Geltungsreichweite und Wandlungsintervalle. D. h., daß es über die formale und tautologische Antwort hinaus eine empirische Frage ist, welchen Geltungsbereich bestimmte kognitive Orientierungskomplexe haben und auf welchen Institutionalisierungsgrad sie schließen lassen (vgl. Kap. II, 4). Das gleiche gilt auch für die komplementäre Frage, wie spezifisch das Determinationsverhältnis zwischen kognitiven und sozialen Strukturen ist, ob also z. B. die Zielsetzung und innere Struktur eines Forschungsinstituts das Resultat der Institutionalisierung der Forschungsprobleme und -methoden des entsprechenden Gebietes und somit auf diese reduzierbar sind, oder nur eine sehr viel mittelbarere, durch eine Reihe nichtkognitiver Faktoren bestimmte Beziehung zwischen ihnen besteht.

Daran knüpft sich nun das zentrale Problem der Bestimmung der respektiven Eigendynamik kognitiver und sozialer Prozesse an. Es ist schon mehrfach betont worden, daß, gäbe es keine Eigendynamik kognitiver und Handlungsprozesse, dann wäre das analytische Konzept unsinnig, denn es könnte dann nur *eine* spezifische Ausprägung der Vermittlung kognitiver und sozialer Strukturen geben, sie wären identisch und statisch. Eine solche Annahme ist jedoch theoretisch und empirisch unsinnig. Welcher Art Mechanismen verbergen sich also hinter der Leerformel von der Eigendynamik?

Zur Verdeutlichung sei gezeigt, daß es hierbei um die einheitliche Erklärung zweier analytisch verschiedener Arten von Prozessen geht. Diese können idealtypisch wie folgt gekennzeichnet werden:

In einer Phase entwickelt sich ein Spezialgebiet bis zu einem Punkt, an dem es z. B. die Errichtung eines ihm gewidmeten Forschungsinstituts rechtfertigt. Die organisatorische Gliederung des Instituts und die Personalrekrutierung erfolgt nach Maßgabe der zu diesem Zeitpunkt gültigen kognitiven Differenzierung der Problemfelder und Forschungsmethoden in entsprechende Abteilungen und Kompetenzbereiche (kognitive Determinierung sozialer Strukturen). In einer zweiten Phase geht die Betrachtung davon aus, daß die Organisations- und Personalstruktur als Handlungssystem die Kommunikation zwischen den Abteilungen, die Identifikation der Wissenschaftler mit Abteilungen, die daraus resultierenden Karrierechancen und Statusinteressen u. a. m. strukturieren, die ihrerseits handlungsorientierend sind und mit den kognitiven Orientierungen konkurrieren (können). Aufgrund dieses relativen Eigengewichts der sozialen Strukturen kann es zu einer für das Institut spezifischen Problemsicht und Forschungspolitik kommen (soziale Determinierung kognitiver Strukturen). Eine mögliche und nicht untypische Folge ist, daß bestimmte Innovationen nicht stattfinden, die sich (z. B. andernorts) als fruchtbar erweisen. Infolgedessen kommt es z. B. zur Gründung einer neuen Institution.[118]

Im Anschluß an die zuvor genannten Gründe für die Differenz zwischen kognitiven und sozialen Strukturen ist deren Eigendynamik nun wie folgt zu bestimmen. Hinsichtlich des Systems kognitiver Symbole ist deren Eigendynamik in der Konstellation von institutionalisiertem Wissen und seinem Objektbezug begründet. Z. B. der Kenntnisgrad bezüglich der subatomaren Kernstruktur ist unzureichend, um, das ist das Erkenntnisziel in diesem Bereich, eine allgemeine Feldtheorie zu formulieren. Das dazu noch erforderliche Wissen wird in einer stetigen Steigerung der Beschleunigerenergien, d. h. in einer Verfeinerung des Beobachtungsinstruments, gesucht. Eine realistische Alternative zu dieser Entwicklung existiert nicht. Die kognitive Entwicklung muß in diesem Bereich der vorgegebenen Richtung folgen, unabhängig davon, ob das anvisierte

Ziel auch wirklich erreicht wird. (Gewöhnlich ist es schwer, überhaupt Alternativen zu nennen, da der einmal eingeschlagene Weg schon das Ergebnis einer Selektion ist und deshalb als allein möglich und rational erscheint. So kommt es allenfalls zu Konvergenzen von Forschungsergebnissen, die im nachhinein erkennen lassen, daß dasselbe Resultat auf zwei verschiedene Weisen hat gefunden werden können. Ein Beispiel ist die von Atomphysikern [Schwerionenforschern] und Geochemikern angesteuerte Identifikation des »stabilen« Elements mit dem Atomgewicht 114. Während die ersteren von der Nukleonentheorie des Atomkerns geleitete Experimente mit dem Schwerionenbeschleuniger vollziehen, gehen die Geochemiker vom Periodensystem aus und analysieren die Materie von Meteoriten. Beide prognostizieren, daß das Mutterelement des Xenon um das Atomgewicht 114 zu suchen ist.[119])

Die Eigendynamik des Systems der Handlungen im kognitiven Subsystem ist in der tendenziellen Ablösung von Handlungsmustern von ihren Systembezügen sowie in der Verknüpfung des kulturellen Subsystems mit den übrigen Subsystemen der Gesellschaft zu sehen. Exemplarisch hierfür ist die von Luhmann systemtheoretisch als Reduktion von Komplexität begründete Funktionsweise wissenschaftlicher Reputation.[120] An die Stelle des Wechselprozesses von kreativer Leistung und kompetenter Kritik tritt, aufgrund der beschränkten Steuerungs- und Vorsortierungskapazität des Systems, die »kursorische Orientierung an Symptomen«, hier der wissenschaftlichen Reputation.[121] Zum einen orientiert sich Handeln an der Erlangung von Reputation statt kompetenter Kritik, nicht zuletzt weil wissenschaftliche Reputation auch Belohnungen in anderen Bereichen der Gesellschaft vermittelt. Die Konkurrenz um Reputation (und d. h. implizit um Karrierechancen) kann so zum strategischen Handeln führen, das sich instrumentell zu den kognitiven Inhalten verhält.[122] Der komplementäre Mechanismus dazu ist die zumindest zeitweilige Verselbständigung von Reputationsdifferenzen im Sinne einer Leistungszuschreibung und der daraus resultierenden Autorität, die eben nicht mehr direkt an wissenschaftliche Leistung rückgebunden ist.[123]

Ein anders gelagertes konkretes Beispiel sei hinzugefügt: In einer Fakultät werden Arbeitsgruppen gebildet, die die Aufgabe der Lehrplangestaltung für thematisch spezifizierte Teilbereiche des gesamten Studienganges wahrnehmen. Da die Mitglieder dieser Arbeitsgruppen sich als Spezialisten für diese Teilbereiche fühlen, bestimmen sie faktisch auch die Stellenplanung für diese Bereiche, da die übrigen Mitglieder der Fakultät die Zuständigkeit der jeweiligen Arbeitsgruppen anerkennen. Dies Prinzip sichert jedem den eingeschränkten Einfluß über den eigenen Bereich, dessen thematische Abgrenzung zugleich die spezialisierten Forschungsinteressen markiert. Es gerinnt zu einem institutionalisierten Verfahren, das schließlich auf die Berufungspolitik ausgedehnt wird und durch übergreifende Entscheidungsmechanismen faktisch nicht mehr zurückgenommen werden kann. Das Ergebnis ist, daß nunmehr der Forschungsprozeß, insbesondere auch über die Mittelvergabe und Schwerpunktbildung, durch diese Strukturen auch inhaltlich differenziert wird.

Die ›Eigendynamik‹ kognitiver und sozialer Systeme läßt sich demnach analytisch in der folgenden Weise fassen. Kognitive Systeme sind, soweit sie, handlungstheoretisch betrachtet, empirische, überprüfbare ›beliefs‹ bezeichnen (d. h. Wissenschaft sind), auf einen Objektbereich bezogen und partiell durch dessen Eigenschaften, seine »innere Logik« bestimmt. Soziale Systeme sind als ausdifferenzierte Handlungsbereiche mit anderen Subsystemen verbunden. Auf der Ebene des Handelnden entspricht dies der vielfachen Rollenbezüge. Zwar dominiert in ausdifferenzierten Systemen eine spezifische Handlungsorientierung (in der Wissenschaft die kognitive), aber sie ist nie ausschließlich. Die Eigendynamik beruht in der Verknüpfung mit anderen Sozialsystemen (bzw. Handlungsorientierungen).

Die analytische Bestimmung der ›Eigendynamik‹, die für verschiedene Wissensformen unterschiedlich ist, vermeidet nun zwar die tautologische Definition von kognitiven und sozialen Strukturen, aber sie läßt die Frage unbeantwortet, wie sich in einer je konkreten Situation die Eigendynamik der jeweiligen Strukturen zu ihrer wechselseitigen Determinierung verhält. Da es sich um zwei konträr wirkende Mechanismen handelt, muß angebbar sein, wann der eine und wann der andere wirksam ist. Dieser Anspruch zielt freilich auf eine prognostische Theorie und überfordert ein Modell, das hier nicht mehr als ein analytisch-kategorialer Bezugsrahmen ist. Es gibt zudem den systematischen Grund der Nichtvorhersehbarkeit kognitiver Prozesse, warum eine allgemeine Theorie der Entwicklung wissenschaftlichen Wissens undenkbar ist, sondern vielmehr nur Diagnosen möglich sind.

Dennoch lassen sich Prozesse formal beschreiben, die auf die Wirkung scheinbar widersprüchlicher Mechanismen zurückzuführen sind, ähnlich Prozessen sozialen Wandels oder der Auflösung von Herrschaftsverhältnissen.[124] Die Fragestellung ist nämlich strukturell die gleiche, wie die der Handlungstheorie im Hinblick auf die Erklärung sozialer Integration, sozialer Konflikte und sozialen Wandels. Danach ist analytisch davon auszugehen, daß jeweils integrierte Zustände (hier der Integration von kognitiven und sozialen Strukturen in der Wissenschaft) immer schon den Keim zu ihrer eigenen Überwindung in sich bergen, d. h. die Ursachen selbst erzeugen, die sie auseinandertreiben. Und diese Ursachen, das ist eine wichtige Bedingung, müssen nicht in kontingenten Motivationen Handelnder, sondern in strukturell erzeugten Bedingungen gesucht werden. Genau das ist mit der Begründung kognitiver und sozialer Eigendynamik erreicht.

Prozesse der Erzeugung von Anomalien, des Paradigmawechsels und der Durchsetzung eines neuen Paradigmas sind ebenso als Resultat der strukturell bedingten Eigendynamik auf der kognitiven Ebene zu verstehen, wie es Prozesse der Reputationsverselbständigung, der reputationsorientierten Zuordnung von Ressourcen und der Kumulation von Entscheidungskompetenzen auf der sozialen Ebene sind. Da kognitive und soziale Strukturen aber nicht gegeneinander indifferent sind, müssen diese Prozesse als Einheit betrachtet werden, die nur analytisch in einzelne Komponenten zerlegt werden können. So, wie ein Paradigmawechsel zur Herausbildung einer neuen ›community‹ führt, so resultiert aus einer Konzentration von administrativen Entscheidungskompetenzen die Festlegung eines spezifischen Forschungsprogramms.

Die Fruchtbarkeit eines konzeptuellen Bezugsrahmens kann nicht aus diesem selbst hergeleitet werden, sondern sie muß sich in seiner Anwendung auf die empirische Analyse erweisen. Er dient als heuristisches Instrument dazu, Fragen zu präzisieren und Forschungsansätze zu leiten; insofern enthält er auch schon immer Annahmen und Hypothesen, deren Plausibilität diskutierbar ist.

Eine derartige Prämisse ist hier, daß die globale Frage nach internen oder externen Determinanten wissenschaftlicher Entwicklung falsch gestellt ist. Solange nicht präzisiert wird, welcher Art diese Determinanten (vor allem die »externen«) sein können, ob sie inhaltlich determinierend wirksam sind, also auch die Denk*strukturen* affizieren,[125] oder nur zwischen verschiedenen kognitiven Alternativen selegieren,[126] und solange nicht genau die Mechanismen angegeben werden, die eine derartige Determinierung bewirken, findet sich zu jeder Behauptung der entsprechende Beleg. Dem entgeht man nur, wenn ein kategorialer Bezugsrahmen vorgegeben wird, der es erlaubt, die Beziehungen der Variablen zu spezifizieren und zu differenzieren.

Der hier vorgeschlagene handlungstheoretische Bezugsrahmen erhält die Grundproblematik der externen Determinierung auch über den relativ unproblematischen Rahmen der sozialen Organisation der Wissenschaft hinaus aufrecht. Über den Mechanismus der Perzeptions- und Handlungsstrukturierung sind z. B. auf der Ebene des Sozialsystems auch so offenkundig kognitive Prozesse strukturierende Bedingungen faßbar, wie staatlich verordnete Prüfungsbestimmungen und Lehrpläne.[127] Andererseits wird die auf diesem Hintergrund triviale Wirkung von Verwertungsbedingungen als gering erachtet, da nicht ersichtlich ist, wie sie den Wissenschaftsprozeß selbst affizieren, außer daß sie indirekte Selektionskriterien darstellen können.

Wissenschaftliche Entwicklung wird, das ist eine weitere Implikation, mit diesem Bezugsrahmen als ein Evolutionsprozeß aufgefaßt, der kein übergeordnetes, bewußt angesteuertes Ziel, aber einen Anfang hat.[128] Im Unterschied zum klassischen evolutionstheoretischen Paradigma geht das handlungstheoretische Modell allerdings von einer wechselseitigen Determinierung aus. D. h., daß die Selektionsbedingungen in Gestalt der sozialen Strukturen zum Teil durch die Variationsprozesse determiniert sind. Die Annahme einer evolutionären Entwicklungsstruktur geht in die Bezüge kognitiver und sozialer Prozesse ein. Während der Objektbezug kognitiver Prozesse zwar eine Mehrzahl von Objektperzeptionen und u. U. auch Zugängen zum Objekt zuläßt, ist er dennoch nicht beliebig. Die sozialen Bedingungen werden zwar durch die kognitiven Prozesse affiziert, wirken aber zugleich selektiv im Hinblick auf Objektperzeption und Zugangsweisen.

Diese im Modell implizierten Annahmen ebenso wie die kategorialen Beziehungen selbst werfen die Frage auf, welche Art von Aussagen über die Beziehungen sozialer Strukturen und kognitiver Prozesse nun zulässig und möglich sind. Der wissenssoziologische Typus von Aussage, daß bestimmte sozial-strukturelle Bedingungen zu einer inhaltlich spezifisch ausgeprägten Theorie oder einem spezifischen Begriffssystem führen, ist durch das entwickelte Modell nicht mehr intendiert. Die Struktur dieser Determinationsbeziehung ist vielmehr dergestalt, daß die soziale Organisation der Wissenschaft als ›Scharnier‹ zwischen sozio-kulturellen Faktoren und kognitiven Prozessen wirksam ist, als Vermittlungsinstanz. Deshalb ist im Fall des ausdifferenzierten Systems systematischen Wissens ein direkter Schluß von gesellschaftlichen Bedingungen auf kognitive Strukturen nicht möglich. Erstere werden durch die soziale Organisation, d. h. die ›scientific community‹ in den Forschungsprozeß hinein übersetzt. Aufgrund dessen bleibt die Frage nach externen Bedingungen der Wissenschaftsentwicklung legitim, sie wird nur präzisiert. Es muß untersucht werden, welcher Art ein bestimmter externer Einfluß ist, auf welcher Ebene seine vermutete determinierende Wirkung liegt, d. h. ob er lediglich die Bestandsbedingungen von Wissenschaft oder aber deren kognitive Regulative betrifft, ferner wie dieser Einfluß in die soziale Organisation eingreift und welche kognitiven und sozialen Bedingungen darüber entscheiden, ob der Einfluß sich auch auf den kognitiven Prozeß erstreckt oder aber dieser sich als resistent erweist.

Grundsätzlich kann der hier entwickelte analytische Bezugsrahmen auch auf die Analyse der Beziehung zwischen nichtwissenschaftlichem Wissen und sozialen Strukturen angewandt werden. Eine vorgängige Abgrenzung zwischen wissenschaftlichem und nichtwissenschaftlichem Wissen ist nicht erforderlich. Gerade die Analyse von Grenzbereichen wie z. B. der Debatte um Evolution und Schöpfung gibt Aufschluß über die Beziehung zwischen institutionellen Strukturen und kognitiven Orientierungen.[129] Nichtsystematisches Wissen unterscheidet sich durch einen andersartigen Objektbezug, durch andere Geltungskriterien und damit durch andere Entwicklungsmuster und es erfährt andere Formen der Institutionalisierung. Diese Tatsache steht aber nicht der These entgegen, daß z. B. die kognitiven Strukturen eines Rechtssystems oder eines Parteiprogramms wahrnehmungs- und handlungsstrukturierend für soziales bzw. praktisches Handeln sind (mit unterschiedlichen Geltungsbereichen) und daß sie spezifische Formen der Organisation dieses Handelns hervorbringen. Und es ist ebenso offenkundig, daß die solcherart institutionalisierten Handlungsmuster einen Einfluß auf die Perzeption von Problemen, innovativen Möglichkeiten und deren Realisierbarkeit haben. Der Prozeß, den es zu beschreiben und zu erklären gilt, entfaltet sich auch hier als der Wechsel zwischen der Institutionalisierung kognitiver Orientierungen, der Entwicklung von kognitiven und sozialen Eigendynamiken und damit der Disparität zwischen den Strukturen, die als Resistenzen gegenüber jeweils vorhandenen Entwicklungspotentialen wirksam werden und schließlich der neuerlichen Annäherung der Strukturen aufgrund der Erweiterung des Geltungsbereichs der kognitiven Orientierung und ihrer Institutionalisierung in neuen Organisationsformen.

Mit der behaupteten Anwendbarkeit des kategorialen Bezugsrahmens auf alle Wissensformen wird, das ist die durchaus beabsichtigte Konsequenz, die Perspektive eröffnet, daß die Analyse der Wissenschaftsentwicklung über den Rückgriff auf die *strukturellen* Momente der wissenssoziologischen Fragestellung das Paradigma für eine allgemeine Analyse der Dynamik sozio-kultureller Entwicklung abgeben kann. Einmal abgesehen davon, welche Rolle der Wissenschaft selbst in dieser Entwicklung zukommt, d. h. inwieweit also eine Erklärung der wissenschaftlichen Entwicklung zugleich faktisch einen Teil der sozio-kulturellen Entwicklung mit erklärt, ist dies forschungspragmatisch gemeint. Die Erklärung der Entwicklungsmuster systematischen Wissens ist nämlich am leichtesten zugänglich. Die kognitiven Strukturen sind Gegenstand der Reflexion und daher am ehesten rational rekonstruierbar (wenngleich, das ist ja die grundlegende Überzeugung, von der hier ausgegangen wird, nicht vollständig) und die sozialen Prozesse, die im unmittelbaren Zusammenhang mit der Wissenschafts-

entwicklung stehen, sind relativ gut überschaubar und abgrenzbar.

Die nicht eben geringe Zahl von Problemen, die auch der
hier entwickelte Ansatz offen läßt, verbietet es jedoch, von
mehr als nur einer Perspektive zu sprechen. Die hier vorgenommenen analytischen Konzeptualisierungen können nicht
mehr beanspruchen als eine heuristische Funktion. Das heißt,
daß sie weder alle implizierten Probleme in der Erklärung
wissenschaftlichen Wandels lösen helfen, noch ein in sich geschlossenes Begriffssystem darstellen. Sie demonstrieren jedoch,
daß kognitive Prozesse in der Wissenschaft nicht sinnvoll erklärbar sind ohne Rekurs auf institutionelle Prozesse. Damit
sollte zugleich gezeigt werden, daß die wissenssoziologische
Problematik *strukturell* in der Analyse wissenschaftlicher Entwicklung wieder auftritt. Freilich ist dieser Bezug in mehr-
facher Hinsicht vermittelt: der Gegenstand sind nicht allgemeine soziale 'Strukturen bzw. ein materielles Substrat, sondern die soziale Organisation der Wissenschaft auf der einen
und nicht Formen der politischen Ideen und der allgemeinen
lebensweltlichen Deutungssysteme, sondern systematisches Wissen auf der anderen Seite. Es geht auch nicht um den Aufweis
einer sozialstrukturellen Determinierung von Wissensstruktu-
ren als Erklärung gesamtgesellschaftlicher Entwicklung, sondern um den Nachweis von soziologisch faßbaren Mechanismen, die eine Vermittlung zwischen kognitiven und sozialen
Strukturen in der Wissenschaft leisten.

In den folgenden Kapiteln wird der hier entwickelte Ansatz
unter verschiedenen Blickwinkeln und an unterschiedlichen
Themen elaboriert, ohne daß der analytischen Systematik im
Detail gefolgt wird. Das Bindeglied zwischen diesen Abschnit-
ten ist der gemeinsame Gegenstand und die im vorangegangenen Teil explizierte theoretische Perspektive.

Anmerkungen

1 T. S. Kuhn, The Structure of Scientific Revolutions (1972), dt.
Die Struktur wissenschaftlicher Revolutionen, Frankfurt/M.,
1973.

2 S. Toulmin, From Logical Systems to Conceptual Populations, in: R. Buck und R. S. Cohen, Hrsg., Boston, Studies in the Philosophy of Science, Vol VIII, 1971, 554.

3 M. D. King, Vernunft, Tradition und die Fortschrittlichkeit der Wissenschaft, in: P. Weingart, Hrsg., Wissenschaftssoziologie 2, Determinanten wissenschaftlicher Entwicklung, Frankfurt/M., 1974, 40.

4 T. S. Kuhn, a. a. O., 119.

5 T. S. Kuhn, Reflections on my Critics, in: I. Lakatos, A. Musgrave, Hrsg., Criticism and the Growth of Knowledge, Cambridge, 1970, 261.

6 T. S. Kuhn, Logic of Discovery or Psychology of Research? in: I. Lakatos, A. Musgrave, a. a. O., 12.

7 vgl. Kuhn, Reflections ..., a. a. O., 253.

8 T. S. Kuhn, The Function of Dogma in Scientific Research, in: A. G. Crombie, Hrsg., Scientific Change, London, 1963, 349.

9 Kuhn, Reflections ..., a. a. O., 252.

10 vgl. P. Weingart, Wissenschaftlicher Wandel als Institutionalisierungsstrategie, in: ders., Wissenschaftssoziologie 2, a. a. O., 21.

11 s. Kapitel I in diesem Band.

12 vgl. S. Toulmin, a. a. O., 562.

13 vgl. S. Toulmin, Human Understanding, Vol. I, Princeton, N.J., 1972, 123.

14 vgl. ebda., 140, 138.

15 vgl. G. Böhme, W. van den Daele, W. Krohn, Vorlage der Projektgruppe ›Alternativen in der Wissenschaft‹. Manuskript. Starnberg, 1973, 28 f.

16 vgl. Toulmin, Human Understanding, a. a. O., 220 f.

17 vgl. S. Toulmin, The Evolutionary Development of Natural Science, in: American Scientist, Vol. 55, No. 4, 458.

18 Das gilt zunächst für den angelsächsischen Bereich; vgl. u. a. R. D. Whitley, Black Boxism and the Sociology of Science: A Discussion of the Major Developments in the Field, in: P. Halmos, Hrsg., The Sociology of Science, The Sociological Review Monograph 18, University of Keele, 1972; H. Martins, The Kuhnian Revolution and Its Implications for Sociology, in: T. Nossiter et. al., Hrsg., Imagination and Precision in the Social Sciences, London, 1972; S. B. Barnes und R. G. A. Dolby, Das wissenschaftliche Ethos: Ein abweichender Standpunkt, in: P. Weingart, Wissenschaftssoziologie 1, Wissenschaftliche Entwicklung als sozialer Prozeß, Frankfurt, 1972; M. D. King, a. a. O.

19 vgl. z. B. S. Cole, J. Cole, Scientific Achievement and Recognition. A Study in the Operation of the Reward System in Science, in: American Sociological Review, Vol. 32, 1967, 377-390.

Dies., Visibility and the Structural Bases of Observability in Science, in: American Sociological Review, Vol. 33, 1968, 397-413.

20 vgl. L. Sklair, The Political Sociology of Science: A. Critique of Current Orthodoxies, in: R. Halmos, a. a. O. 54 f.

21 D. Crane, Invisible Colleges: Diffusion of Knowledge in Scientific Communities, Chicago, London, 1972, 11.

22 vgl. Sklair, a. a. O.

23 vgl. N. Mullins, Die Entwicklung eines wissenschaftlichen Spezialgebiets: die Phagen-Gruppe und die Ursprünge der Molekularbiologie, in: P. Weingart, Wissenschaftssoziologie 2, a. a. O.

24 vgl. W. Hagstrom, The Scientific Community, New York, 1965, 373-375 und Kapitel IV.

25 M. Mulkay, Paradigms and Cognitive Norms: A Working Paper, unveröffentlichtes Manuskript, Edinburgh, 1970, 6.

26 R. Whitley, Black Boxism . . ., a. a. O., 63 f.

27 M. D. King, a. a. O., 71.

28 R. Whitley, Cognitive and Social Institutionalization of Scientific Specialties and Research Areas, in: ders. (Hrsg), Social Processes of Scientific Development, London, 1974, 69 ff.

29 bzw. Theorien und Methoden, vgl. P. Weingart, Wissenschaftlicher Wandel . . ., a. a. O.

30 vgl. G. Böhme, Die soziale Bedeutung kognitiver Strukturen, in: Soziale Welt, Jg. 25, Heft 2; ders., Die Bedeutung von Experimentalregeln für die Wissenschaft, in: Zeitschrift für Soziologie, 3, Nr. 1.

31 vgl. T. S. Kuhn, Postscript 1969 — Zur Analyse der Struktur wissenschaftlicher Revolutionen, in: P. Weingart, Wissenschaftssoziologie 1, a. a. O.

32 vgl. N. Luhmann, Selbststeuerung der Wissenschaft, in: Jahrbuch für Sozialwissenschaft, 19, 1968.

33 T. S. Kuhn, Logic of Discovery . . ., a. a. O., 21.

34 vgl. ebda.

35 vgl. M. Masterman, The Nature of a Pradigm, in: I. Lakatos, A. Musgrave, Hrsg., a. a. O., 65.

36 ebda., 66.

37 T. S. Kuhn, Die Struktur wissenschaftlicher Revolutionen, a. a. O., 28 ff., ders, Reflections . . ., a. a. O., 252.

38 »The analytic unit would be the practitioners of a given specialty, men bound together by common elements in their education and apprenticeship, aware of each other's work, and characterized by the relative fullnes of their professional judgement.« Kuhn, Reflections . . ., a. a. O., 253.

39 ebda.

40 ebda.

41 H. Martins, a. a. O., 11.

42 T. S. Kuhn, Postscript 1969 – Zur Analyse der Struktur wissenschaftlicher Revolutionen, in: P. Weingart, Hrsg., Wissenschaftssoziologie I, a. a. O., 287.

43 vgl. ebda., sowie A. E. Musgrave, Kuhn's Second Thoughts, in: British Journal of the Philosophy of Science, 22, 1971, 292.

44 S. Toulmin, Does the Distinction between Normal and Revolutionary Science hold Water ?, in: I. Lakatos, A. Musgrave, Hrsg., a. a. O., 44.

45 vgl. J. Ravetz, Scientific Knowledge and its Social Problems, London, 1971, Teil II.

46 T. S. Kuhn, Reflections . . ., a. a. O., 252.

47 T. S. Kuhn, Postscript 1969 . . ., a. a. O., 296.

48 vgl. Martins, a. a. O., 16, der allerdings die differierenden Bewertungen an verschiedene Paradigmen bindet und sich zudem unverständlicherweise auf die funktionale Schichtungstheorie bezieht. Vgl. ebda., Fußnote 29.

49 M. Masterman, a. a. O., 65, 67; T. S. Kuhn, Die Struktur . . ., a. a. O., 163.

50 T. S. Kuhn, Reflections . . ., a. a. O., 252.

51 T. S. Kuhn, Die Struktur . . ., a. a. O., II.

52 ebda., 29.

53 vgl. J. Ravetz, a. a. O., 194 und Kapitel 6.

54 vgl. Kuhn, Die Struktur . . ., a. a. O., 29.

55 »By following these (scientific habits) successful problemsolving can go on: thus they may be intellectual, verbal, behavioural, mechnical, technological; any or all of these; it depends on the type of problem which is being solved«, M. Masterman, a. a. O., 66.

56 M. Masterman, a. a. O., 70.

57 P. Feyerabend, Consolation for the Specialist, in: I. Lakatos, A. Musgrave, Hrsg., a. a. O., 216.

58 vgl. z. B. R. Whitley, Cognitive and Social Institutionalization . . ., a. a. O.; J. Law. The Development of Specialties in Science: the Case of X-Ray Protein Crystallography, in: Science Studies, 3, No. 3, Juli, 1973; M. Mulkay et. al., Problem Areas and Research Networks in Science, in: Sociology, Vol. 9, No. 2, Mai 1975.

59 vgl. T. S. Kuhn, The Function of Dogma in Scientific Research, in: A. C. Crombie, Hrsg., Scientific Change, London, 1963, 349.

60 vgl. Kapitel III.

61 vgl. Whitley, Cognitive . . ., a. a. O., 75.

62 vgl. ebda., 80 ff.

63 vgl. Kapitel III.

64 vgl. F. Pfetsch, Zur Entwicklung der Wissenschaftspolitik in Deutschland, Berlin, 1974, Kapitel 6.

65 vgl. S. R. Bates, Scientific Societies in the United States, Cambridge, Mass., 1966.

66 unveröffentlichtes Material, Projekt Determinanten der Problemwahl, USP-Wissenschaftsforschung, Universität Bielefeld.

67 vgl. in dieser These N. Storer, T. Parsons, The Discipline as a Differentiating Force, in: G. Montgomery, Hrsg., The Foundations of Access to Knowledge, A Symposium, Syracuse, N. Y., 1968.

68 R. Whitley, Cognitive and Social Institutionalization . . . , a. a. O.

69 Law, a. a. O.

70 vgl. R. Whitley, Cognitive . . ., a. a. O., 77 f.

71 vgl. Mullins, a. a. O.

72 vgl. G. Böhme, Die soziale Bedeutung kognitiver Strukturen, a. a. O., 191, 201.

73 Die Problematik, daß dadurch die Bestimmung sozialer und kognitiver Strukturen tautologisch wird, wird im 6. Abschnitt wieder aufgenommen.

74 Die folgende Darstellung findet sich in ausführlicherer Form in P. Weingart, Wissenschaftlicher Wandel als Institutionalisierungsstrategie, a. a. O., 26 ff.

75 vgl. Mullins, a. a. O.

76 vgl. D. L. Krantz, Schools and Systems: The Mutual Isolation of Operant and Non-Operant Psychology as a Case Study, in: Journal of the History of the Behavioral Sciences, 8. Januar 1972, 90 f.

77 vgl. B. Griffith, N. Mullins, Kohärente soziale Gruppen im wissenschaftlichen Wandel, in: P. Weingart, Wissenschaftssoziologie 2, a. a. O.

78 vgl. Krantz, a. a. O., 100; S. Toulmin, Human Understanding a. a. O., 270.

79 Zu einer zusammenfassenden Beschreibung von Schichtungskriterien, die allerdings theoretisch unbefriedigend bleibt, vgl. H. Zuckerman, Stratification in American Science, in: Sociological Inquiry, 40, 1970.

80 vgl. ebda., 236.

81 vgl. D. Crane, Scientists at Major and Minor Universities: A Study of Productivity and Recognition, in: American Sociological Review, 30, 1965.

82 R. K. Merton, The Matthew Effect in Science, in: Science, 159, Januar 1968.

83 vgl. zu einer ähnlichen Bewertung von Autorität und Reputa-

tion, M. Polanyi, The Potential Theory of Adsorption, in: Science, 141, 1963, 1010-1013.

84 vgl. N. Luhmann, Selbststeuerung der Wissenschaft, in: Jahrbuch für Sozialwissenschaft, 19, 1968, 155, 159.

85 vgl. T. N. Clark, Die Stadien wissenschaftlicher Institutionalisierung, in: P. Weingart, Wissenschaftssoziologie 2, a. a. O., 114.

86 über Reputation wird das »Erscheinen von Wahrheit reguliert«, N. Luhmann, a. a. O., 156.

87 vgl. ebda., 159.

88 T. S. Kuhn, Reflections ..., a. a. O., 263.

89 ebda.

90 I. Lakatos, Popper zum Abgrenzungs- und Induktionsproblem, in: H. Lenk, Hrsg., Neue Aspekte der Wissenchaftstheorie, Braunschweig, 1971, 92.

91 T. Parsons, E. Shils, Values, Motives and Systems of Action in: dies., Hrsg., Toward a General Theory of Action, New York, 1962, 203.

92 W. O. Hagstrom, The Scientific Community, New York, 1965, 177 ff., 187 ff.,

93 vgl. ebda., 181. Diese sind eigentlich analytisch relevant, während seine Unterscheidung von ›fashion‹ und ›leadership‹ nur eine abgeleitete Bedeutung hat.

94 vgl. Hagstroms Beispiel ebda., 180.

95 vgl. ebda., 181.

96 vgl. ebda., 187.

97 ›restricted‹ und ›unrestricted sciences‹, vgl. Martins, a. a. O., 178.

98 vgl. Hagstrom, a. a. O., 188 f.

99 vgl. ebda., 193 f.

100 vgl. G. Böhme, W. van den Daele, W. Krohn, Alternativen in der Wissenschaft, Zeitschrift für Soziologie, 1, 1972.

101 Die Analyse von Eiweiß- und Nukleinsäuremolekülen, von Phänomenen kleiner als die Zelle, die Gegenstand der Biologie ist, die andererseits über die Molekularstrukturen hinausgeht wie sie von der Chemie analysiert werden, ist aus der Biochemie und der organischen Chemie heraus möglich geworden, flankiert durch die Elektronenmikroskopie und die Genetik. Vgl. J. D. Bernal, Die Wissenschaft in der Geschichte, Berlin, 1967, 587.

102 vgl. Hagstrom, a. a. O., 194.

103 vgl. ebda., 206 ff., N. Mullins, a. a. O.

104 B. Barber, Der Widerstand von Wissenschaftlern gegen wissenschaftliche Entdeckungen, in: P. Weingart, Wissenschaftssoziologie 1, a. a. O.

105 vgl. ebda; sowie zu einem ähnlichen Sachverhalt Polanyi, a. a. O.

106 R. Whitley, Cognitive and Social Institutionalization, a. a O., 90.

107 T. S. Kuhn, Die Struktur wissenschaftlicher Revolutionen, a. a. O., 107.

108 vgl. ebda., 95.

109 T. S. Kuhn, The Function of Dogma . . ., a. a. O. (discussion), 389.

110 vgl. Kuhn, Die Struktur . . ., a. a. O., 123, 127, sowie zum Verhältnis von Anomalien, Entdeckungen und ›Erfindungen‹ von Theorien, Kapitel VI und VII, ebda.

111 Dieses Moment nimmt natürlich in Kuhns These der paradigmagesteuerten, ›normalen Wissenschaft‹ einen zentralen Platz ein und wird explizit von Whitley wieder thematisiert. vgl. R. Whitley, Cognitive . . ., a. a. O., 69.

112 vgl. M. Mulkay, Some Aspects of Cultural Growth in the Natural Sciences, in: Social Research, 36, 1, 1969; G. Böhme, Die soziale Bedeutung . . ., a. a. O.

113 vgl. T. Parsons, G. M. Platt, The American University, Cambridge, Mass., 1973, 33. »Thus the cognitive subsystem of action consists of action components oriented to cognitive objects, those currently available in the situation of action and those potentially created by such action, for example through research«, ebda., 17.

114 T. Parsons, E. Shils, a. a. O., 167.

115 Hier sind zwei Anmerkungen erforderlich. 1.) kognitive Symbolsysteme unterliegen, soweit es sich um empirische Ideen und »beliefs« handelt, Überprüfungsverfahren. Das ändert nichts daran, daß sie nicht ebenso wie diese internalisiert werden und normativen Charakter annehmen können. Vgl. Parsons, Platt, a. a. O., 58 sowie Parsons, Shils, a. a. O., 162 Fn.; 2.) Kulturelle Symbole unterscheiden sich von anderen Handlungselementen durch den Umstand, daß sie von einem Handlungssystem auf ein anderes übergehen können – auf der personalen Ebene durch Lernen, auf der sozialen durch Diffusion, Parsons, Platt, a. a. O., 159.

116 Parsons, Platt, a. a. O., 89.

117 vgl. D. Edge, M. Mulkay, Preliminary Report on the Emergence of Radio Astronomy in Britain, Cambridge University, Engineering Department, 1972.

118 vgl. H. Schelsky, Einsamkeit und Freiheit, 2. erw. Aufl., Düsseldorf, 1971, 49.

119 vgl. R. Köthe, Von einer Insel der Stabilität, in: Die Zeit, 6. 2. 1976.

120 vgl. die Erörterung in Kap. II, 4.

121 N. Luhmann, a. a. O., 155.

122 vgl. P. Weingart, Selbststeuerung der Wissenschaft und staatliche Wissenschaftspolitik, Kölner Zeitschrift für Soziologie und Sozialpsychologie, 22, 1970, 578 f.

123 vgl. ebda., 577; sowie N. Storer, The Social System of Science, New York, et. al., 1966, Kap. 6., abgedruckt in P. Weingart, Wissenschaftssoziologie I, a. a. O., s. auch die Diskussion in Kap. II, 5.

124 vgl. P. Weingart, Herrschaft und Konflikt, in: Soziale Welt, 3/4, 1968.

125 vgl. A. Sohn-Rethel, Geistige und körperliche Arbeit, Frankfurt, 1970.

126 vgl. S. Toulmin, Human Understanding, a. a. O.

127 vgl. E. Schmitz, P. Weingart, Knowledge, Qualifications and Credentials: Changing Patterns of Occupations, An Analysis of Six Cases of Credentialling in Germany, hektogr. Manuskript, SME/ET/7536, OECD, Paris, 1975.

128 vgl. G. Böhme, et. al., Alternativen, a. a. O., 313.

129 vgl. D. Nelkin, Science or Scripture: The Politics of »Equal Time«, in: G. Holton, Hrsg., Science and its Public: The Changing Relationship, im Druck.

III. Das Verhältnis von Wissenschaft und Technik im Wandel ihrer Institutionen

1. Das Verhältnis von Wissenschaft und Technik als Untersuchungsgegenstand

Innerhalb der Diskussion um die autonome oder extern bestimmte Entwicklung der Wissenschaft nimmt die Frage nach dem Verhältnis von Technik und Wissenschaft eine wichtige Stellung ein. Dabei gilt das Interesse vor allem den Ursprüngen der »wissenschaftlichen Revolution« und dem Anteil der Technikentwicklung an der industriellen Revolution im 16., 17. und 18. Jahrhundert.[1] Diese Diskussion ist durch Max Weber und die Fortsetzung seiner Argumentation um die Bedeutung des Protestantismus für die wissenschaftliche Revolution durch Merton nicht unerheblich beeinflußt worden und sie ist entgegen der Auffassung Rupert Halls von einer Entscheidung weit entfernt.[2] Die Materie, das hat die Debatte gezeigt, entzieht sich einer endgültig schlüssigen Beweisführung. Es ist auch unverkennbar, daß der jeweils gewählte Zugang zum historischen Material, die impliziten Voraussetzungen und Werthaltungen, das Resultat der Untersuchungen im vorhinein bestimmen. Daß das Vorurteil zugunsten der Vertreter einer autonomen Wissenschaftsentwicklung besteht, mag daraus ersehen werden, daß das Interesse an der Technikentwicklung wesentlich geringer ist; die Technikgeschichte ist gegenüber der Wissenschaftsgeschichte eine sehr viel jüngere Disziplin.

Auf einem ganz anderen Hintergrund hat die Frage nach dem Verhältnis von Technik und Wissenschaft auch außerhalb der klassischen Wissenschaftsgeschichte an Aktualität gewonnen. Damit ist die neu entstandene Forschung über den Technologie-Transfer gemeint, insbesondere jene in den USA durchgeführten Untersuchungen über die jeweiligen Beiträge der Grundlagenforschung zur Entwicklung bestimmter Techniken. Sowohl das Projekt »Hindsight« des amerikanischen Verteidigungsministeriums als auch das Projekt TRACES[3], die es beide unternommen haben, Voraussetzungsverhältnisse zwischen spezifischen wissenschaftlichen und technologischen »Ereignissen«

aufzuspüren, haben die gleichen methodologischen Probleme aufgeworfen. Die Schlußfolgerungen hinsichtlich der Bedeutung der Grundlagenforschung für die Entwicklung bestimmter Technologien und damit über den Grad der »Verwissenschaftlichung« der Technik bzw. ihre autonome, von der Wissenschaft unabhängige Entwicklung, sind entscheidend von qualitativen Urteilen und den für die Untersuchung zugrundegelegten Zeiträumen abhängig.

Hier wie dort führen die Versuche, das Abhängigkeitsverhältnis von Technik- und Wissenschaftsentwicklung genetisch näher zu bestimmen, in die gleichen Schwierigkeiten. Der Zugang über die Abfolge von Ideen, Erfindungen, Entdeckungen, Verfahren etc. führt tendenziell in einen infiniten Regreß. So ist es weitgehend in das Belieben des jeweiligen Autors gestellt, welche wissenschaftliche Entdeckung oder technische Erfindung er für den Ausgangspunkt einer Kette von Folgeentwicklungen hält. Innerhalb bestimmter Grenzen lassen sich derartige »Wahlen« ideengeschichtlicher Ereignisse überzeugend begründen und nicht gegenseitig widerlegen.[4]

Ein weiteres Problem ist, daß das vorherrschende Interesse an den Ursprüngen der wissenschaftlichen Revolution, das die Fragestellung auf die Entstehung der exakten Wissenschaft gelenkt hat, schon immer einen spezifischen Wissenschaftsbegriff unterstellt. Die Klärung des Anteils der Wissenschaft an den technischen Veränderungen zur Zeit der industriellen Revolution ist jedoch entscheidend davon abhängig, welche Bedeutung den Begriffen »Wissenschaft, »angewandte« oder »reine« Wissenschaft gegeben wird. Die zwischen diesen Begriffen getroffenen Unterscheidungen sind »oft zu scharf und unrealistisch« und wahrscheinlich stark durch ihre gegenwärtige Interpretation geprägt.[5] Die Übertragung des heutigen Verständnisses dieser Begriffe nach der historisch vollzogenen Differenzierung zwischen dem Handwerk, den Künsten, der Technik und der Wissenschaft auf die Vergangenheit verstellt die Möglichkeit, Gemeinsamkeiten dieser gesellschaftlichen Bereiche und ihre nachfolgende Differenzierung aufzufinden.[6] Es wird Teil der Argumentation in dieser Abhandlung sein, zu zeigen, daß die allenthalben unterstellte Dichotomie zwischen Technik und Wissenschaft und zwischen reiner und angewandter Wissenschaft, wie sie heute üblich ist, für die Zeit der wissenschaftlichen und der industriellen Revolution in dieser Einfachheit kaum zutreffend ist.

Schließlich erscheinen auch all die Versuche wenig erfolgversprechend zu sein, die Beziehung zwischen Technik und Wissenschaft über die intrinsischen oder extrinsischen Motivationen der Urheber von bedeutenden Erfindungen und Entdeckungen zu erschließen. Nicht nur sind diese zumeist nur in Selbstzeugnissen zugänglichen historischen Daten an das jeweils geltende Selbstverständnis und den sozialen Kontext gebunden; sie bedürfen darüber hinaus auch einer systematischen Erklärung, soll die Analyse nicht bei der Unterstellung kontingenter Motive verharren. Der Hinweis auf »bloße Neugier« oder einen anthropologisch bestimmten Drang nach Wissen und Gewißheit[7] dient allzuoft dazu, die Erklärung stillzustellen.

Aufgrund dessen ist es offenbar erforderlich, nach neuen Ansätzen zu suchen, die die hier genannten Schwierigkeiten zu vermeiden geeignet sind. Es erscheint sinnvoll, statt von in spezifischer Weise historisch geprägten Vorstellungen über Wissenschaft und Technik, davon auszugehen, daß die Auseinandersetzung mit der Natur, d. h. ihre Beherrschung und Nutzbarmachung ebenso wie auch Regulierung und Ordnung der sozialen Verhältnisse im weitesten Sinne gesellschaftliche Formen der Wissensproduktion voraussetzen und hervorbringen.[8] Wir gehen weiterhin davon aus, daß die Art des produzierten Wissens durch Bewährungsregeln bestimmt wird, die gesellschaftlich institutionalisiert sind, die voneinander differieren können und die sich historisch wandeln.

Dieserart Bewährungsregeln bzw. Bewertungskriterien, die die Produktion von Wissen regulieren und das »Erscheinen« von Wissen selegieren, können nebeneinander existieren und unterschiedlichen gesellschaftlichen Handlungsbereichen zugehören, z. B. der Kirche (d. h. dem institutionalisierten Religionssystem), der wirtschaftlichen Produktion, den Künsten oder der Politik und natürlich der institutionalisierten Wissenschaft. Bevor z. B. die moderne Wissenschaft im heutigen Sinn voll institutionalisiert, d. h. als Handlungssystem ausdifferenziert war, hatten religiöse Bewährungsregeln (bzw. Wahrheitsregeln) den Primat und blieben weit in die Institutionalisierungsphase der Wissenschaft hinein wirksam. Die Ausdifferenzierung der Wissenschaft ist gleichbedeutend mit der Institutionalisierung von Bewährungskriterien, die ihre Autonomie, d. h. die Ausgrenzung aller politischen, sozialen, ethischen und religiösen Normen bedingt. Die Produktion technischen Wissens bleibt dagegen an Nutzenvorstellungen orientiert, die unterschiedlichen Ursprungs sein können und unterschiedliche normative Ausprägungen annehmen, wie z. B. Haltbarkeit, Umsetzbarkeit in beliebige Dimensionen, Präzision etc. Trotz dieser Differenzen zwischen den die Wissensproduktion regelnden Kriterien ist wissenschaftliches und technisches Wissen identisch, insofern es Wissen von der Natur im weitesten Sinn ist.[9]

Das nach derartigen Bewährungsregeln produzierte Wissen erlangt im Zeitablauf gleichsam eine »normative Kraft des Faktischen« insofern es die gesellschaftliche Perzeption strukturiert. Da jeweils bestimmte Wissensbestandteile Grundlage der Perzeption der Realität und handlungsanleitend sind, generieren sie neue Probleme und damit wiederum neues Wissen, das nach den gleichen Regeln erzeugt wird. Sind die Bewährungsregeln einmal gesellschaftlich institutionalisiert, erhält die nach ihnen erfolgende Wissensproduktion eine Eigendynamik. Man denke hierbei an andere als erfahrungswissenschaftliche Wissenssysteme, wie z. B. die Scholastik, die Naturphilosophie oder Schriftexegesen der Religionen.

Diese Eigendynamik der Wissensproduktion gründet in der Eigenstruktur der Wissens*systeme*. Sie unterliegen bestimmten Entwicklungsgesetzmäßigkeiten, erfordern spezifische Schritte zu ihrer Vervollkommnung und sind nicht für die Umsetzung *beliebiger* Ziele fungibel. Überdies sind auch die nach inkompatiblen Bewährungsregeln erzeugten Wissenssysteme nicht miteinander kombinierbar.

Diese allgemeinen Annahmen gehen der Beantwortung der Frage voraus, wie es zur Institutionalisierung der *Trennung* zwischen Wissenschaft und Technik kam. Technik und Wissenschaft gelten uns als nach unterschiedlichen Bewährungsregeln erzeugte Wissenssysteme, die jedoch nicht grundsätzlich inkompatibel sind. Vielmehr gehen wir davon aus, daß, bevor es zur Institutionalisierung unterschiedlicher Bewährungsregeln gekommen ist, eine derartige Trennung, wie sie seit dem 19. Jahrhundert zwischen Wissenschaft und Technik besteht, nicht gegeben war. Die Antwort auf die Frage, warum es am Übergang vom 18. zum 19. Jahrhundert zur Institutionalisierung der Trennung von Wissenschaft und Technik (bzw. genauer von akademischer ›Grundlagenforschung‹ und den Ingenieurwissenschaften) kommt, muß dabei nicht dieselbe sein, wie die Erklärung für den Prozeß der »Verwissenschaftlichung« der Technik. Dennoch fällt die hier gewählte engere (erste) Fragestellung in den umfassenderen Problemkomplex des Verhältnisses von Technik und Wissenschaft im historischen Verlauf. Die Entwicklung dieses Verhältnisses, das ist zu erwarten, läßt die Wirkungsweise verschiedener Mechanismen auf die Wissensproduktion erkennbar werden. Die Trennung von Wissenschaft und Technik als die Institutionalisierung der zweckfreien Forschung scheint weitaus mehr das Resultat der mit der Gründung der Berliner Universität durchgesetzten Vorstellungen des Neuhumanismus zu sein als ein Reflex der kognitiven Entwicklung der Natur- und Ingenieurwissenschaften zum Ende des 18. Jahrhunderts. Darauf deutet die zunächst lokal begrenzte Bedeutung dieser organisatorischen Innovation ebenso wie die Sonderrolle, die vor allem die Chemie einnimmt, hin. Die »Verwissenschaftlichung« der Technik, d. h. die zunehmende Abhängigkeit der Technikentwicklung von der Grundlagenforschung[10] (die analytisch nur schwer von einer »Technisierung« bzw. Finalisierung der Wissenschaft zu scheiden ist) wird andererseits weitgehend von kognitiven Entwicklungen in den Grundlagenwissenschaften bestimmt sein, so daß eine »Internalisierung externer Zwecke« überhaupt möglich wird. Freilich drängt diese wiederum über den institutionellen Rahmen hinaus, der die Abgrenzung interner und externer Orientierungskriterien garantierte.

Aufgrund dieser Zusammenhänge ist das Verhältnis von Technik und Wissenschaft exemplarisch für die Analyse der Entwicklung systematischen Wissens. Diese Analyse muß auf zwei Ebenen geführt werden. Entsprechend dem zuvor entwickelten Ansatz (s. Kap. I u. II) gilt es einmal, die institutionellen Strukturen zu untersuchen, in denen die Produktion technischen und wissenschaftlichen Wissens organisiert ist. Dabei kommt es insbesondere darauf an, die normativen Orientierungen zu identifizieren, die diesen Strukturen unterliegen und die Wissensproduktion selektiv lenken. Zum anderen muß die kognitive Struktur von Wissenschaft und Technik mit der

Frage untersucht werden, welches die jeweiligen Entwicklungs-regulative sind, die die Abgrenzung von Gegenstandsbereichen, die Struktur von Theorien, und mit den spezifischen Frage-horizonten auch die spezifische Entwicklungsdynamik selbst bestimmen. Im Gegensatz zur Wissenschaft fehlt eine derartige Analyse für die Technik noch völlig. Eine Ausnahme bildet lediglich der Versuch, das Kuhnsche Modell wissenschaftlichen Wandels auf die Technikentwicklung zu übertragen und deren Sequenzen damit zu beschreiben.[11] Im folgenden soll nun der erste Teil der Untersuchung durchgeführt werden, d. h. es wird versucht, das Verhältnis von Wissenschaft und Technik über die institutionellen Rahmenbedingungen und deren historische Veränderungen zu bestimmen, in denen gesetzmäßiges und technisches Wissen produziert wird und worden ist. Die Un-tersuchung des institutionellen Rahmens von Wissensproduk-tion ist zwar für sich allein genommen, wie gesagt, nicht aus-reichend. Dennoch ist sie soziologisch aussagefähig, weil Insti-tutionen eine doppelte theoretische Bedeutung zukommt. Sie sind zum einen als Untersuchungsgegenstand direkt relevant im Hinblick auf ihre Funktionen und Wirkungen auf soziale Prozesse. Institutionen sind selbst »geronnenes Handeln« und strukturieren soziale Prozesse. Aufgrund dessen sind sie zum anderen mittelbar Indikatoren für die Analyse kognitiver Pro-zesse, soweit diese, wie im Fall der Wissenschaft, als soziale Prozesse organisiert sind. Die Institutionen der Wissenschaft sind der soziale und organisatorische Rahmen, in dem die Ziele und Thematiken der wissenschaftlichen Arbeit definiert werden, in dem die Bewertung des produzierten Wissens und damit seine Selektion stattfindet und in dem auch die Ver-breitung des Wissens geregelt wird. Die Betrachtung von Wis-senschaftsinstitutionen und ihren Funktionen muß demgemäß Rückschlüsse auf die entwicklungsbestimmenden Regulative und Bewertungskriterien und somit auf die Struktur und Dy-namik wissenschaftlicher, kognitiver Prozesse zulassen. Es wird hier nicht der Anspruch auf eine unter dieser Perspektive sicherlich wünschenswerte historische Primäranalyse erhoben, sondern versucht, die wissenschaftssoziologische Argumentation vorwiegend an bekanntem, aufbereitetem Material zu illu-strieren.

2. Die institutionelle Verschränkung von Wissenschaft und Technik im 17. und 18. Jahrhundert

Unterschiedliche Ausprägungen des Verhältnisses von Wissenschaft und Technik lassen sich seit der Antike auffinden. Die Tatsache, daß Wissenschaft und Technik zumeist nicht zur selben Zeit blühten, oder wenn, dann nicht am gleichen Ort,[12] deutet daraufhin, daß die sozialen Einschätzungen verschiedener Arten von Wissen sich schon immer unterschieden und auch wandelten. Während das Griechenland des »goldenen Zeitalters« eine Blüte der Wissenschaft erlebte, entwickelte sich zur Zeit Alexanders auch die Technik, die, wenngleich vor allem auf die Kriegführung orientiert, sogar Ansätze von Kontinuität und systematischem Fortschritt kannte.[13] Außer im Bereich der Politik, der Kriegführung und der Medizin gab es jedoch keine wissenschaftliche Technik und keine Anwendung der Wissenschaft in der Praxis. Es wird in der Regel der auf Sklavenarbeit gründenden Wirtschaftsverfassung zugeschrieben, daß die allgemeine Geringschätzung der Handarbeit und damit die Antithese zwischen Wissenschaft und Technik auch die Konzeption von Wissen bestimmten: während Rhetorik und metaphysische Spekulation eine hohe Wertschätzung genossen, zählte praktisches Experimentieren zum wenig geachteten Handwerk. Die Ingenieure des alexandrinischen Militärs waren keine Gelehrten, sondern höhere Handwerker und hatten keinen Zugang zum Alexandrinischen Museum. Dieses Verhältnis verkehrt sich im römischen Reich, das durch den relativen Niedergang der Wissenschaft und die Blüte der Technik gekennzeichnet ist, obgleich es auch noch eine Sklavengesellschaft war. Während das römische Reich und mit ihm die europäische Zivilisation zerfallen, wird die griechische Wissenschaft von der arabischen Kultur aufgenommen und fortentwickelt, zu einem Wiederaufblühen der Technik kommt es in Europa erst wieder im Mittelalter und mit einiger Verzögerung folgt auch die Entstehung der modernen Wissenschaft in der Renaissance.

Indem die Entwicklungsphasen von Wissenschaft und Technik der Zeit vor dem 17. Jahrhundert in Erinnerung gerufen werden, soll nur deutlich werden, daß die Wahl dieses Zeitpunkts als Einstieg nicht durch eine irgendwie geartete neue

Qualität im Verhältnis von Technik und Wissenschaft begründet ist. Die Auswirkungen unterschiedlicher sozialer Einschätzungen verschiedener Wissensformen bestehen auch vor dieser Zeit, Wissenschaft und Technik sind auch vorher nicht etwa identisch gewesen. Die neue Qualität, die diese Wahl rechtfertigt, ist vielmehr in der Art der Institutionalisierung von Wissenschaft zu sehen.[14] Das bezieht sich zunächst einmal auf die gegen Ende des 15. Jahrhunderts einsetzende Entwicklung der »Fortschrittsvorstellung« im Handwerk (zunächst unter den Baumeistern), in den handwerklichen Künsten und der Wissenschaft. Die »Fortschrittsvorstellung« geht einher mit dem Wandel des Ideals individuellen Ruhms, dem die humanistischen Literaten folgten, zu dem des »gemeinen Nutzens«, das für die Künste und das Handwerk verbindlich wird. In zunehmendem Maße werden Einzelleistungen als »Beiträge« zu einer längerwährenden Entwicklung verstanden, in der Verbesserungen und Vervollkommnung möglich sind. Dies setzt zugleich die Auflösung des auf Kontinuität, und d. h. der geheimzuhaltenden Vermittlung von Erfahrungen gründenden Zunftwesens voraus. Der Beitrag zum öffentlichen Wohl ist an die Kommunikation (d. h. die Veröffentlichung von Ergebnissen) und Kooperation mit all jenen gebunden, für die die eigenen Arbeiten von Interesse sind.[15]

Am Ausgangspunkt der folgenden Betrachtungen, dem Beginn des 17. Jahrhunderts, wird eine Verbindung von utilitaristischen und Fortschrittsvorstellungen für die Wissenschaft, die Künste und das Handwerk bestimmend, setzt sich die Idee der Kooperation und der Öffentlichkeit in den wissenschaftlichen und technisch-handwerklichen Arbeiten durch und zerbröckelt unter dem Druck der fortschreitenden Technologie die Trennwand zwischen den »freien« und den »mechanischen« Künsten. Im 15. Jahrhundert war die professionelle Gruppe der »artist-engineers«, wie sie Zilsel nennt, entstanden: Männer wie Brunelleschi, Ghiberti, Leonardo da Vinci und auch Dürer zählen zu ihnen. Sie arbeiteten sowohl als Maler, Bildhauer und Architekten als auch als Ingenieure. Ihr empirisches und experimentelles Vorgehen, das zunächst von den akademisch ausgebildeten Gelehrten abgelehnt wurde, setzte sich zu Beginn des 17. Jahrhunderts schließlich durch (Gilbert, Galilei, Francis Bacon).[16] Die vor der Geburt der modernen Wissenschaft bestehende Trennung zwischen akademischer Wissenschaft auf der einen und handwerklicher und künstlerischer Technik auf der anderen Seite wird mit dem Aufkommen utilitaristischer und Fortschrittsvorstellungen zunächst aufgehoben. Und zwei weitere Momente sind in diesem Zusammenhang bedeutsam. Die Fortschrittsidee implizierte das »*Weitersuchen*« (Dürer) über die in der täglichen Praxis gemachten Erfahrungen hinaus und die dadurch zu erreichende Vervollkommnung von Erfindungen, die zuerst immer unzureichend sind (William Bourne of Dover). Diese Vorstellung des am Erfahrbaren orientierten Suchens nach Erkenntnissen, das gleichwohl die Perfektion des bereits bestehenden Wissens zuläßt, die später für die Wissenschaft verbindlich werden soll, erstreckt sich auf Wissen allgemein. Die Produktion von theoretischem und technischem Wissen ist noch nicht institutionell getrennt.[17]

Die »neue Wissenschaft« und das, was ihre legitimen Untersuchungsgegenstände sind, steht im direkten Zusammenhang mit den religiösen Auffassungen der Zeit. Von den möglichen Gegenständen menschlichen Denkens, ›Gott‹, ›Menschen‹ oder ›Natur‹, befassen sich die Naturphilosophen mit göttlichen Dingen nur insoweit, als die »Macht und Weisheit und Güte des Schöpfers in der bewundernswerten Ordnung und Ausführung der Schöpfung offenbart wird«. Im Hinblick auf den Menschen bleiben nur die Fähigkeiten und Tätigkeiten der Seele (vorläufig) ausgeschlossen, die »Verfassung ihrer Körper und die Werke ihrer Hände« (»those that either necessity, covenience or delight have produc'd«) und die »Werke der Natur, ihre Hilfen, ihre Vielfältigkeiten, ihr Überfluß und ihre Unvollkommenheit und wie diese für menschliche Gesellschaft zum Nutzen gebracht werden können« sind die Bereiche, in denen die Wissenschaftler sich ganz nach ihren Neigungen bewegen.[18]

In der Zeit vor der Restauration in der baconischen Reformbewegung war die Konzeption der experimentellen neuen Wissenschaft noch mit moralischen und sozialen normativen Ansprüchen verknüpft, die erst durch den später institutionalisierten Begriff der positiven Wissenschaft ausgegrenzt werden. Die Einheit von ›Nützlichkeit‹ und ›Wahrheit‹, die Bacon begründet hat, bleibt dagegen über die Restauration hinaus verbindlich. Folgt man Paolo Rossis Interpretation Bacons, so ist diese

Einheit von ›Nützlichkeit‹ und ›Wahrheit‹ der – bislang nicht richtig gedeutete – Kernpunkt seiner Programmatik. Voraussetzung dieser Einheit ist die Annahme der »neuen Methode«, d. h. der empirischen und systematischen Betrachtung von Dingen, »nicht in bezug auf den Menschen, sondern in bezug auf das Universum«. Nur dann koinzidieren die doppelten menschlichen Intentionen von Wissen und Macht in einer einzigen, denn das was in der theoretischen Sphäre als eine Ursache betrachtet werden muß, hat in der operationalen Sphäre als Regel zu gelten. »Das impliziert, daß die Bezeichnung Ursache nicht legitimerweise auf eine Ursache angewandt werden kann, die nicht zugleich als eine *Regel* betrachtet werden kann, und umgekehrt.«[19]

Dieser Vorstellung entspricht die Gestalt des wissenschaftlichen Amateurs, der im Mittelalter zur vorherrschenden Figur wird. Zugleich vollzieht sich der Wandel in der Form der Wissenserzeugung, der durch den Bedeutungsverlust der mittelalterlichen Universität gekennzeichnet ist, durch die Neugründung von Institutionen, in der der Wissenschaftsamateur seinen Platz hat, wie dem Gresham College, den wissenschaftlichen Gesellschaften in den Hauptstädten und den wissenschaftlichen Zirkeln.[20] Die zentrale Institution der »neuen« Wissenschaft wird die wissenschaftliche Akademie, und an ihren Funktionen, an ihrer Zusammensetzung und ihrer inneren Struktur ist das Verhältnis von Wissenschaft und Technik zu untersuchen.[21]

Die 1657 in Florenz gegründete Accademia del Cimento, die Akademie des Experiments, ist die erste organisierte wissenschaftliche Akademie und unterscheidet sich dennoch von den nachfolgenden Gründungen in England und Frankreich durch die Inhalte der durch sie bearbeiteten Probleme. Galilei, obgleich zum Zeitpunkt ihrer Gründung schon tot, gilt als ihr geistiger Vater, insofern sie vor allem von seinen Schülern (an hervorragender Stelle: Vincenzo Viviani) getragen wurde und sich zum großen Teil dem experimentellen Nachweis und der Fortführung der Probleme widmete, die er und sein Schüler Toricelli theoretisch dargelegt hatten.[22] Die zehnjährige Aktivität der Akademie war auf die Entwicklung von und Arbeit mit Meßinstrumenten gerichtet, Luft- und Alkoholthermometer, Hygrometer, das Pendel, Instrumente zur Messung des Luftdrucks, Experimente mit dem Vakuum, über die Auswirkungen von Wärme und Kälte auf verschiedene Objekte, die Geschwindigkeit des Schalls, den Luftwiderstand auf fallende Objekte und andere mehr.[23] Diese Arbeiten werden als der Beginn der modernen Physik betrachtet, wenngleich freilich Italiens Führungsrolle in der Physik mit der Auflösung der Akademie endet. Aber auch für die Cimento gilt angesichts ihrer Beschränkung auf experimentelle Verfahren bereits, was für die nachfolgende Royal Society sehr viel ausgesprochener ist: die Methoden und Gegenstände der Untersuchung waren oft nicht sehr weit von täglicher Erfahrung entfernt und konnten daher nicht nur von denen verstanden werden, die dafür besonders ausgerüstet waren, sondern von einer großen Zahl von Menschen mit vergleichsweise geringer technischer Ausbildung.[24] Für die neue Wissenschaft waren die Artefakte der Handwerker und Künstler in der gleichen Weise Gegenstände wie die Natur selbst.

Im Unterschied zur Cimento, die noch die Gründung eines Souverän (der Brüder Medici) war, entstand die Royal Society aus dem spontanen Zusammenschluß von Amateuren und Gelehrten. (Sie erhielt zwar 1662 die »Royal Charter«, die jedoch keine Bestimmungen über die Finanzierung enthielt.) Und gleichfalls im Unterschied zur Cimento waren die Interessen der Royal Society nicht im gleichen Maße ausschließlich wissenschaftlicher Natur, vielmehr bestand, rückschauend betrachtet, eine Parallelität von rein wissenschaftlichen und praktischen Fragen in bezug auf Handel und Fabrikation, und es waren vor allem die letzteren Interessen, die der Society die Patronage des Königs gewannen.[25] In der Präambel der Charter hieß es u. a., daß der König zur Kenntnis nähme, daß sich die Mitglieder der Society zusammenfänden »to confer about the hidden causes of things, with a design to establish certain and correct uncertain theories in philosophy, and by their labour in the disquisition of nature to prove themselves real benefactors to mankind; and that they have already made a considerable progress by divers useful and remarkable discoveries, inventions and experiments in the improvement of Mathematics, Mechanics, Astronomy, Navigation, Physics and Chemistry . . .«.[26]

Die 1663 von der Society angenommenen Statuten geben eine Vorstellung von den Zielen dieser Akademie. In ihnen findet

sich die zuvor von Bacon zitierte Verschränkung von Nützlichkeit und Wahrheit, von theoretischen und operationalen
Problemen. »Business« und »design« der Royal Society ist es
demnach »to improve the knowledge of *natural things*, and *all
useful Arts*, Manufactures, Mechanic practices, Engynes and
Inventions by Experiments ...

To examine all systems, theories, principles, hypotheses, elements histories, and experiments of things naturall, mathema-
ticall, and mechanicall, invented, recorded or practiced, by
any considerable author ancient or modern. In order to the
compiling of a complete system of solid philosophy for expli-
cation *all phenomen produced by nature or art*, and recording
a rationall account of the *causes of things*.«[27]

Entsprechend dieser Zielsetzung förderte die Society u. a. die
»Histories of Nature, Arts or Works«, die, wie später die
französischen Enzyklopädisten im 18. Jahrhundert, zum ersten
Mal systematische Beschreibungen der handwerklichen Techniken zur Verfügung stellten, wie sie im 17. Jahrhundert praktiziert wurden. Die Liste dieser Geschichtsschreibungen und
Darstellungen erfaßte alle nur denkbaren Handwerke und
Künste vom Bergbau und der Erzgewinnung über die Papier-
herstellung bis zur Bierbrauerei, der Walfischerei und der
Schießpulverproduktion.[28] Ubbelohde hält diese Darstellungen
für einen Weg, auf dem der wissenschaftliche Ansatz zu praktischen Problemen die althergebrachten handwerklichen Techniken durchdrang. (Er geht dabei allerdings implizit von einer
bereits bestehenden klaren Trennung zwischen reiner und angewandter Wissenschaft aus.) Sprat kommt in seiner ›Geschichte
der Royal Society‹ der Baconischen Vorstellung viel näher, als
daß er über die angewandte Wissenschaft im heutigen Sinne
reflektiert (wie Ubbelohde unterstellt), wenn er die »corrup-
tions of Learning« darin sieht, daß »Knowledge still degene-
rates to *consult present profit too soon*; the other, that Philo-
sophers have been always masters, and Scholars; some imposing
and all the others submitting; and not as *equal observers with-
out dependence*«. Er sieht einen bedeutsamen Defekt des Lernens (Forschens) im »rendering of Causes barren: that when
they have been found out, they have been suffered to lie idle;
and have been onely used, to increase thoughts and not works
...« Wendet er sich damit gerade gegen die überlieferte Tren-

nung zwischen der nur an den Ursachen orientierten ›alten‹ Wissenschaft, so verurteilt er zugleich ein Vorgehen, das lediglich an der Erreichung des jeweils unmittelbaren Zwecks orientiert ist. Auf diesem Hintergrund deutet er die Tätigkeit der Royal Society: »To this the Royal Society has applied a *double prevention;* both by endeavouring to strike out *new Arts,* as they go along; and also, by still improving all to *new experiments.*«[29]

Diese umfassende und keinesfalls nur einseitig utilitaristische Aufgabenstellung der Royal Society, wie sie Sprat hier negativ abgrenzt, wird auch an seiner Beschreibung der übrigen Tätigkeiten deutlich. In seiner Aufzählung der von Mitgliedern der Society erfundenen oder verbesserten Instrumente finden sich neben neuartigen Pendeluhren, Instrumenten für magnetische Experimente und für die Bestimmung von Fallgeschwindigkeiten in Luft und Wasser sowie verschiedenen Thermometern auch verschiedene Kutschenmodelle, neue Taucherbrillen sowie ein Instrument zur Herstellung von Schrauben. Der Vielfalt der entwickelten Instrumente entsprachen die Experimente und Untersuchungen, für die sie erdacht waren. Hooke hatte das Mikroskop verbessert und so wurde die Feinstruktur von Organismen ein Untersuchungsbereich. Instrumente zur Verdünnung von Luft dienten Experimenten über die Beziehung zwischen der Luft und der Verbrennung und dem Atmen. Zugleich wandten sich die Mitglieder der Society Problemen der Tapisserien- und Seidenherstellung, der Verbesserung der Töpferkunst und der Stein- und Ziegelfabrikation durch Analysen des englischen Bodens sowie der Verbreitung der Kartoffel und Experimenten mit dem Tabaköl zu.

Diese aus heutiger Sicht sehr verschiedenartigen Aufgaben wurden in ein und derselben Organisation und zumeist von denselben Männern verfolgt. Eine irgendwie geartete institutionelle Trennung zwischen ihnen gab es so wenig wie eine systematische Klassifikation nach dem Kriterium rein theoretischen oder technischen Interesses. So schreibt Hooke, daß die Mitglieder der Society »acknowledge their most useful information to arise from *common things* and diversify their most ordinary *operations* upon them«.[30] Das entscheidende Kriterium der Institutionalisierung war offenbar die systematisierende Strukturierungsleistung der empirischen und experimentellen Verfahrensweise, der prinzipiell alle natürlichen und artifiziellen Gegenstände (»naturall things and all useful Arts«, s. o.) zugänglich waren. Dem entspricht umgekehrt, daß die wissenschaftliche Ausbildung, die Newton zur angemessenen Qualifizierung des Seemanns für erforderlich hielt, einen erheblichen Teil der Forschungsgebiete der Physik und Mathematik jener Zeit abdeckte.[31] Wenn Merton bei der thematischen Auswertung der Protokolle der Royal Society (für die Jahre 1661, 62, 86 und 87) zu dem Ergebnis kommt, daß zwischen 40 und 70 % der Forschungen *keine direkte* Beziehung zu praktischen Bedürfnissen aufwiesen und in die Kategorie der reinen Forschung fallen, so kann dies weniger die zeitgenössische Kategorisierung von Forschungsbereichen bestätigen, als einen Eindruck vom Inhalt und Umfang der von der Society betriebenen Aktivitäten vermitteln.[32]

Ein letztes Merkmal schließlich, das die Funktion sowohl der Royal Society als auch der Académie des Sciences bestimmt, ist das Patentmonopol. Die Royal Society erhielt die Aufgabe der Prüfung von Patentanträgen bereits 1662.[33] Ihre Mitglieder wurden mit diesem Auftrag in einer Kompetenz angesprochen, die offenbar die Kenntnisse wissenschaftlicher Verfahren und Prinzipien und das Verständnis technischer Regeln in sich vereinte.

Die Bedeutung der Royal Society ist in der ersten Hälfte des 18. Jahrhunderts zurückgegangen und ihre »utilitaristische« Orientierung erfährt ebenfalls eine Wandlung. Das Interesse an technisch-praktischen Problemen läßt in der Royal Society schon wenige Jahre nach der Gründung um 1667/68 nach (wenngleich bei derartigen Feststellungen in der Regel die Abgrenzung zwischen technischen und wissenschaftlichen Problemen fehlt). Für diese Entwicklung werden mehrere Ursachen angegeben: die nach Veröffentlichung der »Principia« beherrschende Rolle Newtons, durch die der Einfluß Bacons zurückgeht, die beginnende soziale Statusdifferenzierung zwischen Handwerkern und praktisch orientierten Gelehrten einerseits und theoretischen Gelehrten andererseits, der holländische Krieg und das Feuer von London, die die Mitglieder der Royal Society zur Erfüllung anderer Aufgaben führten.[34]

Dennoch sind es zunächst eher die kontingenten als die systematischen sozialen Ursachen, die diese Entwicklung bestimmen, was nicht zuletzt dadurch belegt wird, daß sie in ihrer Wirkung auf die Royal Society beschränkt bleiben. Es dauert noch länger als ein halbes Jahrhundert, bis in England überhaupt Ansätze einer institutionellen Differenzierung erkennbar werden, so mit der Gründung der Society of Arts (1754) und der Lunar Society in Birmingham (1765); und auch mit ihnen ist die Differenzierung noch keineswegs vollzogen. Tatsächlich bestimmt der auf den allgemeinen Nutzen gerichtete Utilitarismus auch noch das 18. Jahrhundert und damit die neueren Institutionalisierungsformen von Wissenschaft. Außerdem verdeckt der Niedergang der Royal Society, daß das ›scientific movement‹ sich im 18. Jahrhundert lediglich aus der Metropole in die Provinz verlagert.[35] Die Lunar Society, deren Bedeutung bis in die 1790er Jahre reicht, gilt als exemplarisch für die zahlreichen informellen Zusammenschlüsse von Wissenschaftlern und Fabrikanten. (Ihr gehörten u. a. Watt, Boulton, J. Priestley, E. Darwin und William Small an.) Schofield charakterisiert sie als »informell technologische Forschungsorganisation«. Die Probleme, denen sich die Lunar Society zuwandte, weisen wiederum die große Spannweite auf, die sie in der Royal Society hatten, von der Verbesserung des Transports und landwirtschaftlicher Methoden bis zu chemischen Experimenten und Grundlagenforschungen auf dem Gebiet der Elektrizität, ohne daß die möglichen Anwendungen für industrielle Zwecke bekannt waren. Der Unterschied bestand darin, daß die Entwicklung hundert Jahre weiter fortgeschritten war. »Die Wissenschaft wurde häufig darauf verwandt, Fabrikationsprozesse zu erklären, die unabhängig von der Wissenschaft entwickelt worden waren, aber diese Erklärungen wurden von den Fabrikanten in der Lunar Society in dem Versuch benutzt, die Prozesse zu verbessern. Darüber hinaus leisteten die Fabrikanten, oder versuchten es zumindest, ihren Beitrag zur Entwicklung der ›reinen‹ Wissenschaft ihrer Tage.«[36]

Ausgenommen die Amateurgruppen kommt es außerhalb der Royal Society kaum zu einer weiteren Expansion von Institutionen einer »professionalisierten« Wissenschaft. Erst in der zweiten Hälfte des 18. Jahrhunderts beginnt in England allmählich die Differenzierung von akademischer Wissenschaft und den Ingenieurwissenschaften. 1771 wird die erste Ingenieursgesellschaft gegründet, die nach dem Tode Smeatons, 1793, als Smeatonian Society seinen Namen erhält und die Vorläuferorganisation der 1818 gegründeten Institution of Civil Engineers ist. Smeaton selbst verband noch technische und wissenschaftliche Kompetenzen und wurde aufgrund dessen in die Royal Society gewählt. Auch die ›society of engineers‹ umspannte mit ihren Tätigkeiten offenbar noch ein weites Spektrum, wenn es heißt, daß ein Treffen (1778) »was spent canallically, hydraulically, mathematically, philosophically, mechanically, naturally, and socially«.[37] Der Zeitpunkt der Differenzierung von Wissenschaft und Technik in England, nämlich die Wende zum 19. Jahrhundert, weist eine überraschende Übereinstimmung mit der Entwicklung in Frankreich auf. Diese gilt es als nächstes zu betrachten.

Der Gründung der französischen Académie des Sciences, 1666, lagen zunächst unterschiedliche Konzeptionen zugrunde, eine, die primär »utilitaristisch«, die andere, die »umfassender kulturell« ausgerichtet war. Das Dilemma zwischen beiden war u. a. auf die einerseits sehr praktischen Interessen des Hofes, zum anderen aber auf die repräsentativen Ambitionen des Sonnenkönigs und Untertanen wie Charles Perrault, die ihnen huldigten, zurückzuführen. Als die Akademie schließlich gegründet wurde, »war sie deutlich mehr als eine beratende Versammlung, die dazu bestimmt war, die Anfragen der Krone zu technologischen Problemen zu beantworten. Sie war auch zur Glorifizierung des Sonnenkönigs durch die Förderung der Wissenschaften bestimmt«.[38] Diese Doppelfunktion der Akademie schlug sich auch in den Auswahlkriterien der Mitglieder nieder, die sich einerseits gegen Cartesianer und Jesuiten und damit gegen die Anhänger rigider philosophischer und religiöser Überzeugungen, zum anderen aber auch gegen nur oberflächlich am Fortschritt des Wissens interessierte Amateure richteten. Ein weiterer wichtiger institutioneller Unterschied zur Royal Society war die Tatsache, daß die Mitglieder der Académie vom Staat ein großzügiges Gehalt erhielten. Ebenfalls im Unterschied zu ihrer englischen Schwestergesellschaft wurden die Experimente in effektiver Kooperation der Mitglieder im Labor der Akademie durchgeführt. Diese Momente deuten auf einen von Anbeginn höheren Institutionalisierungsgrad dessen hin, was zu dieser Zeit als Wissenschaft galt.

Trotzdem gab es in den frühen Jahren der Akademie kein sorgfältig geplantes Forschungsprogramm. Jedes Akademiemitglied war aufgefordert, Vorschläge für ein Arbeitsprogramm zu unterbreiten. Huygens' Vorstellungen, die sicherlich eine große Rolle spielten, enthielten Experimente mit dem Vakuum und die Bestimmung des Gewichts von Luft, die Untersuchung der Kraft des Schießpulvers sowie der Kraft des Windes und ihrer Verwendung für die Schiffahrt und für Maschinen. Die Hauptbeschäftigung sollte die Ausarbeitung einer Naturgeschichte nach Baconschem Vorbild sein (was zum Teil auch geschah), die Huygens damit begründete: »of all this nothing or very little is known, yet there is nothing the knowledge of which would be more *desirable or useful*«.[39]

Während Huygens das Wissen über die Natur noch gleichermaßen erwünscht und nützlich erschien, kam es unter Louvois, dem Nachfolger Colberts nach dessen Tod, zu einer Neuorientierung der Arbeit. »Technischer« bzw. »praktischer« war sie zunächst nur in der Weise, daß die Akademiemitglieder gezwungen waren, ihre Kapazität für die ›Spielereien‹ des Königs einzusetzen, wie etwa die Anwendung der Hydrostatik für die Konstruktion der Versailler Wasserspiele. Auf diesem Hintergrund erhält Louvois' Forderung einen eigentümlich doppeldeutigen Zug, das Interesse an einer »recherche curieuse, ce qui n'est qu'une pure curiosité ou qu'est pour ansi dire un amusement des chimistes« möge gegenüber einer größeren Aufmerksamkeit für die »nützliche Forschung« zurückweichen, »celle qui peut avoir rapport au service du roi et de l'Etat«.[40]

Die Rücknahme des Edikts von Nantes und neue militärische Abenteuer, die Ausdruck eines allgemeinen Wandels in der kulturellen Atmosphäre Frankreichs waren,[41] führten jedoch in wachsendem Maße auch zu substantielleren Anforderungen an die Akademie. Die Reorganisation 1699 ratifizierte daher Veränderungen, die zum Teil schon in den Jahren zuvor erfolgt waren. So wurde die Beratungsfunktion, die sie von ihrer Gründung an hatte, in der neuen Verfassung kodifiziert. In Artikel 31 erhielt sie, ähnlich der Royal Society, das Patentierungsmonopol. Obgleich es sich zunächst nur auf Maschinen erstreckte, wurde es faktisch auf alle technischen Projekte und später auch auf rein wissenschaftliche Ergebnisse ausgedehnt. Entscheidend für die »Patentierung« war die Feststellung, ob die Maschinen »*neu und nützlich*« waren. Innerhalb der Akademie »bestand die Tendenz, Urteile über technologische und wissenschaftliche Angelegenheiten als eine *einzige* akademische Akivität zu betrachten«.[42] Dem entsprachen sowohl die Mitgliedschaftskriterien, wonach nur vorgeschlagen werden konnte, wer sich in der von ihm vertretenen Wissenschaft *oder* durch eine selbst erfundene Maschine oder eine bestimmte Entdeckung einen Namen gemacht hatte (Art. 13), als auch die interne Funktionsaufteilung, nach der jedes Mitglied verpflichtet war, sich einer bestimmten Wissenschaft zu widmen, jedem zugleich aber auch empfohlen war, seine Untersuchungen auf alles auszudehnen, das *nützlich und interessant* war (Art. 22).

War zu Zeiten Perraults und Colberts noch die in Frankreich länger fortwirkende Geringschätzung der ›techne‹[43] wirksam, so schlägt sich in den Statuten von 1699 und in den tatsächlichen Funktionen der Akademie jene Verschränkung von Nutzen und Wahrheit nieder, die auch die Royal Society charakterisierte. Der Vorläufer des modernen Patentsystems, wie das Verfahren von der Akademie praktiziert wurde, und das im Gegensatz zu der zunftmäßigen Tradierung und Geheimhaltung stand, entsprach den »modernen« Vorstellungen vom Fortschritt der Wissenschaft. Die Wissenschaftler waren überzeugt, daß der Schlüssel zum Fortschritt in der Rationalisierung der Handwerke mittels der Anwendung der wahren »wissenschaftlichen Methode« war. Nur die Befolgung geprüfter, objektiver wissenschaftlicher Verfahren konnte vor dem Traditionalismus bewahren und allein die Perfektion des Handwerks zum Nutzen der Allgemeinheit sichern. In diesem Sinn hatte Colbert schon 1675 die Beschreibung der mechanischen Künste veranlaßt (die schließlich in 27 Bänden als »Description des Arts et Métiers« erschien). Diese Vorstellung wurde später von Réaumur dahingehend erweitert, daß »die Künste nur dann von den Prinzipien der Wissenschaftler profitieren könnten«, wenn den Akademiemitgliedern Aufgaben mit praktischem Bezug zugewiesen würden.[44] Dieser Vorschlag wurde soweit realisiert, daß die Akademiemitglieder faktisch die technischen Aktivitäten in Frankreich beherrschten und kontrollierten. Die »Encyclopédie« schließlich, ein Lexikon der Wissenschaften, der Künste und Handwerke, wurde zum Gegenstand jener allgemeinen Begeisterung für die Wissenschaft, die die naturhistorischen »cabinets« zur großen Mode in der breiteren Öffentlichkeit werden ließ. Die Wissenschaft war in der Aufklärung zu einem wichtigen Bestandteil der französischen Kultur geworden.[45]

Seit Mitte des Jahrhunderts hatte sich die Akademie in immer stärkerem Maße unmittelbar praktischen Problemen zugewandt (bzw. waren sie ihr in ihrer Beratungs- und Evaluierungsfunktion aufgetragen). So war etwa das Wachstum der Städte und die daraus entstehenden Probleme ein wichtiges Arbeitsfeld, auf dem u. a. die zuvor auf die Konstruktion von Brunnen und Kaskaden verwandten Untersuchungen über hydraulische Phänomene nunmehr auf Probleme der Wasserversorgung angewandt werden konnten. Als die Akademie jedoch in der Revolution als eine elitäre Institution des Ancien Regime unter politischen Druck geriet und Lavoisier versuchte, sie dadurch zu retten, daß er sie allein durch ihre »nützlichen« Funktionen legitimierte, trug dies schon die Züge eines bloß politischen Manövers.[46]

Schon um die Mitte des 18. Jahrhunderts war es zu Gründungen spezialisierter wissenschaftlicher Gesellschaften in Frankreich gekommen, teils als Reaktion auf die Zugangsbeschränkungen der Akademie, teils als Ausdruck des vorherrschenden Trends zur Verwissenschaftlichung des Handwerks und der Künste. Die früheste unter ihnen, die Société Académique des Beaux-Arts hatte die Perfektionierung der Künste durch die enge Vereinigung von Theorie und Praxis zum Ziel.[47] Es folgten medizinische Gesellschaften, das Collège de Pharmacie, die Académie Royal de Marine u. a. Sie alle kündeten die zunehmende Spezialisierung an, wenngleich die Akademie bis zur Revolution das größte Prestige und ihre Führungsrolle behielt. Die 1776 gegründete Société Libre d'Emulation, die in Anlehnung an englische Vorbilder eine private Vereinigung war und sich die Förderung von Entdeckungen und die Perfektionierung der Künste und Handwerke zum Ziel gesetzt hatte, zählte noch neben Turgot, Necker und Dupont de Nemours u. a. Lavoisier und Condorcet zu ihren Mitgliedern. Ihr wurde jedoch von der Akademie die Auflage gemacht, sich »nicht mit Theorie oder Wissenschaft, sondern nur mit Nützlichem« zu beschäftigen.[48] Sie verlor zwar schon sehr bald wieder ihre Bedeutung; ihre Nachfolgeorganisation jedoch, die 1801 gegründete Société d'Encouragement pour l'Industrie Nationale, die mit den gleichen Zielen wie die Société Libre auftrat, erfreute sich zwanzig Jahre später der vollen Unterstützung der Regierung und war als »offizielle« Organisation anerkannt. Es ist bezeichnend für die um die Jahrhundertwende sich vollziehende institutionelle Differenzierung von Technik bzw. angewandter und reiner Forschung, daß Männer wie Chaptal, Thenard, Gay-Lussac, Berthollet und Humboldt, die zunächst alle mit der Société verbunden waren, mit Ausnahme von Chaptal, sie kaum jemals sehr ernst nahmen.[49]

Noch sehr viel deutlicher wird diese Entwicklung durch einige weitere institutionelle Veränderungen im Gefolge der Revolution. Unter dem Druck der Revolution gegen die »aristokratische« Wissenschaft, die die Akademie repräsentierte, entwickelten Fourcroy und Romme 1793 einen Plan, der zwar unmittelbar vor allem das Resultat politischer Kompromisse und Strategien war, andererseits jedoch die Elemente einer *funktionalen* Differenzierung der Wissenschaftsorganisation enthält, die in groben Zügen bis heute verbindlich sind. Danach war eine Aufspaltung der Akademie in drei Institutionen mit spezialisierten Funktionen vorgesehen: die *Beratung* der Regierung sollte nach dem Muster des bereits bestehenden Bureau de Consultation durch besonders ernannte Personen oder Gruppen erfolgen und in den Verwaltungsapparat integriert sein; die *Verbreitung* wissenschaftlichen Wissens sollte entweder durch erneuerte »republikanische« Institutionen wie das Muséum d' Histoire Naturelle oder eher noch durch ein nach »marktwirtschaftlichen« Prinzipien organisiertes *Bildungssystem* getragen werden; die *Förderung* der Wissenschaft selbst, d. h. die reine Forschung sollte schließlich durch freiwillige, von der verfassungsmäßigen Autorität unabhängige Vereinigungen übernommen werden.[50] Diese funktionale Aufteilung weist deutlich in die Richtung der institutionellen Differenzierung von Auftragsforschung, Grundlagenforschung und Lehre und Ausbildung.

Der vorläufige Abschluß des institutionellen Differenzierungsprozesses kann in der 1794 erfolgten Gründung der Ecole Centrale des Travaux Publics gesehen werden, die kurz darauf in Ecole Polytechnique umbenannt wird, sowie in der

Errichtung der Ecole Normale, 1795. Die Ecole Polytechnique, die in der Folgezeit zum Vorbild der Ingenieurausbildung auch in anderen Ländern und in der ersten Hälfte des 19. Jahrhunderts zu einer der führenden Ausbildungsinstitutionen der Welt werden sollte, diente in erster Linie dazu, zivilen und militärischen Ingenieuren für den öffentlichen Dienst (technischen Beamten, Offizieren) eine einheitliche mathematisch-naturwissenschaftliche Grundausbildung zu geben. Die am Tätigkeitsfeld orientierte technische Ausbildung erfolgte anschließend in den Ecoles d'Application für Artilleriewesen, Geniewesen (Militäringenieure), Straßen- und Brückenbau. Daneben sollte die Ecole Polytechnique zugleich Bergbauingenieuren, Geographen und Schiffsbauern etc. eine ausreichende Grundausbildung vermitteln und schließlich junge Männer darauf vorbereiten, Mathematik und Physik zu lehren. Der Unterricht erfolgte in Mathematik und Physik, wobei letztere in einem sehr umfassenden Sinn verstanden wurde und z. B. noch die Chemie einbegriff, der ein vorrangiger Platz zukam. Der Lehrplan, der zunächst noch keineswegs die scharfe Trennung von technisch-angewandter und reiner Wissenschaft aufwies und den Wechsel von theoretischer und praktischer Arbeit vorsah, wurde im ersten Jahrzehnt des 19. Jahrhunderts weitreichend verändert. Eigentümlicherweise wurde 1807 die praktische Arbeit aufgegeben und ein großer Teil der Zeit dem Studium der Mathematik, der Mechanik sowie von Maschinen gewidmet.[51] Diese Entwicklung mag mit der unter dem Einfluß Napoleons ab 1804 erfolgenden Reorganisation der Ecole nach militärischen Gesichtspunkten in Beziehung stehen. Sie führte jedenfalls dazu, daß für die stärker praxisorientierten Interessen der gewerblichen Wirtschaft an technischer Ausbildung im Jahre 1829 eine eigene technische Hochschule gegründet wurde, die *Ecole Centrale des Arts et Manufactures.*[52]
Was auch immer die Gründe für die Wiederbelebung der Akademie in Form der ›Première Classe‹ des Institut de France 1795 gewesen sein mögen,[53] so zeigt ihre Entwicklung in der unmittelbaren Folgezeit, daß die einmal erfolgte institutionelle Ausdifferenzierung von technischer und Grundlagenforschung sowie der Ausbildungsfunktionen irreversibel ist. Das Institut vereinigte nach dem enzyklopädischen Prinzip eine Klasse für die mathematischen und physikalischen Wis-

senschaften, eine zweite für die ›moralischen und politischen Wissenschaften‹ und eine dritte für Literatur und die schönen Künste. Die Unterteilung der ersten Klasse, die im engeren Sinn Nachfolgerin der Akademie war, zeigt, daß sich hinter dem enggefaßten Aufgabenbereich bereits eine weit fortgeschrittene disziplinäre Differenzierung verbirgt. Unter den zehn Sektionen waren u. a.: 1. Mathematik; 2. Mechanische Handwerke; 3. Experimentelle Physik; 5. Naturgeschichte und Mineralogie; 7. Botanik und Pflanzenphysiologie; 8. Anatomie und Zoologie; 9. Medizin und Chirurgie und 10. Landwirtschaft und Veterinärmedizin.[54] Zum Zeitpunkt der Gründung des Instituts bestand auch bereits eine große Zahl spezialisierter wissenschaftlicher Gesellschaften, in denen die Forschung auf den verschiedensten Gebieten vorangetrieben wurde. So konnte die erste Klasse des ›Institut‹ zwar unter Napoleon zunächst noch einmal für kurze Zeit ihre Vorrangstellung unterstreichen, aber schon in der Krise von 1809 kam die zur Reaktivierung gegründete Kommission zu dem Schluß, daß die Schwierigkeiten sowohl auf die inzwischen in Paris entstandenen spezialisierten wissenschaftlichen Gesellschaften als auch auf die Spezialisierung innerhalb der Wissenschaft zurückzuführen seien.[55] Auch das letzte entscheidende Bindeglied zwischen Technik und Wissenschaft war 1791 durch die Errichtung eines Patentsystems bereits aufgelöst. Damit war die wichtige Funktion der Technikevaluierung und mit ihr die führende Rolle der Akademie in der Technologie fortgefallen. Sie ging 1801 an die Société d'Encouragement über.

Der Beginn des 19. Jahrhunderts war somit durch den Niedergang der den gesamten Wissensbestand umfassenden wissenschaftlichen Gesellschaft und die Entstehung der disziplinär organisierten Institutionen gekennzeichnet. Mit ihr verschwindet der Generalist, der Naturforscher, und der Amateur und der ausgebildete Spezialist tritt an deren Stelle. Das Zentrum der nunmehr getrennten wissenschaftlichen und technischen Forschung verlagert sich an die modernen Ausbildungsinstitutionen, die Forschung und Lehre in sich vereinigen. Das Zeitalter der Akademie war zu Ende gegangen und das Zeitalter der modernen Universität und des spezialisierten Forschungsinstituts brach an.[56] Diese Entwicklung vollzieht sich zeitlich übereinstimmend und ungeachtet sonstiger Unterschiede in

England, Frankreich und Deutschland gleichermaßen. Mit ihr zerfällt zugleich die Baconsche Vorstellung von der Einheit von Wahrheit und Nützlichkeit, wenngleich der endgültige institutionelle Vollzug dieser Trennung noch fast ein Jahrhundert auf sich warten läßt. Die Betrachtung der Wissenschaftsorganisation in England und Frankreich, insbesondere der Akademien, zeigt, daß zwischen beiden sowohl deutliche Unterschiede als auch auffallende Parallelen bestehen. Schon während des 18. Jahrhunderts »spielte Frankreich Griechenland gegenüber der modernen Welt« und unterschieden gelehrte Männer deutlich zwischen den Bereichen der Wissenschaft und der Praxis,[57] aber es ist durch nichts zu belegen, ob dies ein »Vorgriff« auf das 19. Jahrhundert oder nicht vielmehr die fortwirkende Verwurzelung in der Vormoderne war. Frankreich fehlte die Revolution, die in England half, die Bedingungen für die industrielle Revolution zu schaffen. Die überdies unterschiedlichen Einflüsse des Protestantismus sind sicherlich ebenfalls ein wichtiger Faktor. Doch derart globale historische Interpretationen der Unterschiede zwischen Frankreich und England unterschlagen zumeist die Tatsache, daß es auch in Frankreich zunächst eine integrale institutionelle Struktur der Wissenschaft und Technik gibt, die die gleichen Elemente wie in England aufweist.

Der Umstand, daß in beiden Ländern trotz der zum Teil unterschiedlichen Ausgangssituation und der Fülle von historisch kontingenten Differenzen eine weithin parallele institutionelle Entwicklung im Verhältnis von Wissenschaft und Technik abläuft, deutet auf fundamentalere Mechanismen des Wandels hin. Zwei Mechanismen erscheinen uns die Erklärung zu sein. Zum einen treibt die im 16. und 17. Jahrhundert beginnende Entwicklung von Wissenschaft mit ihrer Systematisierungsfunktion und ihrem Fortschrittsgedanken auf ein stetiges Wachstum des Wissens hin, das sich auch institutionell und personell niederschlägt, und damit unweigerlich zur inhaltlichen Spezialisierung drängt. Zum anderen stehen die Entwicklung von Wissenschaft und Technik und die Industrialisierung seit dieser Zeit in einer Wechselbeziehung. Diese vielfältig belegte enge Beziehung weist einige wichtige Momente auf: erstens, die Übertragung wissenschaftlicher Verfahren auf handwerkliche Praktiken und damit tendenziell die Reduktion empirischer Verfahren zu Regeln;[58] zweitens, die mit der Durchsetzung der »modernen« Wissenschaft freigesetzte Eigendynamik wissenschaftlicher und technischer Probleme.[59]

Es ist aufgrund dessen offenkundig, daß die Entwicklungsdynamiken der Wissenschaft und Technik in ihrem Bezug auf die Produktionssphäre den gegebenen institutionellen Rahmen sprengen. Die Substitution empirischer Verfahren durch wissenschaftliche Regeln bedeutet eine enorme Rationalisierung der Technik und d. h. der Produktion. Zugleich produziert die Verfolgung von Problemketten, d. h. die Suche nach »Ursachen«, fortlaufend neues Regelwissen. Solange Wissenschaft und Technik institutionell nicht getrennt sind, ist das ein *Indiz* (das nur durch eine inhaltliche Analyse substantiiert werden kann) dafür, daß wissenschaftliche »Ursachen« für empirische Verfahren aufgespürt werden, die als solche bekannt sind. Der Differenzierungsprozeß ist bereits angelegt, wenn als Resultat der Lösung von Folgeproblemen »Ursachen« entdeckt werden, die zur Grundlage *neuer*, sodann wissenschaftlicher Verfahren in der Produktion werden können.[60] Bekanntlich ist die Zeitdifferenz, in der letzteres geschieht, immer kürzer geworden, ebenso wie zunächst auch die wissenschaftliche Erklärung technischer (d. h. empirischer) Verfahren zeitlich hinter diesen herhinkte. Die institutionelle Einheit von Wissenschaft und Technik geht gerade deshalb und in dem Maße zurück, weil die Anforderungen zur Produktion von »technischem« Regelwissen immer stärker und spezifischer werden und damit das Potential an »theoretischem« Ursachenwissen zunimmt.

Scheinbar ein Nebeneffekt, ist die Ausdifferenzierung der Lehrfunktion an der Wende zum 19. Jahrhundert, abgesehen von den unmittelbaren politischen Ursachen (die im übrigen in Frankreich und Deutschland ganz unterschiedliche sind), doch ebenso ein Ausdruck der Spezialisierung und der Trennung von Wissenschaft und Technik. Die Institutionalisierung der modernen technischen und wissenschaftlichen Ausbildung, die zumindest im technischen Bereich unmittelbar das gestiegene Bedürfnis nach qualifizierten Arbeitskräften sichern mußte, garantiert allein die Kontinuität einer kumulativen und spezialisierten Wissensproduktion. Mit der Ausdifferenzierung der Ausbildung ist der Schlußstrich unter die Entwicklungsphase gezogen, in der der Autodidakt und Amateur die Ein-

heit von Erfahrung, Lernen und Umsetzung von Wissen sym-
bolisierte. Das Korrelat der Institutionalisierung der Ausbildung ist die der Wissen*anwendung*. Sie ist ein wichtiges Moment in der Institutionalisierung der Regulative der allein
ihrer inneren Systematik folgenden reinen Forschung gegenüber der Technik. Das soll am Fall der Entwicklung der deutschen Universität und der Technischen Hochschule gezeigt werden, die hierbei die zentrale Rolle spielen.

3. Die institutionelle Trennung von wissenschaftlicher Grundlagenforschung und Technik in Deutschland

Wenn die einsetzende Diskussion um die Gestalt der Berliner
Universität hier als Ausgangspunkt dient, so sollen aus ihrer
Vorgeschichte zumindest einige Momente erwähnt werden. Die
Akademie in Deutschland hat nicht die gleiche, das gesamte
wissenschaftliche Leben beherrschende Rolle gespielt. Ein frühes Interesse der Landesfürsten an der Berufsausbildung führte
zu den modernen Universitätsgründungen in Halle (1694) und
Göttingen (1734), wo bereits die Vorstellungen der Aufklärung durchgesetzt wurden. Dabei ist bemerkenswert, daß die
Einheit von Wahrheit und Nutzen, wenngleich nicht so ausgeprägt wie in Frankreich und England, auch hier ein Leit-
motiv zu sein scheint.[61] Ebenfalls in der zweiten Hälfte des 18.
Jahrhunderts hatte die Gründung spezialisierter, auf die Berufsausbildung gerichteter Fachhochschulen eingesetzt, insbesondere der Bergakademien, des Ackerbauinstituts, der Pepi-
nière u. a. Die Reformbestrebungen des Kreises um Humboldt
treffen mithin auf eine Situation, die der in Frankreich im
Hinblick auf die hier relevanten Leitvorstellungen zumindest
ähnlich ist. Allerdings ist unverkennbar, daß der vielzitierte
unterentwickelte Zustand Deutschlands sich zu dieser Zeit nicht
zuletzt darin dokumentiert, daß »sich hier die Wissenschaft
vornehmlich noch aus der Perspektive der spekulativen Philosophie als ›reine Wissenschaft‹ interpretieren durfte«.[62]
  Es ist hier nicht erforderlich, die vielfältigen Interpretationen und Darstellungen der Gründung der Berliner Universität und ihrer Wurzeln in der idealistischen Philosophie zu wiederholen.[63] Es muß ausreichen, die zentralen Vorstellungen

darzustellen, die die Universitätsgründung und ihre neuen Strukturelemente bestimmt haben, insbesondere die Institutionalisierung der ›reinen Wissenschaft‹. Die um 1800 bestehenden hochschulpolitischen Fronten beschreibt Schelsky wie folgt: das »Gelehrtentum der ›im Zunftwesen erstarrten Universität‹« ist der alten Universitätsidee verpflichtet und lehnt die utilitaristischen Neuerungen ab; die Denker und Politiker der Aufklärung, die von der Wissenschaft »enzyklopädische Bildung und brauchbare Kenntnisse« erwarten und von denen die radikaleren unter ihnen die »auf die Berufsausbildung einer bestimmten Berufsgruppe bezogene *wissenschaftliche Fach- oder Spezialhochschule*« fordern, die weniger radikalen setzen sich für pragmatische Universitätsreformen ein; die vierte Position vertreten die Männer um Humboldt, die einerseits die aufklärerischen Nützlichkeitsauffassungen von Wissenschaft und Philosophie ablehnen, andererseits »einer neuen Wissenschaftsauffassung« einen neuen institutionellen Rahmen geben wollen.[64] Die letztere keineswegs homogene Gruppe, die mit ihren Vorstellungen zum Zuge kommt, vertritt verschiedene Schattierungen der idealistischen Philosophie, die »sich als eine bis dahin nicht gekannte Form des Wissens und der Wissenschaft« setzt: »als produktives Selbstdenken der Wahrheit in einer Allgemeinheit, die von allen Autoritäten und unmittelbaren Zwecken des Wissens zu einer Selbsttätigkeit der Reflexion befreit, die das Ganze der Welt als Bewußtsein von Prinzipien her rekonstruiert.«[65] Auf diesem Hintergrund ist es der von Humboldt endgültig formulierte im Idealismus gründende neuhumanistische Bildungsgedanke der »allgemeinen Menschenbildung«, der in der Verschmelzung mit den Vorstellungen der idealistischen Philosophie zur »Idee einer ›Bildung durch Wissenschaft‹« wird. Sie wird in der neuen Hochschule institutionalisiert. Dieses idealistische Bildungsideal und der idealistische Begriff von Wissenschaft sind das entscheidende Leitbild, über dessen Institutionalisierung die Trennung von »reiner« Wissenschaft und praxisbezogener Technik erfolgt.

Die Begriffe von Wissenschaft und Bildung sind im Idealismus konvergent. Der Weg zur sittlichen Individualität, in der sich für die Idealisten der Mensch verwirklicht, führt über die »Einsicht in die reine Wissenschaft«, die der Mensch nur »durch und in sich selbst finden kann.«[66] Diese »reine« Wissenschaft ist die Philosophie, die aus der »reinen Gedankenbewegung des sich besinnenden Individuums, aus der kritischen Reflexion« hervorgeht und in der alle übrigen Fächer aufgehen.[67] Diese Vorstellung implizierte sowohl die Ablehnung der spezialisierten und an der Praxis orientierten Einzelwissenschaften wie deren empirische Verfahrensweisen, insofern ihre Wissenschaftlichkeit sich erst als Moment der philosophischen Reflexion erweisen konnte.

Neben diesem Moment der »reinen«, zweckfreien und um ihrer selbst willen betriebenen Erkenntnis, das sich später institutionell gegenüber dem idealistischen Kontext verselbständigt, in dem es seine spezifische Begründung hatte, tritt ein weiteres auf. Dies ist Humboldts Vorstellung, »daß bei der inneren Organisation der höheren wissenschaftlichen Anstalten Alles darauf beruht, das Prinzip zu erhalten, die Wissenschaft als etwas noch nicht ganz Gefundenes und *nie ganz Aufzufindendes* zu betrachten, und unablässig sie als solche zu suchen.«[68] In der Vorstellung des »prinzipiell unerfüllbaren Suchen(s) nach dem Totalsinn des zu Wissenden und der Welt«[69] und ihrer Verbindung mit der Idee der reinen Wissenschaft liegt das entscheidende Bewegungsmoment einer von äußeren Zwecksetzungen freigesetzten und nur ihren aus sich selbst generierten Fragestellungen folgenden Wissenschaft.

Die entscheidende Konsequenz dieser in der »philosophischen Universität« institutionalisierten Prinzipien des Idealismus ist sehr verschiedenen praktischen Kunst der Anwendung im Leben«.[70] Humboldt wollte die praktische Berufsausbildung von der Universität ebenso ausgeschlossen wissen wie Fichte, der der Ansicht war, daß verschiedene der bislang an den Universitäten beheimateten Fächer wie die Jurisprudenz und die Medizin »nicht zur wissenschaftlichen Kunst, sondern zu der sehr verschiedenen praktischen Kunst der Anwendung im Leben« gehören, wobei die wissenschaftliche Kunst »zu möglichster Reinheit sich abzusondern und in sich selbst zu konzentrieren hat«.[71] Hier ist das für diese Fächer noch heute gültige Prinzip der Teilung des Ausbildungsweges in Universitätsausbildung und praktische Ausbildung formuliert, ebenso wie der entscheidende Gedanke, daß die Wissenschaft direkt mit der Praxis nichts mehr zu tun hat, sie ist Staat und Gesellschaft nur noch *indirekt* von Nutzen. Das Verhältnis von

Wissen und Praxis, das zuvor noch eine Einheit gewesen war, ist nun nurmehr *vermittelt,* »vermittelt hauptsächlich durch die Versittlichung des Individuums im Medium reiner Wissenschaft (die Funktion der Bildung, P. W.), sodann aber durch die zunächst ganz zweckfrei gedachte theoretische und methodologische Selbstentfaltung der Einzelwissenschaften als Momente der Einheit des Wissens in der Philosophie«.[72]

Es ist das historische Paradoxon, daß der deutsche Idealismus, der eine nationale Sonderentwicklung in der Philosophie darstellt und in seiner spekulativen und metaphysischen Orientierung dem zu der Zeit in England und Frankreich längst etablierten empirisch-experimentellen Wissenschaftsbegriff entgegensteht, noch dazu in einem wissenschaftlich wie technisch-industriell vergleichsweise unterentwickeltem Land, bestimmendes Prinzip für die institutionellen Bedingungen wird, unter denen sich die Trennung von Wissenschaft und Technik vollzieht. Die zuvor ohnehin schon angelegte Tendenz zur Differenzierung erhält hier ihre Gestalt durch die Institutionalisierung der »reinen« Wissenschaft an der Universität und die Abspaltung der »Anwendung« von Wissenschaft.

Die idealistische Naturphilosophie Hegels und Schellings, deren Unterordnung der Einzeldisziplinen unter die Philosophie in der Organisation der neuen Universität zunächst wirksam wird und vorübergehend in Deutschland großen Einfluß gewinnt,[73] verliert bereits mit Hegels Tod 1831 zunehmend an Bedeutung. Die Naturwissenschaften, die ihr überwiegend ablehnend gegenüberstanden, entwickeln sich gleichwohl in dem institutionellen Rahmen der neuen Universität so erfolgreich, daß sie bald führend in der Welt sind. Das Modell der Berliner Universität von 1809 wird mit diesem Erfolg zum Vorbild der übrigen Universitäten in Deutschland und auch im Ausland. Die Forschung, insbesondere die naturwissenschaftliche Forschung bleibt deshalb trotz des Niedergangs der Naturphilosophie der »reinen« Wissenschaft verpflichtet. Die institutionelle Trennung von Wahrheit und Nützlichkeit, von Wissenschaft und Technik ist irreversibel geworden. Der praktische Nutzen von Wissenschaft ist nunmehr als ein vermittelter denkbar.

Helmholtz, der der Naturphilosophie immer kritisch gegenüberstand, spricht dies aus, wenn er sagt, daß der Nutzen aller Kenntnisse über die Naturkräfte oder die Kräfte des menschlichen Geistes gewöhnlich an Stellen auftaucht, an denen er »am allerwenigsten vermutet« wird. »Vollständige Kenntnis und vollständiges Verständnis des Waltens der Natur- und Geisteskräfte ist es allein, was die Wissenschaft erstreben kann«, die Verfolgung des praktischen Nutzens muß dagegen erfolglos sein.[74] Und Liebig, dessen Beziehung zur *Anwendung* von Wissenschaft vielleicht noch ausgeprägter ist als Helmholtz', bringt das neue Verhältnis von Technik und Wissenschaft auf den Begriff. »Ein wahrhaft wissenschaftlicher Unterricht soll fähig und empfänglich *für alle und jede* Anwendung machen, und mit der Kenntnis der Grundsätze und Gesetze sind die Anwendungen leicht, sie ergeben sich von selbst. Nichts ist nachteiliger und schädlicher als wenn der Materialismus oder die Nützlichkeitsprinzipien in irgend einer Lehranstalt Wurzel fassen ...« Liebigs Ausführungen scheinen eine Fortführung der Baconischen Gedanken zu sein, wenn er darauf verweist, daß die Chemie, ebenso wie Astronomie und Physik und Mathematik, in früherer Zeit durch Erfahrung vermittelte und »in *Regeln* gebrachte Experimentirkunst war; seitdem man aber die *Ursachen* und Gesetze kennt, die diesen Regeln zu Grunde liegen, hat diese Experimentirkunst ihre Bedeutung verloren«.[75]

In diesen Äußerungen zwei der führenden Naturwissenschaftler um die Mitte des 19. Jahrhunderts wird die rationale Begründung der Trennung von »reiner« Forschung und Technik offenkundig. Die auf vollständige Kenntnis der Naturgesetze gerichtete Forschung hat deren innerer Logik zu folgen. Zugleich mit der Erzeugung der Ursachenkenntnis produziert sie auch das erforderliche Regelwissen für die technische Umsetzung. Technik ist somit der Wissenschaft nachgeordnet, sie ist deren Anwendung. Der praktische Nutzen der Wissenschaft ist notwendig immer ein indirekter. Zugleich ist die Rückbindung der Technik an die Wissenschaftsentwicklung, d. h. ihre »Verwissenschaftlichung« impliziert.

Nunmehr verbleibt nur noch, die entsprechende Entwicklung der aus der Universität ausgeschlossenen technischen Forschung und Lehre kurz darzustellen. Die unabhängige Institutionalisierung der Technik erfolgte zu Beginn des 19. Jahrhunderts und in Fortsetzung der Traditionslinie der Fachhochschulen

des *Ancien Régime.* 1806 wurde das »Ständische Polytechnische Institut« in Prag gegründet und zur selben Zeit, als Humboldt sein einflußreiches Fragment zur Organisation der neuen
Universität verfaßt, entwirft Prechtl in Wien seinen »Plan zu
einem Polytechnischen Institut«, der eine ähnliche Bedeutung
für das Technische Hochschulwesen in Deutschland erlangt.[76]
1825 schließlich folgt die Gründung der Polytechnischen Schule
in Karlsruhe, der dritten der nach dem Pariser Vorbild geschaffenen höheren Lehranstalten für die Technik. Sie verstanden sich von Anfang an nicht als »Absprengsel der bestehenden Universitäten, sondern folgten nach den Vorstellungen ihrer Gründer ihrem eigenen gesetzmäßigen Aufbau und
schließlich der Dynamik ihrer Entwicklung«.[77] Was die Universität zunächst für die Bildung der Staatsbeamten und die
Wissenschaft selbst, sollten die Polytechnischen Einrichtungen
für die »wichtige Klasse der höheren Fabrikanten, Unternehmer und Handelsleute« sein.[78] Die Abgrenzung der Technischen Anstalten von der Universität wurde zudem über die
Zugrundelegung des »technischen Prinzips« gegenüber dem
»gelehrten Prinzip« unterstrichen, d. h. die »Einheit« bzw. das
»Wesen der Technik« sollten zum Organisationsprinzip der
Technischen Hochschule erhoben werden.[79] Diese frühen deutschen polytechnischen Schulen orientierten sich, wie ihr be-
rühmtes Pariser Vorbild, mehr an Normen der Wissenschaftlichkeit als an solchen der aktuellen Technik. Das wird daran
deutlich, daß einerseits die technischen Beamten hier ausgebil-
det wurden und daß andererseits 1821 für die Gewerbetechni-
ker eine separate Institution gegründet wurde, das Berliner
Gewerbeinstitut, aus dem dann freilich, nach seiner Vereinigung mit der älteren Bauakademie, die Berliner Technische
Hochschule hervorging (1879).[80]
Die folgende Entwicklung der Technischen Institute bis zu
deren formaler Gleichstellung mit den Universitäten durch
kaiserlichen Erlaß im Jahre 1899 ist durch den Widerstreit
zwischen den Anhängern einer (Re-)Integration mit der Universität und deren Gegnern gekennzeichnet, wobei das Stre-
ben der ›Techniker‹ nach dem hohen sozialen Status der Universität eine große Rolle spielt. Die bereits seit Ende der
zwanziger Jahre ständig zunehmende Universitätsreformdis-
kussion, die sich vor allem an der Kritik der Praxisferne der

Universität entzündet, wird von den technischen Schulen politisch zu der Forderung nach Gleichstellung mit den Universitäten genutzt. Sie können zunehmend darauf verweisen, daß sie es sind, die dem Bedarf der ab Mitte des Jahrhunderts besonders intensiv einsetzenden Industrialisierung nach »höheren Technikern« entsprechen.

Damit einher geht das Bestreben einer »Amalgamierung« von Wissenschaft und Technik[81] und der Versuch der Akademisierung und Theoretisierung der Technik.[82] Das Vordringen der Theorie, d. h. die Anstrengungen zur Verwissenschaftlichung der Technik war zugleich auch ein Ausdruck der Konsolidierung der Polytechnischen Schulen. Das 1855 gegründete Eidgenössische Polytechnische Institut in Zürich wird zum Vorbild für die Einheit von Forschung und Lehre auch in den technischen Wissenschaften und danach wird es üblich, qualifizierte Naturwissenschaftler an die technischen Schulen zu berufen.[83]

Die eigentliche Emanzipation der technischen Wissenschaft vollzieht sich jedoch erst im letzten Drittel des Jahrhunderts, durch die Zurückdrängung der Theoretisierungstendenzen. Die inzwischen an den technischen Schulen etablierten nicht-technischen Fächer, so die Mathematik und die naturwissenschaftlichen Grundlagendisziplinen, hatten sich mit ihrer Orientierung an der universitären »reinen Forschung« gegenüber den Erfordernissen der technischen Fächer verselbständigt. Dies stand im Gegensatz zu den durch die inzwischen voll entfaltete Industrialisierung in Deutschland gestellten Anforderungen nach immer stärkerer Expansion und Differenzierung. Infolgedessen entstand die Forderung nach einer Stärkung der technischen Fächer, insbesondere ihrer experimentellen Lehre und Forschung, die schließlich auch den Ausbau besonderer technischer Laboratorien begründete und zur Zurückdrängung der theoretischen Fächer führte.[84]

Durch die erstmals an der neuen Münchner TH (1868) erfolgte Einrichtung von experimentellen technischen Forschungslaboratorien, die unter dem Eindruck der Chicagoer Weltausstellung und des hohen Standes der amerikanischen Technik nach 1893 zur allgemeinen Forderung erhoben worden war, wurden die organisatorischen Voraussetzungen für die Eigenständigkeit der Technischen Hochschulen geschaffen. Grundlage der endgültigen Verselbständigung der Technischen Hochschulen (die mit der Verleihung des Promotionsrechts ratifiziert wird) war die vor allem von Riedler gegenüber den Universitäten vertretene Betonung der Eigenart der Technik, der »Erkenntnis der Vielfalt praktischer Bedingungen«,[85] der gerecht zu werden nur mittels eigener Methoden möglich erschien, nämlich durch »Versuche an Maschinen in natürlichem Maßstabe unter Bedingungen, die einer wirklichen Ausführung« entsprechen.[86]

Die äußeren Bedingungen dieser Entwicklung sind in den Anforderungen der Industrie zu suchen, denen die Universitäten aufgrund ihrer ablehnenden Haltung gegenüber der Anwendung der Wissenschaft und ihrer Orientierung auf die theoretische Durchdringung der verschiedenen Disziplinen nicht gerecht wurden. Da sich zunächst auch die Technischen Hochschulen vorwiegend auf die Lehre konzentriert hatten und zeitweilig auf eine Theoretisierung der technischen Fächer orientiert waren, hatte die Industrie ihre eigenen unabhängigen Forschungsinstitute gegründet. Andere Kräfte in der Industrie, so vor allem Werner von Siemens, strebten jedoch die Organisation der technischen Wissenschaften in den Technischen Hochschulen an, anerkannten aber zugleich die Bedeutung einer sich unabhängig von materiellen Interessen entfaltenden Wissenschaft, da die technische Verwertbarkeit wissenschaftlicher Ergebnisse erst nach ihrer vollständigen und systematischen Bearbeitung, und d. h. nach längerer Zeit feststellbar sei.[87]

Diesem Prinzip verdanken sich nicht nur die technisch-experimentellen Hochschulforschungsinstitute, sondern auch jene Institutionen, die unabhängig von Erwägungen unmittelbarer Verwertbarkeit wie auch von Lehrverpflichtungen in besonderer Weise den Transfer wissenschaftlicher Ergebnisse zu technischer Anwendung leisten sollten. Ihr Prototyp, die Physikalisch-Technische Reichsanstalt, wurde 1887 gegründet. Die PTR war ein hochschulfreies Forschungsinstitut, das, gegliedert in eine technisch-mechanische und eine physikalisch-wissenschaftliche Abteilung, sowohl der Grundlagenforschung als auch der angewandten Forschung und Technologie dienen sollte.[88] Die Gründung der Reichsanstalt, deren Muster für eine ganze Reihe von Folgegründungen in anderen naturwissenschaftlich-technischen Bereichen verbindlich blieb und ebenso wie die Universität kein ausländisches Vorbild hatte, war bezeichnenderweise die Reaktion auf die Bedürfnisse nach Verbesserung der wissenschaftlichen Präzisionsinstrumente sowie der Materialprüfung und Messung, die mit der industriellen Praxis nicht Schritt gehalten hatten. Aufgabe der physikalischen Abteilung war es, »physikalische Untersuchungen und Messungen auszuführen, welche in erster Linie die Lösung wissenschaftlicher Probleme von großer Tragweite und Wichtigkeit in theoretischer oder technischer Richtung bezwecken...«.[89] Die technische Abteilung sollte die Eichung von Maßen und Meßinstrumenten, die Bestimmung von Materialkonstanten vornehmen sowie allgemein die Ergebnisse der reinen Forschung nach der technischen Seite hin erweitern und Verbindung mit den verschiedenen Zweigen der Technik halten. Unabhängig von ihrer späteren Entwicklung war mit der PTR damit das Prinzip der Vermittlung von reiner Forschung und technischer Anwendung institutionalisiert worden.

4. Schluß

Die in groben Zügen geführte Betrachtung der Entwicklung der vorherrschenden Wissenschaftsinstitutionen und ihrer Funktionen während des 17. – 19. Jahrhunderts soll hier abgebrochen werden. Sie hat zunächst einmal deutlich gemacht, daß das Verhältnis von Wissenschaft und Technik historischen Veränderungen unterlegen hat, die seine Interpretation auf der Basis des heutigen Verständnisses dieser Begriffe als irreführend erscheinen läßt. Die Abgrenzung zwischen Wissenschaft und Technik in unserem heutigen Verständnis ist ganz offenkundig erst ein Produkt des 19. Jahrhunderts. Sicherlich hat immer ein Bewußtsein von der Differenz zwischen Theorie und Praxis bestanden, aber die Auffassungen über deren Verhältnis zueinander haben sich erheblich gewandelt. Nicht erst unser Zeitalter,[90] sondern bereits die wissenschaftliche Revolution ist durch die Vorstellung der Konsistenz von Theorie und Praxis gekennzeichnet, durch die Abkehr vom platonischen Ideal des reinen Verstehens ebenso wie durch die Hinwendung zum Handwerk und seinen technisch-empirischen Erfahrungen (den »useful arts«) als *Gegenstandsbereich* der Wissenschaft. Das dokumentiert sich einerseits im Bedeutungswandel des Begriffs der ›Philosophie‹ zur empirischen Wissenschaft, am nachhaltigsten jedoch in der Verquickung der entsprechenden sozialen Handlungsvollzüge und Organisationen. (Daß es demgegenüber »Ausnahmen« gibt – etwa die vergleichsweise stärker antiutilitaristische Orientierung der französischen Akademie und noch ausgeprägter der preußischen – versteht sich fast von selbst: nämlich als die Bandbreite verschiedener Formen der Institutionalisierung in unterschiedlichen kulturellen Kontexten.) Das qualitativ neue Moment besteht in der Voraussetzung der »Konsistenz von Theorie und Praxis«, d. h. von Wissenschaft und Technik, dessen Geltung und vor allem Realisierung nicht ex post als schon immer gegeben angenommen werden kann.[91]

Das Überraschende und scheinbar Widersprüchliche an dieser Entwicklung ist dabei, daß durch die idealistische Naturphilosophie und die durch sie geprägte deutsche Universität die klassische Trennung von Theorie und Praxis, von Wahrheit und Nützlichkeit wieder neu institutionalisiert wird. Diese zunächst auf Deutschland beschränkte Entwicklung – hier sprach man unter Hinweis auf das sehr stark anwendungsorientierte amerikanische Universitätssystem abwertend vom ›Amerikanismus‹ und vom französischen ›Polytechnismus‹ – wurde zum Vorbild für die Wissenschaftsorganisation in Amerika und England. *Zugleich* blieb aber die Vorstellung von der »Konsistenz von Theorie und Praxis« als die der Anwend*barkeit* der Wissenschaft erhalten, wurde der Transfer wissenschaftlicher Kenntnisse in technische Kontrolle und Verfahren in gesonderten Organisationen institutionalisiert. Dieses Nebeneinander der freigesetzten, nur dem Verständnis dienenden und ihrer immanenten Dynamik folgenden »reinen Forschung« und der »technischen Umsetzung« wissenschaftlicher Erkenntnisse und ihrer Übertragung auf praktische Verhältnisse, die eine Forschungsleistung eigener Art erfordert, ist die entscheidende institutionelle Differenzierungsleistung, die im gleichen Maße, wie sie allenthalben zum Vorbild der Wissenschaftsorganisation geworden ist, das derzeitige Verständnis vom Verhältnis von Wissenschaft und Technik geprägt hat.

Dieses Verständnis hat sich vor allem aufgrund der eigenständigen Institutionalisierung und Entwicklung der beiden

Bereiche (hinter denen die Vermittlung zwischen ihnen lange Zeit auch faktisch relativ zurücktritt) freilich auch verdinglicht. Es erscheint gegenüber den vielfältigen Formen der staatlichen und industriellen Verwertung der Wissenschaft als notwendig.[92] So stellt sich die entscheidende Frage, ob es einem historischen Zufall entspricht oder einer immanenten Gesetzmäßigkeit der Entfaltung jener Regulative, die die Entwicklung der modernen Wissenschaft bestimmen.

Es muß eine spekulative, allenfalls plausible These bleiben, daß schon die Verselbständigung der »reinen Forschung« kein historischer Zufall war. Nachdem die Wissenschaft einmal den Regeln der empirischen Überprüfbarkeit verpflichtet war, und die Vorstellung des Erkenntnisfortschritts gegenüber einer sich nur schrittweise konzertierten, kollektiven Anstrengungen entschlüsselbaren Natur virulent wurde, war ein Weg vorgezeichnet, der nur vorzeitig verlassen oder zu Ende beschritten werden konnte. Die gegen Ende des 18. Jahrhunderts erfolgende interne Differenzierung scheint kognitiv bedingt zu sein, sie führt zur Verselbständigung der Erkenntnisregulative von den Verwendungsregulativen, d. h. auch zur institutionellen Trennung der Verfolgung theoretischer gegenüber praktischen Problemen. Zufällig war allenfalls, daß sie sich im Zeichen der Institutionalisierung eines auf »reine« (als philosophische verstandene) Erkenntnis gerichteten Bildungsideals vollzog.

Gerade die Historizität dieser Entwicklung läßt aber vermuten, daß die sich andeutenden Ansätze zur Institutionalisierung einer geplanten auf praktische Probleme gerichteten Wissenschaftsentwicklung einen neuen Entwicklungsabschnitt ankündigen. Charakteristikum dieser auch als ›problemorientierter Grundlagenforschung‹ bezeichneten Form der Wissenschaftsorganisation ist der weit fortgeschrittene Entwicklungsstand der entsprechenden Disziplinen, die Geschlossenheit ihrer grundlegenden Theorien und eine Orientierung auf Fragestellungen hin, die die Lösung von technischen Verfahrensproblemen, von Übertragungen auf Großmaßstäbe und/oder die Integration der Theorien verschiedener Disziplinen voraussetzen. Beispiel hierfür sind die fusionsorientierte Plasmaphysik, die Krebsforschung, die Umweltforschung u. a. In ihnen verwischt sich der Unterschied zwischen Technik und Wissenschaft ein weiteres Mal, Wahrheit und Nützlichkeit verschmelzen, freilich auf einer höheren Ebene, von neuem. Auf diesem Hintergrund erscheint die Institutionalisierung der Trennung von reiner Forschung und technischer Umsetzung, soweit sie die empirischen Wissenschaften betrifft, als ein Entwicklungsstadium, in dem die Einzeldisziplinen der Dynamik ihrer jeweiligen »Forschungsprogramme« bis zu deren weitgehendem Abschluß folgen, ehe sie sich einer strategischen Verwendung gemäß externer Zwecksetzungen gegenüber öffnen.

Anmerkungen

1 vgl. u. a. B. Hessen, Die sozialen und ökonomischen Wurzeln von Newtons »Principia«, in P. Weingart, Hrsg. Wissenschaftssoziologie 2, Determinanten wissenschaftlicher Entwicklung, Frankfurt, 1974; R. K. Merton, Science, Technology and Society in Seventeenth-Century England, New York et. al., 1970; R. A. Hall, The Scientific Revolution, 1500-1800, London, 1954; A. E. Musson, E. Robinson, Science and Technology in the Industrial Revolution, Manchester, 1969; A. E. Musson, ed., Science, Technology and Economic Growth in the Eighteenth Century, London, 1972.

2 R. Hall, Merton Revisited or Science and Society in the Seventeenth Century, in: History of Science 2, 1963, 13.

3 »Technology in Retrospect and Critical Events in Science«, National Science Foundation, Washington, 1968.

4 Als ein Beispiel unter vielen sei Cardwell zitiert, der die Erfindung der Uhr und der Druckpresse für die beiden Säulen der Zivilisation und die Entdeckung der Atmosphäre durch Galilei, Torricelli, Viviani und Pascal für »möglicherweise« die größte der ›Entdeckungen‹ hält und die Folgewirkungen der letzteren bis zur Atomtheorie, der Dampfmaschine und der Physiologie rekonstruiert, D. S. L. Cardwell, Technology, Science and History, London, 1972.

5 A. E. Musson, Introduction, in: Musson, a. a. O., 57.

6 vgl. ebda., 65 f.

7 vgl. Musson und Robinson, a. a. O., 8.

8 vgl. zu einer ähnlichen Auffassung, H. Nowotny, M. Schmutzer, Gesellschaftliches Lernen, Wissenserzeugung und die Dynamik von Kommunikationsstrukturen, Frankfurt/New York, 1974.

9 F. Rapp, Technik und Naturwissenschaften – eine methodologi-

sche Untersuchung, in: H. Lenk, S. Moser, Hrsg., Techne, Technik, Technologie, München, 1973, 112.

10 vgl. H. Bode, Reflections on the Relation between Science and Technology, in: National Academy of Sciences, Basic Research and National Goals, Washington, 1965.

11 R. D. Johnston, The Internal Structure of Technology, in: P. Halmos, ed., The Sociology of Science, The Sociological Review Monograph 18, Keele University, 1972.

12 vgl. Bode, a. a. O., 46.

13 vgl. Edgar Zilsel, The Genesis of the Concept of Scientific Progress, Journal for the History of Ideas, Vol. 6, 1945, 328.

14 zum Folgenden vgl. Zilsel, a. a. O.

15 Dürer adressiert seine Abhandlung »Unterweisung der Messung mit dem Zirkel und Richtscheit« nicht nur an Maler, sondern »an jene, die des Messens bedürfen«. Zilsel, a. a. O., 334.

16 vgl. Edgar Zilsel, The Sociological Roots of Science, in: American Journal of Sociology, Vol. 47, 1942, S. 245—279.

17 Zilsel, The Genesis ..., a. a. O., 334 u. 336.

18 T. Sprat, History of the Royal Society (1667), 1959, 82/83.

19 P. Rossi, Philosophy, Technology and the Arts in the Early Modern Era, New York et. al., 1970, 161, sowie Appendix II zu der hier wiedergegebenen Interpretation Bacons. Erwähnenswert ist auch die Begründung Bacons für die Verwendung verschiedener Begriffspaare, wie Wissen und Macht, Ursache und Regel, »knowing« und »operating«. Es gäbe keinen Grund für diese Unterscheidungen, wenn dem Menschen alle zur Arbeit erforderlichen Mittel zur Verfügung ständen. Die dem Handeln gesetzten Grenzen sind angesichts der Vielzahl der menschlichen Bedürfnisse jedoch enger, als die des Wissens. So geschieht es, daß im praktischen Handeln immer die Wahl des unmittelbar Verfügbaren gefordert ist und nicht das »freie und universale« Wissen dessen, was erreicht werden kann. Deshalb, so Bacon, ist es opportun, zwischen der Untersuchung von Ursachen und der Verwendung von Auswirkungen zu unterscheiden. ebda., 165.

20 vgl. Rupert A. Hall, The Scholar and the Craftsman, in: M. Clagett, Critical Problems in the History of Science, Madison, 1962, 5.

21 Schelsky verweist im Zusammenhang mit der Gründung der Berliner Universität darauf, daß Gründung bedeutet, »neue Arten von Institutionen für neue Zwecke und Bedürfnisse zu schaffen, ohne die alten Institutionen in ihrer Existenzberechtigung anzutasten oder in ihren Aufgaben aufzuheben«, eine These, die sich auch auf das Verhältnis der Akademien zu den mittelalterlichen

Universitäten übertragen ließe. H. Schelsky, Einsamkeit und Freiheit, 2. erw. Aufl. Düsseldorf, 1971, 49.

23 vgl. Essayes of Natural Experiments Made in the Academie del Cimento, New York/London (1684), 1964.

23 vgl Essayes of Natural Experiments Made in the Academie del Cimento, New York/London (1684) 1964,

24 Ornstein, a. a. O., 53.

25 vgl. ebda., 91.

26 zit. in Ornstein, a. a. O., 104 f.

27 zit. in Ornstein, a. a. O., 108 f., meine Hervorhebungen.

28 vgl. A. R. J. P. Ubbelohde, The Beginnings of the Change from Craft Mystery to Science as a Basis for Technology, in: C. Singer, et. al., eds., A History of Technology, Vol. IV, Oxford, 1958, 669.

29 Sprat, zit. in Ubbelohde, a. a. O., 670, meine Hervorhebungen.

30 zit. in Ornstein, a. a. O., 120, meine Hervorhebungen.

31 vgl. R. K. Merton, a. a. O., 173.

32 vgl. ebda., 203.

33 »no patent should be granted for any philosophical, mechanical invention until examined by the society«, Weld, zit. in Ornstein, a. a. O., 121.

34 vgl. H. J. Braun, Technologische Beziehungen zwischen Deutschland und England von der Mitte des 17. bis zum Ausgang des 18. Jahrhunderts. Düsseldorf, 1974, 49; Sir G. Clark, Science and Social Welfare in the Age of Newton, 2. Ausg., London, 1970.

35 vgl. Musson und Robinson, a. a. O., 89, siehe auch R. E. Schofield, The Lunar Society of Birmingham, Oxford, 1963.

36 Schofield, The Industrial Orientation of Science in the Lunar Society of Birmingham, in: A. E. Musson, a. a. O., 146.

37 zit. in Musson, The Diffusion of Technology in Great Britain during the Industrial Revolution, in: Musson, ed., a. a. O., 101.

38 Roger Hahn, The Anatomy of a Scientific Institution – The Paris Academy of Sciences, 1666-1803, Berkeley et. al., 1971, 14.

39 zit. in Ornstein, a. a. O., 149, meine Hervorhebungen.

40 zit. ebda., 157.

41 vgl. Hahn, a. a. O., 20.

42 Hahn, a. a. O., 24, meine Hervorhebungen.

43 ebda., 41.

44 ebda., 68.

45 s. ebda., 86 ff.

46 Lavoisier unterschied explizit zwischen den Triebfedern des Wissenschaftlers und des Handwerkers. vgl. C. C. Gillispie, The Natural History of Industry, in: Musson, a. a. O., 128.

47 s. Hahn, a. a. O., 109.

48 s. ebda., 111.

49 vgl. M. Crosland, The Society of Arcueil, Cambridge, Mass., 1967, 180.

50 s. Hahn, a. a. O., 240 f.

51 vgl. Crosland, a. a. O., 192 ff.

52 Wolfram Fischer und Peter Lundgreen, The Recruitment and Training of Administrative and Technical Personnel, in: The Formation of National States in Western Europe, hrsg. von Charles Tilly, Princeton, N. J., 1975, S. 553 ff.

53 vgl. dazu Hahn, a. a. O., 289.

54 Crosland, a. a. O., 149.

55 vgl. ebda., 160, 148; sowie Hahn, a. a. O., 304 f.

56 vgl. Hahn, a. a. O., 275.

57 Gillispie, a. a. O., 128.

58 Dies Moment klingt in Bacons Parallelisierung von Ursachen und Regeln an und läßt sich an der Entwicklung von Meßinstrumenten aufweisen, vgl. P. Mathias, Who Unbound Prometheus? Science and Technical Change, 1600-1800, in: Musson, a. a. O., 95; s. a. das Zitat Berhollets in Gillispie, a. a. O., 132.

59 vgl. dazu das von Merton zitierte exemplarische Beispiel der Entwicklung von Huygens' Arbeit an der Pendeluhr, die ihn aufgrund der logischen Abfolge von Problemen zur mathematischen Bestimmung der Länge von Kurven führte. Merton, a. a. O., 171.

60 s. ebda. Beispiele für neue Technologien, die keine Vorläufer im Handwerk hatten, sind z. B. jene, die aus der Analyse der verschiedenen Formen der Energie hervorgingen, der Gebrauch von Kohle-Gas für künstliches Licht und die Extraktion von Kohle aus geschmolzenem Eisen zur Herstellung von Stahl sowie die Technologien, die aus der Analyse der Elektrizität hervorgingen. vgl. Ubbelohde, a. a. O., 677 f.

61 vgl. die Äußerung v. Münchhausens: »Meine Universitätsmoral ist auf das Interesse der Ehre und des Nutzens gegründet«, sowie die Kabinettsorder Friedrich Wilhelms III. vom 11. 4. 1798 an die Preußische Akademie der Wissenschaften, in der er diese unter Hinweis auf das französische Vorbild anhält, ihre Arbeiten mehr auf den allgemeinen Nutzen zu richten und sich gegen die Beschränkung auf »abstrakte Gegenstände« wendet. Er wünschte, »daß sie (die Akademie, P. W.) die National-Industrie weckte, die so oft aus Mangel der notwendigen *Einsichten* in *neue Gattungen* vergebliche Versuche macht, indem sie dieselbe mit den *wahren Grundsätzen* über denjenigen Teil, womit sie sich beschäftigt, ausrüstete ...«, zit. in Schelsky, a. a. O., 32 u. 37, meine Hervorhebungen.

62 W. Nitsch, K. Gerhardt, C. Offe, U. K. Preuß, Hochschule in der Demokratie, Berlin, Neuwied, 1965, 7.

63 vgl. H. Schelsky, a. a. O., Nitsch et. al, a. a. O., R. König, Vom Wesen der deutschen Universität, Berlin, 1935 und andere.

64 Schelsky, a. a. O., 38 f.

65 ebda., 55.

66 Humboldt zit. in Schelsky, a. a. O., 65.

67 s. ebda.

68 Wilhelm von Humboldt, Über die innere und äußere Organisation der Höheren Wissenschaftlichen Anstalten in Berlin, in: Ernst Anrich, Hrsg., Die Idee der deutschen Universität, Darmstadt, 1956, zuerst veröff. 1810, 379. Dies steht im übrigen im Widerspruch zu dem ebenfalls zur philosophischen Wissenschaftsauffassung gehörenden Gedanken, daß das wissenschaftliche Erkennen auf das »Ganze« des Wissens in einem philosophischen System des Wissens bereits gewußt ist. Dieser Widerspruch hat Schelsky zufolge in »seiner Spannung einen der entscheidenden Impulse der ›philosophischen Universität‹ ausgemacht«. Schelsky, a. a. O., 68.

69 ebda.

70 ebda., 70.

71 Johann Gottlieb Fichte, Deduzierter Plan einer zu Berlin zu errichtenden höheren Lehranstalt, die in gehöriger Verbindung mit einer Akademie der Wissenschaft stehe, verfaßt 1807, erstm. veröff. 1817, in: E. Anrich, a. a. O., 155.

72 Nitsch et. al., a. a. O., 7.

73 In Frankreich stößt sie auf starken Widerstand und in England bleibt sie unbekannt, vgl. J. T. Merz, A History of European Thought in the Nineteenth Century, Vol. I., New York, 1965, 174 f.

74 Hermann von Helmholtz, Über das Verhältnis der Naturwissenschaften zur Gesamtheit der Wissenschaften (1862), in: ders., Philosophische Vorträge und Aufsätze, H. Hörz, S. Wollgast, Hrsg., Berlin, 1971, 104, 105.

75 Justus Liebig, Über das Studium der Naturwissenschaften und über den Zustand der Chemie in Preußen, Braunschweig, 1840, 38, Hervorhebung im Text, und 24, meine Hervorhebung.

76 s. Karl-Heinz Manegold, Universität, Technische Hochschule und Industrie, Berlin, 1970, 34.

77 ebda., 39.

78 zit. ebda.

79 vgl. ebda., 40.

80 Peter Lundgreen, Techniker in Preußen während der frühen In-

dustrialisierung. Ausbildung und Berufsfeld einer entstehenden sozialen Gruppe, Berlin, 1975.

81 Karl-Heinz Manegold, Das Verhältnis von Naturwissenschaft und Technik im 19. Jahrhundert im Spiegel der Wissenschaftsorganisation, in: Technikgeschichte in Einzeldarstellungen Nr. II, Düsseldorf, 1969, 164.

82 So Redtenbachers Programm, »das ganze Maschinenfach auf sichere Regeln« zurückzuführen. Er begründet den wissenschaftlichen Maschinenbau als selbständigen Lehrzweig, vgl. Manegold, Das Verhältnis ..., a. a. O., 165 f. Die gleiche Rolle nimmt Releaux ein, der die Maschinenwissenschaft »der Deduktion gewinnen« wollte und planvolles, gelenktes »wissenschaftliches Erfinden« anstrebte, vgl. ebda., 168 f.

83 vgl. ebda., 167.

84 vgl. ebda., 174.

85 Manegold, Universität ..., a. a. O., 153.

86 Manegold, Das Verhältnis ..., a. a. O., 177.

87 vgl ebda., 181.

88 vgl. Frank Pfetsch, Zur Entwicklung der Wissenschaftspolitik in Deutschland 1750-1914, Berlin, 1974, 114 f.

89 zit. in Manegold, Das Verhältnis ..., a. a. O., 182.

90 wie etwa Drucker argumentiert, Peter F. Drucker, The Technological Revolution: Notes on the Relationship of Technology, Science and Culture, abgedr. in: ders., Technology, Management and Society, New York/Evanston, 1970, 181 f.

91 vgl. ebda.

92 vgl. zu einer problematisierenden Studie, Roger Krohn, The Social Shaping of Science, Westport, 1971.

IV. Wissenschaftsbegriff und Wissenschaftsplanung

1. Vorbemerkungen

Die Analyse des Verhältnisses von Technik und Wissenschaft hat gezeigt, daß dieses im historischen Verlauf Veränderungen unterliegt, die im institutionellen Wandel ihren Niederschlag finden und sowohl durch die interne Entwicklung der Wissenschaft als auch durch die Ablösung der Wissenschaft von umfassenderen normativen Ansprüchen bedingt sind. Dieser Zusammenhang ist nun um einen zusätzlichen Aspekt auszuweiten. Er läßt die Vermutung zu, daß die Art der gesellschaftlichen Nutzung der Wissenschaft, d. h. ihre Förderung oder Planung nicht allein von politischen oder ökonomischen Bedingungen, sondern auch und vor allem vom Entwicklungsstand der Wissenschaft und vom vorherrschenden Wissenschaftsverständnis abhängt.

Der folgenden Darstellung liegt die Annahme zugrunde, daß Planungskonzept, Wissenschaftsbegriff und der Entwicklungsstand sowie die soziale Organisation der Wissenschaft einander bedingen und ihre Veränderungen synchron verlaufen. Es wird überdies versucht werden, die empirisch nur schwer überprüfbare These plausibel zu machen, daß der Stand der Wissenschaftsentwicklung die entscheidende Voraussetzung für bestimmte Formen der Wissenschaftsplanung ist, wenngleich auch sicher keine hinreichende Bedingung.

Bislang gründen Entscheidungen darüber, mit welchen organisatorischen Instrumenten bestimmte Zielsetzungen erreicht werden sollten, auf sehr allgemeinen Annahmen, ebenso wie es keine genaueren Vorstellungen darüber gibt, wann und unter welchen Bedingungen spezifische Organisationsformen der Förderung und Planung der Wissenschaft inadäquat werden. Die Erfolge z. B. des Manhattan-Projekts oder des Apollo-Programms sind hinsichtlich der für diese Projekte geltenden Merkmale der Institutionalisierung der Forschung keine Garantie dafür, daß diese, etwa auf den Bereich der Krebsforschung oder der Umweltforschung übertragen, auch dort wieder zum Erfolg führen. Der Weg, hier zu differenzierten Einschätzungen zu gelangen, führt über eine Aufklärung der Zusammenhänge von Wissenschaftsstruktur, sozialer Organisationsstruktur der Wissenschaft und Wissenschaftsverständnis sowie Formen der Nutzung und Planung der Wissenschaft. Diese ist ihrerseits Bestandteil der allerwichtigsten Voraussetzung jeder Planung, nämlich der Erforschung der Struktureigenschaften des Planungsgegenstandes – hier der Wissenschaft –, aus denen sich die nichttrivialen Restriktionen und Potentiale der Planung ergeben.

Die folgende Darstellung unterschiedlicher Planungskonzepte sowie der dazugehörigen Wissenschaftsauffassung ist kein historischer Vergleich im strengen Sinn. Unter einem systematisch-analytischen Interesse werden vielmehr vier Typen von Wissenschaftsplanung bzw. Organisation der Förderung ausgewählt, von denen zwei neueren Datums sind. Die vielfältigen Zwischenformen wie auch nationale Unterschiede bleiben ebenfalls weitgehend unberücksichtigt. Dies scheint gerechtfertigt, weil es sich bei den ausgewählten Beispielen gleichsam um die Endpunkte des Spektrums handelt, das es darzustellen gilt.

Eine methodische Vorbemerkung ist notwendig. Es ist kennzeichnend für die Diskussion um die Planbarkeit der Wissenschaft wie auch für die in diesem Zusammenhang verwendeten Begriffe, daß die Handlungsmotive des Staates oder des Wissenschaftlers der Bezugspunkt sind. So gilt z. B. für die Unterscheidung zwischen Grundlagenforschung und angewandter Forschung in der Regel das Kriterium, ob diese mit dem Ziel der bloßen Erkenntniserweiterung oder der späteren Verwertung betrieben wird. Diese Motive allein bieten jedoch keine ausreichende Orientierung dafür, was sich faktisch vollzieht. Gerade in der Wissenschaftspolitik besteht das Grundproblem, daß der zu planende Prozeß die Entdeckung des Unbekannten ist und die Planungsmaßnahmen sich nicht auf diesen Akt der Entdeckung selbst, sondern immer nur indirekt auf die Strukturierung seiner Bedingungen erstrecken können. Hinzu kommt, daß die Wissenschaft ganz verschiedenartige Funktionen erfüllt, bzw. in sehr unterschiedliche Verwertungszusammenhänge eingebettet ist. Es kann einmal darum gehen, mittels der Wissenschaft spezifische Problemlösungen zu erreichen, etwa die Gewinnung von Energie durch Kernfusion oder die Heilung des Krebses (Produktwertorientierung der Planung). Oder es geht im anderen Fall z. B. darum, die allgemeine wissenschaftliche Qualifikation einer größeren Zahl von Menschen zu steigern oder aufgrund der durch die Präsenz wissenschaftlicher Großprojekte gegebenen Attraktivität und des Qualifikationspotentials regionale Entwicklung zu fördern (Prozeßwertorientierung der Planung). So ist es durchaus möglich, daß die produktwertorientierten Planungsmaßnahmen ohne jede Wirkung auf die Wissenschaftsentwicklung bleiben, weil sie nicht deren Eigenregulative berühren oder sich die betreffende Wissenschaft als resistent erweist.[1] Bei der Analyse von Wissenschaftsplanungskonzeptionen ist das entscheidende Kriterium, wie sich die Planungsmechanismen zu den Eigenregulativen der Wissenschaft verhalten, d. h. ob sie diese unberührt lassen oder partiell oder ganz außer Kraft setzen, denn nur daraus ergeben sich die tatsächlichen Auswirkungen auf die Wissenschaftsentwicklung.

2. Historische Vorläufer der Wissenschaftsplanung

2.1 Das Preisausschreiben als Planungskonzept

Das 17. Jahrhundert ist die Epoche der wissenschaftlichen Akademien als der zentralen Institution der »neuen« Wissenschaft. Die Gründungsgeschichte der drei berühmtesten, der Accademia del Cimento, der Royal Society und der Académie des Sciences, zeigt jedoch, daß das Verhältnis zwischen Wissenschaft und Politik sich gerade erst und noch keineswegs einheitlich zu entwickeln beginnt. Die italienische und die französische Akademie waren Gründungen der Souveräne, die englische dagegen der spontane Zusammenschluß von Amateuren und Gelehrten. Während die Cimento ausschließlich rein wissenschaftlichen Aufgaben gewidmet war, war die Zielsetzung der Royal Society und der Académie umfassender, d. h. auch auf Bereiche gerichtet, die heute als angewandte Forschung, Technik und Entwicklung bezeichnet werden würden. Bei den letzteren waren es gerade die praktischen Bezüge der Wissenschaft, die ihnen die Unterstützung des Staates, d. h. der Krone sicherten, was vor allem in der Gewährung des Patentierungsmonopols seinen Ausdruck fand. Die Übertragung der Prüfung von Erfindungen zum Zwecke ihrer Patentierung kann vielleicht als das augenfälligste Indiz für die Entstehung einer Wissenschaftspolitik gelten, insofern der Wissenschaft damit frühzeitig eine wichtige Entwicklungs- und Strukturierungsfunktion für das Wirtschaftssystem zukam.[2] Aber damit war noch keine systematische und zielgerichtete Wissenschaftspolitik begründet. Vielmehr bediente sich der Staat (mit unterschiedlichem Erfolg) nur der Expertise der Gelehrten, die sich auf die experimentelle Methode verstanden und in den »nützlichen Künsten« auskannten. Aber weder förderte noch steuerte er sie durch diese Aufgabenstellung, abgesehen von den nicht intendierten Wirkungen, die sie hatte. Der erste Versuch einer solchen inhaltlichen Steuerung wird mittels eines anderen Instruments unternommen, mit der Ausschreibung von spezifischen Problemen und der Dotierung von Lösungen. Als Beispiel sei das Problem der geographischen Längenbestimmung herausgegriffen.

Das Problem der Längenbestimmung auf See erhielt seine überragende politische und ökonomische Bedeutung durch die mit den Entdeckungsreisen der Spanier und Portugiesen eröffneten Handels- und Kolonialisierungschancen. Diese zu nutzen setzte die Routinisierung der Seefahrt über küstenferne Distanzen, die Positionsbestimmung auf See und die kartographische Erfassung der Seewege und fernen Küsten voraus. Die Längenbestimmung konnte bis dahin nur über die zu seltenen Sonnen- und Mondfinsternissen geleistet werden, eine wissenschaftliche Lösung des Problems war nicht in Sicht. 1598 schrieb Philip III. von Spanien einen Preis von 1000 Kronen für eine Methode zur Längenbestimmung aus und etwa zur gleichen Zeit der Staaten General, das holländische Parlament, die Summe von 10000 Florin für den gleichen Zweck. Ende des 17. Jahrhunderts war das Problem noch immer ungelöst. Die Royal Society hatte einige Energie auf das Problem verwandt, verwies jedoch 1663 Angelegenheiten der Seefahrt als ihrem Aufgabenbereich nicht angemessen faktisch an die Regierung. 1675-76 wurde das Observatorium in Greenwich als staatliche Institution errichtet. Es war das Resultat der Arbeit einer Kommission über die Bestimmung der Länge, in deren Verlauf Flamsteed (später Astronomer Royal) darauf verwiesen hatte, daß die geltenden Mondtabellen und Sternenkataloge zu ungenau seien. Dies war der Anlaß für Charles II., den Bau des Observatoriums zur neuerlichen Positionsbestimmung der Sterne und des Mondes für die Zwecke der Seefahrer zu veranlassen.[3] Um die Jahrhundertwende hatten die verschiedenen Versuche englischer, französischer, deutscher, holländischer und italienischer Wissenschaftler noch immer keine praktikable Methode erbracht. Infolgedessen gründete die britische Regierung die Board of Longitude. Dieser Institution, die als Vorläufer für moderne »Transmissionsinstitutionen« gelten kann, wie sie später noch behandelt werden, wurde die Ausschreibung weiterer Preise für die Auffindung von Methoden zur Längenbestimmung übertragen. Die Board schrieb eine Reihe von Preisen in der Größenordnung von 10000 bis 20000 Pfund aus, die an unterschiedliche Exaktheitsgrade der geforderten Methoden gebunden waren. 1716 folgte auch die französische Regierung diesem Beispiel und setzte einen Preis von 100000 Livres für die Lösung des Längenproblems aus. In der Folgezeit waren die Bemühungen einer großen Zahl von Wissenschaftlern, Uhrmachern und Amateuren auf die Entwicklung von Methoden gerichtet, die die verläßliche Bestimmung der Länge entweder über die Erstellung genauer Sterntabellen (Galileis Zugang über die Bewegung der Jupitermonde, Mayers Tabellen der Mondbewegungen relativ zu den Fixsternen etc.) oder die Konstruktion mechanischer Uhren (Huygens, Hooke, Harrison, Le Roy) zu erreichen suchten. Harrison und Le Roy waren schließlich mit der Konstruktion von Chronometern erfolgreich (Harrison gewann den Preis der Board of Longitude 1765), die unter Bedingungen auf See praktikabel waren.[4]

Die zentrale Frage, inwieweit die offenkundigen, planenden Interventionen der Regierungen mittels der Preisausschreibung einen richtungbestimmenden Einfluß auf die Wissenschaftsentwicklung jener Zeit gehabt haben, ist mangels einer in den entscheidenden Faktoren abgrenzbaren Kontrollsituation und aufgrund der Universalität des Wissens nie beweiskräftig zu lösen. Vielleicht könnte sie aber von der Wissenschaftsgeschichte plausibel beantwortet werden, wenn z. B. geklärt werden kann, ob seitens der Board oder der anderen preisverleihenden Instanzen spezifischere Anforderungen gemacht wurden, die der Methode über die mechanische Uhr den Vorrang gaben, ober ob diese Anforderung implizit aufgrund des angestrebten Verwendungszwecks ihre orientierende Funktion hatte.

Das Instrument der Preisverleihung sowie die Gründung einer besonderen Institution (der Board of Longitude), die die Spezifikation der Bedingungen und die Prüfung der vorgelegten Lösungsvorschläge vornahm, deutet jedoch bereits auf eine Verschränkung von Wissenschaft und Politik. Durch die Erfordernisse küstenferner Seefahrt wird das Problem der Längenbestimmung zum drängenden praktischen Problem und durch die indirekt planerischen Initiativen aktualisiert. Die Problemformulierung selbst wie auch die Prüfung der eingereichten Vorschläge erfolgten mit der Hilfe wissenschaftlicher Beratung. In die Zielbestimmung geht mithin die Kenntnis wissenschaftlicher (bzw. zu der Zeit auch handwerklicher) Möglichkeiten mit ein. Die zielsetzende Instanz ist dabei nicht identisch mit den Forschern, der »community« von Wissenschaftlern und »artisans« in ihrer damaligen, noch nicht voll institutionalisierten Verfassung. Die grundlegende Voraussetzung des Instruments der Preisverleihung ist, wie in nahezu allen anderen Fällen der Wissenschaftsförderung, die Abhängigkeit der Wissenschaftler von der Zuweisung materieller Ressourcen. Sie gilt mit der Einschränkung, daß gerade aufgrund der zu jener Zeit noch nicht vorhandenen klaren Abgrenzung zwischen Wissenschaft und Handwerk die Forschung einerseits von wohlhabenden Amateuren wie andererseits von Handwerkern betrieben wurde. Während erstere ihre Arbeiten oft selbst finanzierten, winkte für letztere die Möglichkeit der Patentierung und der daraus zu ziehenden Rente, und damit der Selbstfinanzierung der wissenschaftlichen Arbeit. Darüber hinaus ist an den Gewinn von Preisen, entsprechend dem Prestige der verleihenden Institution, Reputation gebunden, die zu erlangen ein weiteres Motiv ist. Allerdings ist die Preisausschreibung in der Wissenschaft kein spezifisches und ausschließliches Instrument zur Reputationszuordnung.

2.2 Wahrheit und Nutzen in der vorparadigmatischen Wissenschaft

Ein Moment, das erklärt, daß die beschriebene Art der Wissenschaftsplanung möglich und angemessen war, ist der Entwicklungsstand der Wissenschaft zu jener Zeit. Die Wissenschaft begann gerade, sich vom Handwerk und den Künsten zu differenzieren, nimmt man die Akademien als den institutionellen Ort, an dem die Rolle des professionellen Wissenschaftlers entstand. Zwar wurde bereits zwischen Physik, Astronomie, Chemie u. a. Gebieten unterschieden, aber sie waren noch keine institutionalisierten Disziplinen im heutigen Sinn. Keine, mit der eingeschränkten Ausnahme der Physik unter dem Einfluß Newtons, hatte eine paradigmatische Entwicklung erreicht, d. h. es fehlte noch ein intern bestimmtes Forschungsprogramm, das die Wissenschaft gegenüber externen Zwecksetzungen resistent gemacht hätte. Dazu kommt, daß das zentrale Kriterium des »neuen Lernens«, die experimentelle Methode, zu jener Zeit noch fruchtbar auf sowohl »wissenschaftliche« als auch »praktische« Gegenstände angewandt wurde. Ein weiteres Moment war die besondere Einordnung der Wissenschaft in das geltende gesellschaftliche (bzw. religiöse) Wertsystem. Die »neue« Wissenschaft, die auf dem Kontinent und in England ihren Siegeszug hielt, war im 17. Jahrhundert noch eng mit dem Puritanismus verbunden und stark utilitaristisch geprägt. Die von Bacon formulierte Idee, daß das Studium der Natur der Glorifizierung Gottes und dem Wohl der Menschen diente, entsprach der zu jener Zeit beherrschenden Vorstellung. Empirische Erfassung der göttlichen Gesetze in der Natur versprach der Weg zur Kenntnis des Sinns der Welt und damit zu Gott zu sein.[5]

Wahrheit und Nützlichkeit und entsprechend die menschlichen Intentionen von Wissen und Macht waren von Bacon als eine Einheit betrachtet worden,[6] begründet durch die immanente Einheit von Ursache und Regel und verständlich auf dem Hintergrund des doppelten Zwecks, der Glorifizierung Gottes und der Tätigkeit zum Wohl und Nutzen der Menschen, der auf dasselbe religiöse Prinzip zurückgeht. Aus diesem Grund sind auch Technik und Wissenschaft, wie das Beispiel der Längenbestimmung und der Chronometerkonstruktion illustriert, weder von ihrer Zwecksetzung noch institutionell voneinander klar getrennt. Während der Einfluß des Puritanismus als Orientierung im 18. Jahrhundert zurückgeht, bleibt die Einheit von Nutzen und Wahrheit und insbesondere die utilitaristische Orientierung als bestimmendes Prinzip bis gegen Ende des Jahrhunderts weitgehend verbindlich (vgl. Kapitel III). Auf diesem Hintergrund also wird die Möglichkeit einer Wissenschaftsplanung plausibel, wie sie am Beispiel der Förderung der Bemühungen um die geographische Längenbestimmung dargestellt wurde. Das so unmittelbar praktische Problem war zugleich auch ein legitimes wissenschaftliches, im Kontext des wissenschaftlichen Entwicklungsstandes bestand daher kein Gegensatz zwischen reiner Erkenntnis und praktischer Verwendung. Harrison löste das Problem mittels mechanischer Fertigkeiten durch die Beseitigung »technischer« Defekte, Le Roy durch die Untersuchung der grundlegenden Prinzipien der Uhrenkonstruktion und die Entwicklung neuer Mechanismen.[7] Der Umstand, daß im Stadium der vorparadigmatischen Wissenschaft deren Gegenstandsbereiche oft nicht weit von der täglichen Erfahrungswelt enthoben waren,[8] ermöglichte eine »interventionistische« Planung, d. h. die Formulierung spezifischer, eingeschränkter, praktischer Problemstellungen mit der Aussicht auf deren Rezeption durch individuelle Wissenschaftler.

3. Wissenschaftsförderung und paradigmatische Wissenschaft

3.1 Wissenschaftsplanung als Förderung über wissenschaftliche Selbstverwaltungsinstitutionen

Der Typus der Wissenschaftssteuerung bzw. -planung, der über die Förderung wissenschaftlicher Selbstverwaltungsorganisationen erfolgt, ist mit einer Reihe von Bedingungen der Wissenschaftsentwicklung und dem Institutionalisierungsgrad der Wissenschaft verbunden. Die entscheidende Vorbedingung ist die disziplinäre Differenzierung der Wissenschaft, die Ende des 18. Jahrhunderts einen Stand erreicht hat, der am augenfälligsten in Frankreich zur Gründung einer Vielzahl von spezialisierten wissenschaftlichen Vereinigungen führte. Diese disziplinäre Differenzierung erfaßt auch die Akademie und die

Universität sowie, mit der für die Entwicklung in Deutschland charakteristischen Verspätung, die zunächst umfassende wissenschaftliche Gesellschaft Deutscher Naturforscher und Ärzte.[9] Die Differenzierung, und d. h. die gegenstandsspezifische Spezialisierung der Wissenschaft ist Ausdruck einer beginnenden Paradigmatisierung, d. h. der relativ autonomen, theoriegeleiteten Entwicklung der einzelnen Forschungsgebiete.

Das bestimmende Prinzip der Ausdifferenzierung des Wissenschaftssystems ist jedoch in der Entstehung der Vorstellung der »reinen« Wissenschaft, d. h. der Grundlagenforschung als eines Selbstzwecks zu sehen. Diese Vorstellung findet ihren wirksamen institutionellen Ausdruck zuerst in der Berliner Universitätsgründung von 1809. Mit der Ausdifferenzierung der Grundlagenforschung als einem eigenständigen Bereich der Wissenschaft, wonach die Forschung nicht mehr direkt an praktischen Problemen orientiert sein kann und nur noch in einer vermittelten Beziehung zu ihnen steht, ist zugleich auch ein weiterer Bereich konstituiert, die angewandte Forschung. Sie dient der Verfolgung praktischer Zwecke mit wissenschaftlichen Mitteln. Die Gründung der Ecole Polytechnique in Frankreich ebenso wie der Gewerbeschulen und der Polytechnischen Schule in Karlsruhe ist jedoch vor allem ein Ergebnis der staatlichen Anstrengungen, die Ausbildungsvoraussetzungen für ein technisches Beamtentum zu schaffen, das die Industrialisierungs- und Infrastrukturpolitik tragen sollte.[10]

Angesichts dieser Differenzierung des Wissenschaftssystems muß zwischen verschiedenen Planungsbereichen und -zielsetzungen unterschieden werden, der Förderung der Grundlagenforschung einerseits und der angewandten Forschung und Entwicklung andererseits. Auch die Differenzierung dieser Planungsbereiche vollzieht sich über einen längeren Zeitraum hinweg und sie ist aufgrund der sehr engen Verbindung zwischen den ohnehin nicht klar abgrenzbaren Forschungsarten oft nicht eindeutig. Da die angewandte Forschung im Hinblick auf die Richtung der Wissenschaftsentwicklung dem ihrer Institutionalisierung zugrunde liegenden Verständnis nach der Grundlagenforschung gleichsam nachgeordnet ist, interessiert uns in diesem Zusammenhang *primär* der Typ von Wissenschaftsplanung bzw. -förderung, der auf die Grundlagenforschung gerichtet ist.

Der Funktionsverlust der Akademien wird einerseits durch die Reform des akademischen Ausbildungswesens, insbesondere der Universitäten, andererseits aber vor allem durch die Gründung spezialisierter wissenschaftlicher Gesellschaften und außeruniversitärer Forschungsorganisationen kompensiert. Zwar waren zunächst noch die die gesamten Naturwissenschaften umfassenden wissenschaftlichen Gesellschaften gebildet worden und für einige Zeit der zentrale Ort wissenschaftlicher Kommunikation, so die Gesellschaft Deutscher Naturforscher und Ärzte (GDNÄ) 1822 in Deutschland, die British Association for the Advancement of Science (BAAS) 1831 und die American Association for the Advancement of Science (AAAS) 1848. Unter ihrem Dach vollzog sich jedoch die weitergehende Spezialisierung, erst in der Regel als Herausbildung fachspezifischer Sektionen, dann in Form der Gründung eigenständiger wissenschaftlicher Gesellschaften. Standen die Akademien unter der Patronage des jeweiligen Landesherrn, so repräsentierte die aus der privaten Initiative einzelner Bürger hervorgehende, unabhängige wissenschaftliche Gesellschaft »den Wissenschaftstyp des bürgerlichen Zeitalters«.[11]

Die staatliche Wissenschaftspolitik, die sich auf diesem Hintergrund der Entwicklung der Wissenschaft und ihrer sozialen Organisation etwa ab der Mitte des 19. Jahrhunderts in neuer Form zu konturieren beginnt, steht, soweit sie Förderung der Grundlagenforschung wird, in unmittelbarem Zusammenhang mit den wissenschaftlichen Vereinigungen. Sie erheben zuerst den Ruf nach einer staatlichen Förderung der Grundlagenforschung um ihrer selbst willen und werden in der Folge – im weiteren Sinn – als wissenschaftliche Selbstverwaltungsorganisation auch Träger der Förderungs- und Planungsentscheidungen oder zumindest ihrer Umsetzung.

Im Fall der GDNÄ bleibt die Forderung nach staatlicher Förderung der Grundlagenforschung zunächst allerdings impliziert, im Unterschied z. B. zu der britischen BAAS. Sie richtet sich in erster Linie auf die Aufnahme der Naturwissenschaften in den Schulunterricht (1829), die bessere Vertretung bestimmter Fächer in den Universitäten oder die Einrichtung von Lehrstühlen und Fakultäten. Diese interessenpolitischen Aktivitäten der Gesellschaft werden vor allem durch ihre Fachgesellschaften initiiert.[12] In der Zeit zwischen 1860 und 1875 entsteht in England die »Endowment of Research«-Bewegung, an der die BAAS erheblichen Anteil hat. Die 1868 von ihr eingesetzte Kommission stellt in ihrem im folgenden Jahr veröffentlichten Bericht fest, daß die staatliche Förderung der Wissenschaften unzureichend war und daß die der Gemeinschaft durch die Forschung erwachsenden Vorteile eine Verpflichtung zu ihrer Unterstützung beinhalteten. Konkret wurde die Bereitstellung ausreichender Summen für solche Wissenschaftler gefordert, die bereit waren, die Forschung zu ihrem *Beruf* zu machen. 1870 setzte die Regierung Gladstones eine Royal Commission unter William Cavendish (Devonshire Commission) ein, um die nationalen Vorkehrungen für den wissenschaftlichen Unterricht und die Förderung der Wissenschaft zu untersuchen. In den 1875 erschienenen Berichten (6. bis 8.) übernahm die Kommission die Auffassung, daß der Fortschritt der wissenschaftlichen Forschung zu einem großen Teil von der Unterstützung der Regierung abhängt. Am folgenreichsten für die Entwicklung der Grundlagenforschung waren die Vorschläge der Kommission, den ›Parliamentary Grant‹ der Royal Society zu erhöhen und individuelle Stipendien an Wissenschaftler zu vergeben. Dieser Vorschlag resultierte darin, daß zunächst zu der bis dahin an die Royal Society gewährten Finanzierungshilfe von 1000 Pfund Sterling eine Stiftung von 4000 Pfund geschaffen wurde, deren Kontrolle beim ›Science and Art Department‹ lag, das seinerzeit aufgrund der Empfehlungen einer besonderen Kommission der Royal Society die Mittel verteilte. Nach einer zwischenzeitlichen Tendenzwende in den 80er Jahren wurde das Prinzip der staatlichen Förderung der Grundlagenforschung akzeptiert, es entstanden allmählich Institute, die mit Grundlagenforschung befaßt waren und aus staatlichen und privaten Mitteln finanziert wurden, und schließlich wurde das ›Department of Scientific and Industrial Research‹ gegründet.[13]

Die Gründung der Physikalisch-Technischen Reichsanstalt 1887 zeigt ebenso wie die der Kaiser Wilhelm Gesellschaft 1911, daß die Förderung der Grundlagenforschung in Deutschland kaum jemals die idealtypisch reine Form annimmt, wie es das Selbstverständnis der Wissenschaft nahelegt. Andererseits läßt sich gerade an den Gründungsgeschichten sowohl der PTR als auch der KWG ablesen, daß die Verschränkung von staatlichen (machtpolitischen), wirtschaftlichen und wissenschaftlichen Interessen unter dem Prinzip steht, daß die Forschung den intendierten praktischen Zwecken nur *vermittelt* dient.

Schon die PTR, die ein frühes Beispiel für einen Förderungstyp darstellt, der noch behandelt werden wird, ist auch ein Beispiel für die Verselbständigung der Grundlagenforschung. Stand die Gründung ursprünglich im direkten Zusammenhang mit Bedürfnissen der gegenüber dem internationalen Entwicklungsstand zurückgefallenen Präzisionsmechanik, so setzte sich in den langjährigen Verhandlungen als Kompromiß diejenige Konzeption durch, wonach die PTR sowohl angewandte Forschung als auch Grundlagenforschung betreiben sollte. Das Interesse an einem außeruniversitären Forschungsinstitut, das gegenüber der Universität eine größere Leistungsfähigkeit versprach, wurde von dem Industriellen Siemens und dem Wissenschaftler Helmholtz geteilt und bestimmte später auch die Errichtung der KWG. Diese Orientierung an den Bedürfnissen der Wissenschaft überwiegt schließlich gegenüber der Orientierung an den Bedürfnissen der Präzisionsmechanik.[14]

In der Folge der Diskussion um die Gründung der PTR verlagerte sich das Gewicht noch stärker auf die Forderung nach einer staatlichen Förderung der Grundlagenforschung, die nun schließlich zur Gründung der KWG führen sollte. Jaekel, einer der frühen Initiatoren, verwies explizit auf die unzureichende Förderung der Grundlagenforschung, weil diese einen scheinbar geringen Praxisbezug habe, obgleich wirtschaftliche und technische Erfolge letztlich von dieser Forschung abhingen. Für die Konzipierung der Finanzierung außeruniversitärer Forschungsinstitute knüpfte er überdies an das amerikanische Beispiel an, wonach neben der staatlichen Unterstützung vor allem auch private Förderer gewonnen werden sollten.[15] Dieses Prinzip spielte in der Gründungsphase der KWG insofern eine große Rolle, als der Staat Preußen zunächst eine große Zurückhaltung in der Finanzierung der Gesellschaft übte und die privaten Spenden einigen Einfluß hatten. An diesem Spendenaufkommen für das Startkapital der Gesellschaft hatten die Banken, die Grundstoff-, die chemische und die Elektroindustrie den prozentual höchsten Anteil. Die darin sich dokumentierende Affinität zur Industrie, die, wie etwa durch

Harnack, als eine Begründung der Bedeutung der Grundlagenforschung gegeben wird, fand in der Folgezeit ihren Niederschlag in den unterschiedlichen Finanzierungsformen und Zielsetzungen der Institute. Von außen (d. h. von der Industrie) an die KWG herangetragene Institute (z. B. das Institut für Kohleforschung) hatten einen relativ engen Praxisbezug und wurden durch private Spender finanziert. Die aus der Gesellschaft selbst hervorgegangenen Institute dienten dagegen stärker der Grundlagenforschung und wurden durch die KWG finanziert. Auch für diese Institute galt, daß die Wahrscheinlichkeit einer eventuellen späteren Verwertbarkeit ihrer Forschungsergebnisse angenommen wurde, zumindest soweit es sich um naturwissenschaftliche Institute handelte. In der Industrie hatte sich derweil ebenfalls die Überzeugung durchgesetzt, daß der naturwissenschaftliche Fortschritt (in der Grundlagenforschung) der Erhaltung der Wirtschaftskraft diente.[16] In der Folgezeit setzte sich dann immer mehr das Prinzip der Förderung des »großen Wissenschaftlers« und mit ihm seines Spezialgebietes bis zur Universitätsreife durch. Damit wurde die Förderung der Grundlagenforschung zur vorrangigen Aufgabe. Gab es in der KWG noch eine ganze Reihe von ›anwendungsorientierten‹ Instituten, die spezielle Grundlagenprobleme aufarbeiteten, so trat der konzeptionelle Wechsel mit der Umwandlung der KWG zur MPG nach dem Kriege ein. Der Einfluß der Industrie bleibt zwar durch Mitgliedschaften im Senat und im Verwaltungsrat erhalten, der Anteil ihrer Förderungsmittel geht jedoch bis auf heute ca. 2 % gegenüber denen des Staates zurück.

Trotz der expliziten nationalen machtpolitischen und wirtschaftlichen Motive, die bei der Gründung der KWG eine Rolle spielen, wird ihre Realisierung primär über die Grundlagenforschung angestrebt. Die Wissenschaftsplanung des Staates muß dabei den Umweg über eine allgemeine Förderung der gesamten Wissenschaft gehen und kann nur im Vertrauen auf die Fortschritte in der Grundlagenforschung praktischen Nutzen in der Anwendung der theoretischen Ergebnisse erwarten. Es handelt sich deshalb auch weniger um eine direkte Planung, als vielmehr um indirekte Wissenschaftsförderung. Dieses Prinzip, das bis heute die Wissenschaftspolitik charakterisiert, ist insofern ausschließlich geworden, als es zwar quantitativ nur einen geringen Anteil der Ressourcenzuweisungen bestimmt, verglichen mit den Aufwendungen für die industrielle angewandte Forschung und Entwicklung. Qualitativ geht jedoch von der Grundlagenforschung die Entwicklungsdynamik der Wissenschaft aus, und dies kann in dieser Phase auch nur nach den mit ihr institutionalisierten innerwissenschaftlichen Entwicklungsregulativen erfolgen. Die angewandte Forschung folgt demgegenüber ›externen‹ Regulativen, nach denen Grundlagenkenntnisse auf praktische Verwendungszwecke transponiert werden. Entsprechend werden die unterschiedlichen Funktionsweisen getrennt institutionalisiert. Wo dies zunächst nicht der Fall ist, wie in der PTR und der KWG, dringt dennoch die interne Entwicklung dieser Institution auf eine solche Trennung.

Eine noch deutlichere organisatorische Realisierung des Prinzips staatlicher Wissenschaftsförderung über die wissenschaftliche Selbstverwaltung stellt die 1920 gegründete Notgemeinschaft der Deutschen Wissenschaft dar. Diese Gründung wurde von der Wissenschaft, d. h. der Preußischen Akademie angeregt und mit der durch den Krieg verursachten Notlage der Wissenschaft allgemein begründet. Im Unterschied zur KWG organisierte sich in der Notgemeinschaft die gesamte deutsche Wissenschaft und meldete ihren Anspruch auf staatliche Unterstützung an. (Mitglieder waren Akademien, Universitäten und Technische Hochschulen, die KWG, der Deutsche Verband Technisch-Wissenschaftlicher Vereine und die GDNÄ. An diesem Organisationsprinzip hat sich bis heute nichts grundsätzlich geändert.) Die Forderung nach staatlicher Finanzierung der Forschung wurde unter Hinweis auf die Bedeutung »der Erhaltung der produktiven Arbeitsfähigkeit der deutschen Wissenschaft nicht nur in kultureller Beziehung, sondern auch im Interesse des wirtschaftlichen Wiederaufbaus« vorgetragen.[17] Daß es primär um die Förderung der Wissenschaft als eines Stücks Kulturpolitik ging (vgl. die Rede A. v. Harnacks auf dem parlamentarischen Abend im Reichstag am 27. 11. 1920), ergibt sich vor allem aus der Lokalisierung der Entscheidungskompetenz für die Verteilung der zugewiesenen Mittel. Der Staat finanziert nicht mehr spezifische Forschungsprojekte oder -programme,[18] sondern die Notgemeinschaft als Selbstverwaltungsorganisation, die ihrerseits in erster Linie auch nur institutionelle Förderung betreibt, d. h. keine eigene Programmatik im Hinblick auf spezifische Projekte oder thematische Forschungsschwerpunkte entwickelt. Ihre satzungsgemäße Aufgabe ist die Verwendung der Mittel »in der dem *gesamten Interesse* der deutschen Forschung förderlichsten Weise . . . zur Erhaltung und Förderung der *lebensnotwendigen Grundlagen* der deutschen Forschung«.[19]

Wichtigstes Organ der Gemeinschaft sind neben dem Präsidium und dem Hauptausschuß die Fachausschüsse, die das Spiegelbild der universitären Disziplinenstruktur darstellen, und die über die Projektanträge entscheiden. In diesem organisatorischen Mechanismus der differenzierten, nach Fachkompetenzen gegliederten Bewertung und Entscheidung über die Mittelzuweisung durch die »peers« sind formal die internen Bewertungskriterien der verschiedenen Disziplinen als das einzige Steuerungsmoment institutionalisiert. Die Abstimmung der Forderungen *zwischen* den einzelnen Fachausschüssen und damit den Wissenschaftszweigen oblag satzungsgemäß dem Hauptausschuß, dessen Rolle in der Notgemeinschaft jedoch der des Präsidenten untergeordnet war, so daß er dieser Aufgabe nicht gerecht wurde. Neben anderen Veränderungen wurde die Stellung des Hauptausschusses in der nach dem Kriege wieder gegründeten Deutschen Forschungsgemeinschaft erheblich gestärkt und die Entscheidung über Forschungsbeihilfen vom Präsidenten auf ihn verlagert. Dennoch bleiben die Fachausschüsse »das eigentliche Nervensystem«[20] der DFG, was sich auch in dem quantitativen Gewicht des Normalverfahrens dokumentiert. (In den Jahren 1949-1967 fielen 47 % der bewilligten Mittel unter das Normalverfahren, 32 % unter das Schwerpunktverfahren, 14 % auf Großgeräte und 3 % auf Bibliotheken.)

Das vom Senat betreute Schwerpunktverfahren, das der Gemeinschaftsforschung der Weimarer Notgemeinschaft entspricht, birgt zumindest im Kern einen Ansatz zu programmatischer Forschungsplanung, insofern es zur planvollen Förderung vernachlässigter und dringlicher Forschungsgebiete dient. Das erklärt sowohl die Skepsis des Senats gegenüber diesem Verfahren nach seiner Aufnahme 1950, die aus den Erfahrungen mit »Planung« und »Steuerung« während der NS-Zeit gespeist wurde, als andererseits auch das Interesse des Bundes, das sich in der Bereitstellung von Sondermitteln dokumentiert.[21] Einen grundsätzlichen Funktionswandel der DFG als Selbstverwaltungsorganisation stellt dieses Verfahren jedoch auch nicht dar. Ein solcher Wandel scheint sich tendenziell mit der Einführung des Förderungsverfahrens der Sonderforschungsbereiche anzukündigen, die 1968 erfolgte. Ziel der SFBe ist es, »durch die Zusammenfassung von Forschungseinrichtungen und Forschern an den Hochschulen und durch die Bildung von Schwerpunkten interdisziplinären Charakters die Voraussetzungen dafür zu schaffen, daß auch aufwendige Forschungsvorhaben an den Hochschulen wirksam gefördert werden«.[22] Wenngleich die Vorschläge zur Einrichtung von SFBen sowohl von Bund und Ländern als auch von der MPG, der DFG oder den Hochschulen selbst ergehen können, hat die DFG zusammen mit dem Wissenschaftsrat die letzte Entscheidungskompetenz. Zwar deutet das besonders hohe Engagement des Bundes bei der Finanzierung der SFBe (2/3 gegenüber 1/3 durch die Länder) auf ein Interesse an einer effektiveren und klarer strukturierten Planung, die vor allem auch eine bessere Abstimmung der Förderungsmaßnahmen der DFG und des Bundes erlauben soll, wie auch an der gezielten Förderung für politisch wichtig erachteter, aber aufgrund der disziplinären Entwicklung vernachlässigter Gebiete (z. B. Ökologie, Toxikologie, klinische Pharmakologie, angewandte Mathematik, Teilgebiete der theoretischen Chemie, Physik der Hochpolymere).[23] Der besonders hohe Anteil der Naturwissenschaften, Ingenieurswissenschaften und Medizin darf jedoch nicht zu dem Schluß verführen, daß sich darin die Funktionalität der SFBe für außerwissenschaftliche Verwertungsinteressen dokumentiert. Allenfalls ließe sich vermuten, daß das Instrument der SFBe dazu dienen sollte, die sich aus dem internen Abstimmungsprozeß faktisch ergebende Prioritätensetzung durch eine externe Prioritätensetzung zu ergänzen. Die Praxis der SFBe-Entwicklung zeigt jedoch, daß auch diese neue Form der institutionellen Förderung der Grundlagenforschung weitgehend den Selbststeuerungsmechanismen der Wissenschaft folgt.[24]

3.2 Wissenschaftliche Selbstverwaltung, positivistischer Wissenschaftsbegriff und die »scientific community«

Am Anfang des vorangegangenen Abschnitts sind die Differenzierung der Wissenschaften und die Entstehung wissenschaftlicher Gesellschaften als die kognitiven und institutionellen Voraussetzungen des Förderungsprinzips der wissenschaftlichen Selbstverwaltung dargestellt worden. Mit ihnen sind die positivistische Wissenschaftsauffassung, d. h. insbesondere ein ontologischer Wahrheitsbegriff und die Idee der »scientific community« oder der Gelehrtenrepublik eng verbunden, und in dem Maße, wie diese Auffassungen zu den bestimmenden Momenten des Selbstverständnisses der Wissenschaftler werden, geben sie den Begründungszusammenhang für die Form der Förderung der Grundlagenforschung ab.

Am deutlichsten ist diese Vorstellung vielleicht von Polanyi formuliert worden, der in der »republic of science« Wissenschaftsbegriff und soziale Organisationsform der Wissenschaft in ihrer gegenseitigen Bedingtheit darstellt. Nach Polanyi ist der Entwicklungsprozeß der Wissenschaft mit einem Puzzle zu vergleichen, d. h. der Forschungsprozeß ist auf die Entdeckung eines »verborgenen Systems der Dinge« (»hidden system of things«) gerichtet.[25] Diesem ontologischen Wahrheitsbegriff zufolge sind die Gesetze der Natur in ihr selbst verborgen, es gilt sie nur aufzufinden. Der erfolgreichste Weg zu ihrer Entdeckung ist die Kooperation voneinander unabhängiger, autonomer Wissenschaftler, die jeder nach seinen besten Möglichkeiten und seinem eigenen Urteil an der Zusammenfügung des Puzzles arbeiten. Die einzige Bedingung ist, daß sie sich gegenseitig von den Erfolgen des jeweils anderen unterrichten. Auf diese Weise können alle zu jedem Zeitpunkt die Strategien mit den größten Erfolgsaussichten verfolgen wie umgekehrt Irrwege verlassen. Durch eine »unsichtbare Hand« gesteuert, diesen Vergleich wählt Polanyi explizit, führt eine »Selbst-Koordination unabhängiger Initiativen zu einem gemeinsamen Ergebnis, das von keinem derer, die es zustande bringen, vorausgeplant ist«.[26] So ist nach Polanyi die Selbstkoordinierung unabhängiger Initiativen die effizienteste Organisation des wissenschaftlichen Fortschritts und »jede Autorität, die versuchen würde, die Arbeit des Wissenschaftlers zentral zu lenken, würde den Fortschritt der Wissenschaft praktisch zum Stillstand bringen«.[27]

Formuliert Polanyi damit das gemäß dieser Auffassung grundlegende Prinzip der Organisation des Forschungsprozesses, so nennt Merton die funktionalen Voraussetzungen für das adäquate Funktionieren der »scientific community«. Mit dem Kernstück seiner Wissenschaftssoziologie, den vier zentralen Normen,[28] hat Merton der gleichen Wissenschaftsauffassung, die auch Polanyi vertritt, eine systematische Begründung verliehen (vgl. auch Kapitel II). Auch sie läuft im Kern auf die These hinaus, daß die Wissenschaft notwendig nur an ihren eigenen Relevanzkriterien orientiert sein darf und in ihrer inhaltlichen Entwicklung von der umgreifenden Gesellschaft entkoppelt sein muß, wenn ihre Entwicklung nicht gefährdet sein soll. Die systematische und historische Kritik dieses Ansatzes hat freilich zeigen können, daß den historischen Veränderungen der Wissenschaftsorganisation und den das wissenschaftliche Handeln bestimmenden Normen nicht gerecht wird.[29]

Sowohl Polanyis als auch Mertons Auffassungen sind jedoch insofern von Belang, als sie Systematisierungen eines Begründungszusammenhanges sind, dessen ideologische Funktion erst in der Wissenschaftspolitik zutage tritt. Sie sind in einem wissenschaftspolitischen Kontext formuliert worden, nämlich der Debatte um eine rationale Wissenschaftsplanung (bzw. im Fall Mertons vor dem Hintergrund der Auseinandersetzung mit Faschismus und Kommunismus), und sie markieren dort eine politische Position, wo der Konflikt zwischen den Vertretern einer selbstgesteuerten Wissenschaft und denen einer Wissenschaftsplanung oder auch nur einer rationaleren Prioritätensetzung in der Wissenschaftspolitik entbrannt ist. Als Alvin Weinberg die von J. D. Bernal vor dem Krieg mit dem Plädoyer für eine rationale Wissenschaftsplanung ausgelöste Debatte[30] in den 1960er Jahren mit der eingeschränkten Forderung nach einer umfassenden Prioritätensetzung wiederaufnahm, wandte er sich gegen eben jene Praxis der naturwüchsigen, oft genug nach wissenschaftlicher Reputation und nur durch das allgemeine Wachstum begrenzten Prioritätensetzung in der Grundlagenforschung, wo sie durch die herrschende Ideologie der wissenschaftlichen Selbststeuerung legitimiert wurde.[31]

Die institutionalisierte Grundlagenforschung als Kern einer autonomen Wissenschaft und die »scientific community« als ein in sich geschlossenes Sozial- und Kommunikationssystem bilden einen Zusammenhang, der in der zweiten Hälfte des 19. Jahrhunderts möglicherweise sogar konstitutiv für die Wissenschaft insgesamt war. Er ist jedoch heute noch insoweit faktisch wirksam, als sich der Staat im Bereich der Grundlagenforschungsförderung nach wie vor weitgehend darauf beschränkt, das Wissenschaftssystem »über dessen eigene Selbststeuerungsprozesse zu beeinflussen«.[32]

Freilich, die Übereinstimmung von sozialer Organisation, Wissenschaftsbegriff und Förderungsorganisation ist nicht ausschließlich und sie ist auch historisch begrenzt. Zwar wäre es irreführend, wollte man die Bedeutung der »scientific community« und ihrer Funktion als Organisationsrahmen der wissenschaftlichen Selbstverwaltung an den relativen Ressourcenanteilen messen, die auf die Grundlagenforschung entfallen (bei aller Problematik der Einteilung: etwa 10 % gegenüber 90 % für angewandte Forschung und Entwicklung), so kündigt sich mit den verschiedenen Erscheinungsformen auf dem Kontinuum zwischen »reiner« und angewandter Forschung dennoch die Auflösung der »scientific community« und des mit ihr verbundenen Förderungs- bzw. Planungsprinzips an.

4. Wissenschaftssteuerung über die Organisation von Forschung

4.1 Die Großforschung

Die Großforschung ist nicht ein ganz so neues Phänomen, wie es die Assoziation mit den großen Nationallaboratorien erscheinen läßt. Ein früher Vorläufer ist die 1887 gegründete Physikalisch-Technische Reichsanstalt. Die PTR war eine zu ihrer Zeit einzigartige Institution in der Welt und selbst nicht so sehr Ergebnis eines detaillierten Planes als vielmehr eines 15 Jahre währenden politischen Entscheidungsprozesses und entsprechender Kompromisse.[33]

Das Motiv, ein Forschungsinstitut außerhalb der Universitäten zu gründen, ist bis heute mit der Errichtung von Großforschungslaboratorien verbunden: die Art der Forschung, insbesondere Aufgaben der angewandten Forschung wie im Fall der PTR Materialprüfung und Eichung von Meßgeräten, und die Instrumentenintensität ließen die Universität als einen ungeeigneten Träger erscheinen. Ähnlich wie bei der Gründung der Kaiser Wilhelm Gesellschaft galt auch hier schon das Argument, daß die Universität primär eine Lehranstalt sei und den Erfordernissen der modernen Forschung nicht mehr gerecht werden könne. Mit der Errichtung der PTR wurde außerdem zum ersten Mal in Deutschland ein bestimmter Bereich der Forschung »als zentrale staatliche Aufgabe anerkannt«, wie es Werner von Siemens in seiner Eingabe an die Reichsregierung 1884 gefordert hatte.[34] Die PTR wurde in der Folgezeit das Vorbild sowohl des englischen National Physical Laboratory (1899) als auch des amerikanischen National Bureau of Standards (1901), obgleich in den USA das staatliche Engagement in bestimmten angewandten Forschungsbereichen wie etwa der Landwirtschaft und der Landvermessung schon damals nicht unüblich war.[35]

Es scheint, als sei die Großforschung das Resultat der Entwicklungsdynamik der Grundlagenforschung und ihres Konflikts mit den klassischen Organisationsformen der Wissenschaft, d. h. insbesondere der Universität. Dieser Konflikt ist allerdings auch der Anlaß für den Staat, über die Organisationsform der Forschung stärkeren Einfluß auf deren Zielsetzung zu nehmen. Aufgrund dessen deckt der Begriff im Hinblick auf das Planungskriterium ein breites Spektrum ab, das von der wissenschaftlichen Selbstverwaltung bis hin zur geplanten Forschung reicht.

Gemäß der doppelten Funktion der Großforschung als Organisationsform unterscheidet Cartellieri zwei Typen:
»a) Einrichtungen mit sehr großem Bedarf an ständigem Personal. Hier ist um eine besonders teure technische und apparative Ausstattung ein Kranz von Instituten gelegt, um die Großgeräte nach allen Möglichkeiten zu nutzen.« (Beispiele hierfür sind die großen Kernforschungszentren, die in allen Industrieländern gleichsam paradigmatisch für die Großforschung sind.)
»b) Einrichtungen, in denen *ein* Großgerät der Mittelpunkt ist (ohne einen Kranz von Instituten). Hier ist in der Regel eine kleinere Stamm-Forschergruppe tätig, das Großgerät steht aber besonders auch auswärtigen Gast-Forscherteams

zur Verfügung." (Beispiele sind die großen Elementarteilchen-beschleuniger wie DESY, CERN und NAL. [36])

Die unter b) fallenden Einrichtungen dienen in der Regel der Grundlagenforschung. Sie sind Service-Einrichtungen für die Universitäten, deren außeruniversitäre, quasi-industrielle Organisation eine Folge der außerordentlich hohen Kosten der Geräte ist, so daß eine nationale oder gar internationale Konzentration und damit zugleich eine Regelung des Zuganges zum Gerät erzwungen wird. Die Zuweisung von Gerätezeit erfolgt auf der Grundlage von Projektevaluationen, die von eigens dazu errichteten Programmkommissionen vorgenommen werden. Diese sind die »theoriepolitischen« Schaltstellen. Sie funktionieren in der gleichen Weise wie die disziplinären Gutachterpanel in den Stiftungen und entsprechen strukturell der wissenschaftlichen Selbstverwaltung. Die staatliche Mittelzuweisung an diese Institution ist daher auch nicht an programmatische Zielsetzungen gebunden, sondern erfolgt vielmehr pauschal nach Maßgabe der von den Wissenschaftlern begründeten Erfordernisse. Ein typisches Merkmal der Einrichtungen dieser Art ist, daß sie »in ihrer Tätigkeit jeweils auf eine bestimmte Fachrichtung oder sogar nur ein Teilgebiet einer Disziplin begrenzt sind«.[37]

Die Forschungslaboratorien des Typs a) hingegen stellen gewöhnlich die Konzentration von bestimmten Forschungskapazitäten (z. B. Kernforschung) dar, die vom Staat im Hinblick auf deren potentiellen oder direkten Nutzen vorgenommen wird. In diesen Forschungszentren werden nicht nur mehrere Disziplinen zusammengefaßt, ihr Aufgabenbereich erstreckt sich überdies von der Grundlagenforschung bis hin zur Entwicklung von Prototypen. Freilich sind diese Anlagen in disziplinär orientierte Institute gegliedert, deren Integration über die gemeinsame Verwaltung, die bauliche Zusammenlegung und schließlich, am wichtigsten, über die Beauftragung mit Projekten oder Schwerpunktprogrammen erfolgt.

Die Großforschung stellt demnach nur dort den organisatorischen Rahmen bzw. das Instrument eines neuartigen Planungskonzepts dar, wo sie der Projektforschung dient, denn diese bedeutet einen zumindest partiellen Eingriff in die traditionelle, nach dem Prinzip der Selbstverwaltung gegliederte Wissenschaftsorganisation.

In der Projektforschung geht es um die Erreichung eines relativ klar umschriebenen Zieles, die Entwicklung einer bestimmten Technologie, z. B., wie im Manhattan-Projekt, um die Herstellung der Atombombe oder die Entwicklung des ›Schnellen Brüters‹. Das Projektziel ist nur formulierbar, weil die wissenschaftlichen Grundprinzipien theoretisch bekannt sind (Energiegewinnung durch Kernspaltung oder Kernfusion z. B.), und nur deshalb ist auch eine ungefähre finanzielle und zeitliche Projektplanung möglich.

Zwei Merkmale heben die Projektforschung innerhalb der Großforschung von traditionellen Formen der Forschung ab. Zum einen überspannt das Projekt verschiedene Disziplinen und ordnet diese in komplementäre Problemteilbereiche. Der Erfolg des Projekts ist u. a. von der Zusammenarbeit und Abstimmung der disziplinären Teilprojekte abhängig, und d. h. von einer umfassenden Programmplanung. Zum anderen *kann* es im Verlauf der Projektrealisierung zur Identifikation von Grundlagenproblemen kommen, die vorher nicht bekannt waren und deren Lösung erforderlich wird, bevor die übrigen Projektarbeiten fortschreiten können. In diesem Fall ist es möglich, daß die Grundlagenprobleme durch das nach praktischen Zielsetzungen ablaufende Projekt identifiziert und dann nach innerwissenschaftlichen Kriterien gelöst werden. Beispiele dafür sind etwa die Halbleiterentwicklung oder die Fusionsforschung.[38]

4.2 Projektforschung und institutionelle Planung

Analytisch erweist sich die Projektorientierung der Forschung als der einzige Typ von Großforschung, der einen zumindest indirekten Eingriff in die Funktionsweise der wissenschaftlichen Eigenregulative impliziert. Der Eingriff erfolgt über die Organisation der Forschung und entspricht in etwa dem, was Weinberg als institutionelle Planung bezeichnet hat. Diese Form der Planung, die von der strategischen Wissenschaftsplanung unterschieden wird (vgl. den folgenden Abschnitt), ist dadurch gekennzeichnet, daß bei einem vorgegebenen allgemeinen Ziel die Maßnahmen zu dessen Erreichung sich vor allem auf die Planung der institutionellen Ressourcen und die Konzentration von ›manpower‹ erstrecken. Bei dieser Art der

Planung geht es also in erster Linie um die Rekrutierung guter Wissenschaftler (und ihrer entsprechenden fachlichen Kompetenz) sowie um die erforderlichen Mittel. Die detaillierte Forschungsstrategie ist das erhoffte *Resultat* dieser Maßnahmen, nicht schon die Voraussetzung.[39]

Die Begründung der Überlegenheit der institutionellen Planung wird an das Verhältnis von externer Zielsetzung und dem Entwicklungsstand der relevanten Disziplinen gebunden, ohne daß dies in der Realität unbedingt verbindlich ist. Dieser Planungstyp gilt immer dann als vorteilhaft, wenn bei definiertem Ziel die Wege seiner Erreichung unbekannt sind. Beispiele sind die Fusionsforschung und die Krebsforschung. In der Fusionsforschung ist das Ziel, die kontrollierte Fusion zur Gewinnung von Energie, eindeutig definiert, aber die erfolgreichen Forschungsstrategien sind bislang unbekannt. In solch einem Fall wird mittels der institutionellen Planung darauf gesetzt, daß die Wissenschaftler bei ausreichender institutioneller Förderung der Forschung den richtigen Weg früher oder später finden.[40]

Die institutionelle Planung zeichnet sich durch ihre Affinität zur Grundlagenforschung aus.[41] Sie ist inhaltliche Planung nur insoweit, als das Forschungsziel vorgegeben wird. Darüber hinaus setzt sie »nur« den Selbststeuerungsmechanismus des akademischen »Marktes« partiell außer Kraft. Abgesehen davon bleibt sie dem geltenden Wissenschaftsverständnis verhaftet. Das dokumentiert sich in der Organisationsstruktur der Großforschungslaboratorien. In ihnen bleiben die disziplinären Institute das bestimmende Strukturelement. Deren Eigendynamik ist auch der Grund für die besondere Problematik der institutionellen Planung, vor allem die Schwierigkeit, die wissenschaftlichen Selbststeuerungsmechanismen außer Kraft zu setzen, ohne zugleich die mit diesem Planungstyp intendierten Vorteile zu verfehlen. Die Eigendynamik dieser Organisationsstruktur äußert sich darin, daß die jeweilige disziplinäre ›scientific community‹ der Bezugsrahmen sowohl der wissenschaftlichen Kommunikation als auch des ›Belohnungssystems‹ bleibt. Die akademische Karriere mit ihren realen oder vermeintlichen ›rewards‹ genießt gegenüber der Anonymität der hierarchisch und ›industriell‹ organisierten Forschungstätigkeit den höheren Status.[42] Aus diesem Umstand erwächst der institutionellen Planung eine in erster Linie institutionell bedingte Resistenz.[43] Die durch diese Planung begründete Entwicklungsdynamik verdankt sich vor allem dem extern vorgegebenen Zweck, und sie bleibt deshalb labil. Daß sie dennoch erfolgreich sein kann, zeigen die von Roger Krohn erhobenen Ergebnisse, wonach sich die Wissenschaftler in staatlichen und industriellen Forschungseinrichtungen von traditionellen (akademischen) Vorstellungen entfernen (z. B. in der Höherbewertung von Effizienz und Nutzen der Forschung). Mit diesem Organisationstyp decken sich auch veränderte Karrierestrategien, die nicht mehr am akademischen System orientiert sind.[44] Der Erfolg der institutionellen Planung ist letztlich daran gebunden, daß die von externen Zwecken bestimmte Organisation der Wissenschaft, die ja zu der akademisch orientierten in »Konkurrenz« tritt, einen funktional äquivalenten Kommunikationszusammenhang konstituiert, von dem eine entsprechend starke Sozialisationswirkung ausgeht. Das setzt letztlich eine kognitive Entwicklungsdynamik voraus, die sich aus der kontinuierlichen Elaborierung praktischer Zwecke ergeben müßte.

5. Wissenschaftsplanung jenseits der Großforschung

5.1 Die strategische Wissenschaftsplanung

Die Projektforschung in Nationallaboratorien ist ein Typ externer Wissenschaftsplanung, bei dem die Wissenschaft als Mittel zur Erreichung politischer Ziele eingesetzt wird, ohne daß diese selbst zur Disposition stehen. Zu Beginn der 70er Jahre bildet sich eine neue Form der Wissenschaftsplanung heraus, die Weinberg im Unterschied zur »institutionellen« die »strategische« Planung genannt hat, und deren exemplarische Durchführung (und in dieser Form bislang wohl auch einzige) der »National Cancer Program Plan« (NCPP) in den USA ist. Anhand der Darstellung dieses Planes sollen die charakteristischen Elemente dieses Planungstyps herausgearbeitet werden.

Ein erstes Novum ist es, daß politische Zielsetzungen und die Planungsstrategie gesetzlich verankert sind. Der National Cancer Act von 1971 verpflichtet den Direktor des National

Cancer Institute ein »erweitertes, intensiviertes und koordiniertes Forschungsprogramm« zu planen und zu entwickeln, das die Einzelprogramme des NCI, anderer Forschungsinstitute sowie weitere Bundes- und bundesabhängige Programme umfassen sollte.

Ein weiteres zentrales Kennzeichen ist die Vorkehrung, daß jedes Jahr ein Programmplan für die jeweils folgenden fünf Jahre erstellt werden soll, so daß die Gesamtplanung fortlaufend an die Wissenschaftsentwicklung angepaßt werden kann. Durch diese Bestimmung wird die Formulierung der Teilziele reflexiv, d. h. die wissenschaftlichen Erkenntnisse, die im Rahmen des Planes produziert werden, werden ihrerseits mit der Programmplanung rückgekoppelt. Im Unterschied zu anderen Planungsverfahren geschieht dies zentralisiert und erlangt über die Ressourcenzuweisung Verbindlichkeit für die gesamte biomedizinische ›community‹.

Ein drittes Merkmal ist, daß die Planung sich nicht auf die Bereitstellung von institutionellen und finanziellen Ressourcen beschränkt, sondern auf das gesamte Spektrum von der generellen Formulierung der Programm- und Implementationsstrategie (Strategieplan) bis zur Übersetzung der Programmziele in operationale Verfahren, spezifische Aktionsprogramme für die Implementation und die Ressourcenzuweisung (operational plan) erstreckt.

Ein letztes Moment schließlich ist die Stellung der ›scientific community‹ im Prozeß der Planformulierung und der Umsetzung der Planziele in den Forschungsprozeß, weil durch sie die Wirkungsweise der ›internen‹ und ›externen‹ Entwicklungsregulative beleuchtet wird. Die erste grundsätzliche Zieldefinition und die Auswahl des Planungsverfahrens wurde durch die politischen und wissenschaftspolitischen Instanzen getroffen. Der Plan mußte einen stabilen Rahmen für die Krebsforschung abgeben, der sich nicht mit dem fortwährenden Wandel der wissenschaftlichen Inhalte der biomedizinischen Disziplinen verändern würde, und er sollte auf dem Krankheitsverlauf im Menschen basieren. Das ›Oberziel‹ (Entwicklung von Mitteln, »um die krebsbedingten Fälle von Erkrankung und Tod bei Menschen zu reduzieren«, wurde in sieben Teilziele übersetzt, die auf die Verhinderung, die Entdeckung, Diagnose und Prognose sowie die Behandlung des

Krebses und die Rehabilitation von Krebskranken gerichtet sind. Sodann wurden 39 Wissenschaftler eingeladen, um Forschungsansätze für die sieben Programmziele zu entwickeln, die Beziehungen zwischen den Zielen zu identifizieren und sie in eine Rangordnung zu bringen. In einer zweiten Phase wurden 211 Vertreter der ›scientific community‹ zusammengerufen, um detailliertere Forschungsvorschläge zu entwickeln, die die von der ersten Gruppe vorgeschlagenen Verfahren präzisieren sollten. Auch in dieser Phase wurde Vorkehrung getroffen, daß die nach den Teilzielen gebildeten ›Panel‹ untereinander Verbindung hatten und Beziehungen zwischen den Problembereichen wie Überschneidungen diskutieren konnten.

Sämtliche Forschungsprojekte werden vom Direktor des NCI unter Rückgriff auf traditionelle Gutachtermechanismen und im Hinblick auf die Ziele und Prioritäten des Programmplanes finanziert. Da man sich darüber klar ist, daß die Teilziele nicht ausschließlich durch die Anwendung bestehenden Wissens erreicht werden können, werden auch Projekte unterstützt, die spontan von unabhängigen Wissenschaftlern vorgeschlagen werden und der »Ausweitung der Wissensgrundlagen im Bezug auf den Krebs« dienen. Andererseits werden alle Gebiete der biomedizinischen Forschung fortwährend daraufhin geprüft, in welchen Bereichen das Wissen einen Stand erreicht hat, der die Entwicklung von koordinierten, auf spezifische Ziele gerichteten Programmen ermöglicht.[45]

Das National Cancer Program ist mit all diesen Merkmalen eine deutliche Abkehr von der Großforschung und den in ihr noch geltenden Prinzipien wissenschaftlicher Selbstverwaltung. Insofern der Plan darauf angelegt ist, alle Forschungsinstitutionen der entsprechenden Gebiete zu erfassen und auch die Grundlagenforschung strategisch einzuordnen, ist eine nach Maßgabe der internen Entwicklungsregulative wirksame Verselbständigungstendenz der Forschung der Idee nach ausgeschlossen bzw. findet sich keine öffentliche Unterstützung mehr.

Das Urteil der ›scientific community‹ erfährt eine gegenüber dem Mechanismus der Selbstverwaltung andere funktionale Einordnung. Durch die spezifizierte Zielangabe des strategischen Plans sind die Relevanzentscheidungen weitgehend vorweggenommen. Das Urteil der Expertengruppen hat den Charakter eines ›assessment‹ der Forschungssituation und der Implementierung der Forschungsstrategien. Gegenüber dem großen Rest der ›community‹, der nicht an der Erstellung des Plans beteiligt war, erscheinen die Experten als eine ›Assessment‹- und Transferinstitution, die die Rahmenbedingungen setzt, innerhalb derer sie sich entweder durch am Planziel orientierte Forschungsprojekte um Finanzierung bewerben können, oder auf eine öffentliche Unterstützung verzichten müssen. Wenn man davon ausgeht, daß es für die biomedizinischen Disziplinen kaum andere relevante Finanzierungsquellen gibt, und der Plan andererseits den gesamten Forschungsbereich erfaßt, muß die Lenkung der Forschung in diesem Bereich im Prinzip durchgreifen, es sei denn, sie antizipiert lediglich den Entwicklungsverlauf der Grundlagenforschung.

Die ›Strategische Wissenschaftsplanung‹, wie sie mit dem ›National Cancer Program‹ realisiert wird, erfordert die Errichtung von zentralen ›Assessment- und Transferorganisationen‹, die eine hinreichende eigene wissenschaftliche Kapazität haben, um die Wissenschaftsentwicklung zu beobachten, die Möglichkeiten einer Nutzung des vorhandenen und vor allem potentiellen Wissens zu identifizieren und schließlich die Planformulierung und Implementationskontrolle vornehmen zu können. Es gibt bislang ein breites Spektrum von Organisationen, die Elemente jenes Typs aufweisen, ohne daß sie ein direktes institutionelles Korrelat der strategischen Wissenschaftsplanung sind. (Das NIH entspricht diesem Typ ebenso wie das Office for Technology Assessment, und in der Bundesrepublik haben die ›Kommission für wirtschaftlichen und sozialen Wandel‹, das Umweltbundesamt und der Bildungsrat jeweils Funktionen des ›Assessment‹ und des Transfers übernommen.) Diese Organisationen sind institutioneller Ausdruck der konvergierenden Tendenzen einer Verwissenschaftlichung der Politik und einer gleichzeitigen Politisierung der Wissenschaft. Ihre Aufgabe ist es, die Realisierung politischer Ziele der Systemsicherung und Vorsorge möglichst eng an die wissenschaftlichen Problemlösungspotentiale rückzubinden. Das bedeutet aber zweierlei: der Prozeß der Wissenschaftsproduktion wird nicht mehr ausschließlich der Wirkungsweise interner Regulative überlassen, sondern die politischen Ziele werden in den Wissenschaftsprozeß hinein *übersetzt* und damit zu konkomitanten Bewährungsregeln. Sie werden jedoch an die Entwicklung gesicherten Wissens rückgebunden und entsprechend dieser Dynamik fortwährend revidiert. In dem Maße, in dem dies geschieht, wird Politik reflexiv.

5.2 Strategische Planung und Normativierung der Wissenschaft

Mit dem Modell der strategischen Wissenschaftsplanung, dessen Ausweitung zu erwarten ist, schließt sich ein Kreis zu dem anfangs beschriebenen Verfahren der Ausschreibung von Problemen. Beide Planungsmechanismen haben formale Ähnlichkeiten. Beiden liegt vor allem die Annahme der Einheit von Wahrheit und Nutzen zugrunde. Es wäre reine Spekulation, eine kausale Beziehung zwischen der Wissenschaftsphilosophie und wissenschaftspolitischen Planungskonzepten zu unterstellen (sie gilt eher umgekehrt). Es ist jedoch unübersehbar, daß die in der strategischen Wissenschaftsplanung enthaltene Koordinierung von Naturzwecken und praktischen Zwecken[46] mit einer Diskussion in der Wissenschaftsphilosophie zeitlich einhergeht, in der die vom kritischen Rationalismus postulierten Prinzipien der internen Entwicklungslogik der Wissenschaft durch konstitutionalistische bzw. pragmatische Argumente in Frage gestellt werden.[47]

Diese Diskussion ist nicht abgeschlossen und aufgrund ihres normativen Charakters auch kaum entscheidbar. Infolgedessen ist von der Wissenschaftsphilosophie auch kein neuer Wissenschaftsbegriff zu erwarten. Soweit sie jedoch die Erklärung der Wissenschaftsentwicklung zu leisten sucht, deutet die Diskussion in die Richtung jener Pragmatik, die auch den Beginn der modernen Wissenschaft kennzeichnete. Die wissenschaftstheoretische Behauptung einer nicht kumulativen, oder genauer einer nicht mittels inter-theoretischer Relationen rekonstruierbaren Wissenschaftsentwicklung bildet gleichsam die Begründung der Möglichkeit der Normativierung der Wissenschaftsentwicklung durch deren strategische Ausrichtung an praktischen Zwecken.

Dennoch sind beide Phasen natürlich nicht identisch. Eine *erfolgreiche* strategische Wissenschaftsplanung scheint nämlich an die Bedingung geknüpft zu sein, daß die Wissenschaft einen Entwicklungsstand erreicht hat, der eine an externen Zwecken orientierte Theoriedynamik allererst ermöglicht.[48] Erst wenn die zentralen Grundlagenprobleme einer Disziplin gelöst sind, wird eine weitere Entwicklung in der Form der »Spezifikation der theoretischen Grundlagen für komplexere Systeme und Phänomenbereiche« möglich. Die dieserart initiierte Forschung kann auch als theoretische Grundlagenforschung gelten, sie ist nicht bloße »technische Systementwicklung, noch Ableitung von Ergebnissen aus vorhandenen Theorien«.[49] Ist diese Bedingung nicht gegeben, kann zwar eine strategische Planung konzipiert werden, aber sie wird aufgrund der kognitiven Defizite der betroffenen Disziplinen in Relation zu den Zielsetzungen scheitern.[50] In dieser Situation erhält das Argument seine Berechtigung, daß eine zentrale Planung der Wissenschaft sinnlos und schädlich sein kann. (Ob dies für die Krebsforschung gilt, ist bislang ungeklärt.)

6. Schluß

In der vorangegangenen Diskussion ist versucht worden, die einzelnen Zusammenhänge zwischen Planungskonzeptionen, Wissenschaftsverständnis, sozialer Organisation der Wissenschaft und Entwicklungsstand der Wissenschaft zu entwickeln. Diese Darstellung bleibt in vielen Aspekten notwendig verkürzt und bedarf der empirischen Präzisierung. Es muß noch einmal daran erinnert werden, daß es sich um Zuordnungen handelt, die unter dem spezifischen Kriterium der Eingriffsebene der Planungstypen in die Wissenschaftsregulative analytisch gewonnen sind. Sie sind somit empirisch illustrierte Hypothesen, denen gegenüber die Realität eine Vielzahl von Überschneidungen und Abweichungen aufweisen kann. Wir sehen die Rechtfertigung dieser hypothetischen Zuordnungen jedoch vor allem darin, daß sie die faktische Entwicklung von Planungskonzeptionen, so wie diese sich in Organisationen und Verfahren darstellen, sowohl mit der ebenso realen (wenngleich noch nicht ganz so scharf konturierten) Entwicklung der sozialen Organisation der Wissenschaft als auch mit der wissenschaftsphilosophischen Deutung ihrer kognitiven Entwicklungsstadien in einen gemeinsamen Interpretationsrahmen bringen können.

1 vgl. W. van den Daele, P. Weingart, Resistenz und Rezeptivität der Wissenschaft. — Zu den Entstehungsbedingungen neuer Disziplinen durch wissenschaftspolitische Steuerung, in: Zeitschrift für Soziologie, Jg. IV. (1975), 146-164; vgl. auch Kapitel V in diesem Band.

2 vgl. A. P. Usher, Technical Change and Capital Formation, in: N. Rosenberg, Hrsg., The Economics of Technological Change, Penguin, (1975) 1971, 44 f.

3 vgl. S. F. Mason, A History of the Sciences, überarb. Ausg., New York, 1962, 239.

4 vgl. ebda., 269 ff.

5 vgl. M. Weber, Gesammelte Aufsätze zur Religionssoziologie I, Die protestantische Ethik und der Geist des Kapitalismus, Tübingen, 1922, 141 f.; ebenso P. M. Rattansi, The Social Interpretation of Science in the Seventeenth Century, in: P. Mathias, Hrsg., Science and Society 1600 - 1900, Cambridge, 1972, 12.

6 vgl. P. Rossi, Philosophy, Technology and the Arts in the Early Modern Era, New York et. al., 1970, 161 und Appendix.

7 vgl. Mason, a. a. O., 271.

8 vgl. M. Ornstein, The Role of Scientific Societies in the Seventeenth Century, Chicago, 1928, 53.

9 vgl. F. Pfetsch, Zur Entwicklung der Wissenschaftspolitik in Deutschland 1750-1914, Berlin, 1974, Kapitel 6.

10 vgl. P. Lundgreen, Bildung und Wirtschaftswachstum im Industrialisierungsprozeß des 19. Jahrhunderts, Berlin, 1973, Kapitel III.

11 F. Pfetsch, a. a. O., 255.

12 vgl. ebda., 300 ff.

13 siehe zu dieser Darstellung der englischen Entwicklung im Detail R. MacLeod, Resources of Science in Victorian England: The Endowment of Science Movement 1868-1900, in: P. Mathias, Hrsg., Science and Society 1600-1900, Cambridge, 1972.

14 vgl. F. Pfetsch, a. a. O., 123 f.

15 vgl. C. Burchardt, Wissenschaftspolitik im Wilhelminischen Deutschland, Göttingen, 1975, 19.

16 vgl. ebda., 122 ff., 135.

17 Der Versuch, größere Spendenaufkommen von der Industrie einzuwerben, schlug jedoch fehl, die über den Stifterverband zugewiesenen Mittel blieben gering. K. Zierold, Forschungsförderung in drei Epochen, Wiesbaden, 1968, 18 und 34.

18 Obgleich der Haushalt der MPG für die einzelnen Institute und damit Forschungsprogramme spezifiziert beantragt und vom

Bund verabschiedet wird, hat die MPG dennoch die Möglichkeit der internen Umverteilung.

19 § 1 der Satzung, Hervorhebung von mir. An dieser Zielsetzung ändert sich auch bei der Gründung der Deutschen Forschungsgemeinschaft 1951 nichts grundsätzlich. In der Satzung der DFG heißt es, daß diese »der Wissenschaft in allen ihren Zweigen durch die finanzielle Unterstützung von Forschungsaufgaben und durch die Förderung der Zusammenarbeit unter den Forschern« dient.

20 T. Nipperdey, L. Schmugge, 50 Jahre Forschungsförderung in Deutschland, Ein Abriß der Geschichte der Deutschen Forschungsgemeinschaft 1920-1970, Berlin, 1970, 83.

21 ebda., 90.

22 Bundesminister für Bildung und Wissenschaft, Forschungsbereich IV der Bundesregierung, Bonn, 1972, 120.

23 ebda., 18.

24 vgl. Nipperdey/Schmugge, a. a. O., 92 f., H. Hartmann, Empirische Sozialforschung, Probleme und Entwicklungen, München, 1970, 48.

25 M. Polanyi, The Republic of Science, 1962, in: E. Shils, Hrsg., Criteria for Scientific Development, Public Policy and National Goals, Cambridge, Mass., 1968, 2.

26 ebda.

27 ebda., 3.

28 vgl. R. K. Merton, Science and Democratic Social Structure, in: ders., Social Theory and Social Structure, Glencoe, Ill., 1957, dt. in: P. Weingart, Hrsg., Wissenschaftssoziologie 1, Wissenschaftliche Entwicklung als sozialer Prozeß, Frankfurt, 1972.

29 vgl. B. Barnes, R. G. A. Dolby, The Scientific Ethos: A Deviant Viewpoint, dt. in: P. Weingart, Wissenschaftssoziologie 1, Frankfurt, 1972.

30 J. D. Bernal, The Social Function of Science (1939), Cambridge, Mass., 1967.

31 vgl. A. Weinberg, Criteria for Scientific Choice (1963), in: E. Shils, a. a. O.

32 N. Luhmann, Selbststeuerung der Wissenschaft, in: ders., Soziologische Aufklärung, Köln und Opladen, 1970, 248.

33 vgl. F. Pfetsch, a. a. O., Kapitel 3, 109-122.

34 W. Cartellieri, Die Großforschung und der Staat, Teil I, Bad Godesberg, 1967, 20.

35 vgl. A. H. Dupree, a. a. O., 271 ff.

36 Cartellieri, a. a. O., 56.

37 ebda., 58.

38 vgl. National Academy of Sciences, National Research Council, Hrsg., Physics in Perspective, Bd. I., Washington, D. C., 1972;

H. Brooks, Applied Research — Definitions, Concepts, Themes, in: NAS/NRC, Hrsg., Applied Science and Technological Progress. Report to the Committee on Science and Astronautics, U. S. House of Representatives, Washington, D. C., 1967; s. dazu auch W. van den Daele, Autonomie und Planung der Grundlagenforschung, Autonomie contra Planung: Scheingefecht in der Grundlagenforschung, in: Wirtschaft und Wissenschaft, Heft 2/75. Die Projektforschung ist jedoch nicht identisch mit Großforschung. Neben ihr finden sich die Schwerpunktprogramme, z. B. die Arbeit an bestimmten Problemen über die Wiederaufarbeitung von thoriumhaltigen Brenn- und Brutstoffen in Jülich, an der die chemische Technologie, die physikalische Chemie und die Radiochemie beteiligt sind. Die Schwerpunktforschung hat viele Ähnlichkeiten mit der Projektforschung, ihre Zielsetzung ist jedoch nicht so scharf umrissen, vgl. Cartellieri, a. a. O.

39 vgl. A. Weinberg, Institutions and Strategies in the Planning of Research, in: Minerva, vol. 12, 1974, 8-17.

40 Eine intervenierende Variable sind die Kosten der Forschung, die zentrale Entscheidungen über die Auswahl einer bestimmten Strategie erzwingen, wenn die Verfolgung alternativer Programme nicht mehr zu finanzieren ist. Vgl. ebda., 11.

41 vgl. ebda., 8.

42 Der Berufsverband der Wissenschaftler an Großforschungseinrichtungen (VWF) betreibt infolgedessen auch eine weitgehend standesorientierte Politik.

43 vgl. van den Daele/Weingart, a. a. O.

44 R. Krohn, The Social Shaping of Science, Westport, Conn., 1971.

45 vgl. zu dem gesamten Komplex U. S. Department of Health, Education and Welfare, Health Service, National Institutes of Health, The Strategic Plan, National Cancer Program, DHEW Publication No (NIH) 74-569.

46 G. Böhme et. al., Die Finalisierung der Wissenschaft, in: Zeitschrift für Soziologie, 2,2, 1973, 143.

47 s. dazu die Diskussion in I. Lakatos, A. Musgrave, Criticism and the Growth of Knowledge, Cambridge, 1970.

48 vgl. Böhme et. al., a. a. O.

49 van den Daele, a. a. O., S. 30.

50 vgl. van den Daele/Weingart, a. a. O., zur Ausführung dieser These.

V. Wissenschaftspolitik und Wissenschaftsentwicklung — Eine Analyse der Beziehung zwischen politischer Wissenschaftssteuerung und wissenschaftlicher Entwicklungsdynamik

1. Das Ausgangsproblem: autonome oder heteronome Wissenschaftsentwicklung

Die Diskussion um die autonome oder heteronome Entwicklung der Wissenschaft ist, wie vorangehend schon mehrfach dargelegt, über keine noch so detaillierte Kasuistik einer Lösung zuzuführen. Für jede These lassen sich zahllose Beispiele finden, die sich in ihrer jeweiligen Überzeugungskraft nicht nachstehen. Die einzige Möglichkeit, hier zu einer Klärung zu kommen, liegt in systematisch-analytischen Ansätzen, wie in der Wissenschaftsphilosophie z. B. der Versuch einer Rekonstruktion intertheoretischer Relationen, der auf den Nachweis der autonomen Entwicklung gerichtet ist. Vergleichbar stringente Programme zum Nachweis externer Einflüsse auf die Wissenschaftsentwicklung gibt es nicht, sieht man von eben den relativ beliebig bleibenden Analysen von Entsprechungsverhältnissen ab, für die etwa Hessens Arbeit ein Beispiel ist.[1] Jene Thesen, die eine prinzipielle Heteronomie der Wissenschaftsentwicklung beinhalten, geben keine Entscheidungskriterien an und beruhen letztlich auf einer die Beweislast verschiebenden, grundsätzlich anderen Interpretation von Phänomenen und Daten.[2]

Im Anschluß an die Konzeptualisierung kognitiver und sozialer Strukturen der Wissenschaft und ihres Determinationsverhältnisses (vgl. Kapitel II) geht es hier nun darum, ein spezifisches Verhältnis des Wissenschaftssystems zu einem anderen Handlungsbereich näher zu untersuchen und dabei die Wirkung kognitiver und sozialer Strukturen zu untersuchen. Die Ausgangsfrage ist nicht pauschal die nach möglichen externen Entwicklungsdeterminanten, sondern vielmehr die spezifische Frage nach den Erfolgsbedingungen einer durch wissenschaftspolitische Steuerung initiierten Wissenschaftsdynamik. Diese

Form der Fragestellung rechtfertigt sich dadurch, daß die Kenntnis der Möglichkeit externer Einflüsse auf die Wissenschaftsentwicklung und ihrer Bedingungen zugleich auch die Bedingungen der Steuerbarkeit der Wissenschaft beinhaltet. Damit wird die Fragestellung auf den leichter zugänglichen Bereich der systematischen externen Einflüsse eingeschränkt, während der gesamte übrige Komplex potentieller sozio-ökonomischer und sozio-kultureller Determinanten ausgeschlossen bleibt. Indem nur solche Determinanten in Betracht gezogen werden, die als wissenschaftspolitische Anforderungen an die Wissenschaft artikuliert werden, ist eine empirische Überprüfung möglich. Diese müssen in ihrer Auswirkung auf die kognitive und institutionelle Struktur untersucht werden. Daraus läßt sich dann ersehen, ob die Wissenschaft bzw. im konkreten Fall eine oder mehrere bestimmte Disziplinen oder Forschungsgebiete gegenüber einer bestimmten wissenschaftspolitischen Zielsetzung resistent oder rezeptiv sind, oder aber (das ist der wahrscheinlich größere Ertrag), welche Mechanismen des Transfers externer Zwecke in Wissenschaft und der wissenschaftlichen Informationen in politisches Handeln wirksam sind.

Das zentrale Problem ist die Beziehung zwischen systematischem Wissen und politischem Handeln. Für den hier diskutierten Zusammenhang zwischen Wissenschaftspolitik und Wissenschaftsentwicklung wird gezeigt, daß es sich nicht um eine einseitige Beziehung handelt, sondern um ein Bedingungsverhältnis zwischen unterschiedlichen Konfigurationen politischer Zielformulierung und wissenschaftlicher Entwicklung. Wir haben an anderer Stelle die Vorstellung entwickelt, daß sowohl erkenntnislogische Faktoren, die als Orientierungskomplexe die innere Struktur und Entwicklungsgesetzmäßigkeit einer Disziplin bzw. eines Spezialgebietes bestimmen, als auch die soziale Struktur der Wissenschaft die Bedingungen ausmachen, die den Erfolg bzw. Mißerfolg politischer Steuerung von Wissenschaft bestimmen. Wir haben dabei eine erfolgreiche Steuerung als die Initiierung einer eigenständigen Wissenschaftsentwicklung definiert, die von der Anwendung vorhandenen Wissens und seiner Verwertung zu unterscheiden ist. Letztere haben keine ersichtliche längerfristige Auswirkung auf die Wissenschaftsentwicklung, da sie nicht deren internen Entwicklungsregulative und Relevanzkriterien berühren.[3]

Das erwähnte approximative Modell zur Bestimmung der kognitiv und institutionell begründeten Resistenz bzw. Rezeptivität der Wissenschaft gegenüber politischer Steuerung ist zum Bezugsrahmen einer Reihe von empirischen Untersuchungen geworden, an deren Ergebnissen es überprüft und revidiert wird. Die empirische Evidenz, die im Zusammenhang mit der folgenden Darstellung zur Illustration herangezogen wird, ist Ergebnis einer dieser Untersuchungen, die auf die Genese des Umweltprogramms der Bundesregierung und seiner Steuerungseffekte vor allem in der Biologie gerichtet ist. Da diese Untersuchung zum gegenwärtigen Zeitpunkt (Anfang 1976) noch nicht abgeschlossen ist, bleibt die Darstellung des Materials auf seine illustrative Funktion beschränkt. Außerdem wird das Schwergewicht der folgenden Analyse auf der Diskussion eines Teilaspekts des Modells liegen, da sich für diesen eine Revision der ursprünglichen Annahmen bereits als notwendig erweist. Das betrifft das Verhältnis von politischer Zielformulierung und systematischem Wissen. Es wird nämlich gezeigt werden, daß die Genese politischer Anforderungen an die Wissenschaft zu einem erheblichen Maß durch bereits vorhandenes systematisches Wissen strukturiert wird und die Frage der Steuerung von Wissenschaft damit in einem anderen Licht erscheint. Zur Bestimmung der möglichen Steuerung durch spezifische Anforderungen, wird die Kenntnis der Genese dieser Anforderungen entscheidend. Zwei Fragen leiten deshalb die Untersuchung:

a) Wie entstehen (wissenschafts-)politische Programme und was ist die jeweilige Rolle von wissenschaftlicher Information und politischer Zielsetzung?

b) Wie werden derartige Programme in Forschung übersetzt und was sind die Faktoren des Erfolgs oder Mißerfolgs dieser Übersetzung?

2. Problemwahrnehmung und Problemlösung in staatlichem Handeln

Unter Politikwissenschaftlern, Staatsrechtlern und Verwaltungswissenschaftlern ist es zum Gemeinplatz geworden, den funktionalen Wandel der öffentlichen Verwaltung seit dem liberalen Staat des 19. Jahrhunderts als den Übergang von der Ordnungs- und Dienstleistungsfunktion zu einer aktiven Gestaltungs- und Vorsorgefunktion zu beschreiben. Diese Entwicklung ist im Kontext unserer Analyse insoweit von Bedeutung, als sie eine neue Eigenschaft staatlichen Handelns beinhaltet. Dieses Handeln war zuvor ordnend und *reaktiv* in bezug auf Störungen einer sonst als primär selbstregulierend betrachteten ökonomischen und gesellschaftlichen Ordnung. Infolgedessen konnten und wurden die meisten Probleme des liberalen Staates in rechtlichen Kategorien definiert, und Fehlfunktionen dieser Ordnung signalisierten die Notwendigkeit der Anpassung (Renormierung) des Rechtssystems. Demgegenüber ist der moderne Staat (›spätkapitalistisch‹ oder ›postindustriell‹, je nach Belieben) durch gestaltendes Handeln charakterisiert. Die notwendigen aktiven Interventionen sind per definitionem zukunftsorientiert und komplex. Isolierte ad-hoc-Maßnahmen werden zunehmend unzureichend. Statt dessen geht es nunmehr um die »Verwirklichung umfassender und koordinierter politischer Programme. Damit ist gesagt, daß gestaltendes öffentliches Handeln sich typischerweise als Planung vollzieht«.[4]

In dem Maße, in dem Planung zu einer Funktion der öffentlichen Verwaltung geworden ist, ist auch der Zeithorizont dieses Handelns erweitert worden. Die Durchführung umfassender Programme verlangt die Antizipierung ihrer Folgen und dies setzt wiederum voraus, daß so viele systematische Informationen wie irgend möglich über die Bereiche in das Planungshandeln eingehen, auf die dieses gerichtet ist. Obgleich öffentliches Handeln in letzter Instanz die Form eines Rechtsakts annimmt, kann die Information, die durch umfassende Programme erforderlich geworden ist, nicht auf rechtliche Probleme beschränkt bleiben, sondern muß materiales wissenschaftliches Wissen, sei es naturwissenschaftlich-technisches oder sozialwissenschaftliches, sein. Der Funktionswandel öffentlichen Handelns korreliert deshalb mit der ausgedehnten Nutzung systematischen Wissens. Dabei bleibt es eine offene Frage, ob diese Nutzung der Wissenschaften ein Ergebnis des Funktionswandels ist, oder ob dieser nicht vielmehr ein Resultat der Wissenschafts- und Technologieentwicklung ist, die überhaupt erst die Möglichkeit einer Ausweitung der Gestaltungs- und

Regulierungsfunktionen eröffnet hat.

An dieser Stelle sind zwei einschränkende Bemerkungen notwendig. Erstens darf die vereinfachte Gegenüberstellung historischer Entwicklungstypen des Staates nicht die Tatsache verdecken, daß die Nutzung wissenschaftlichen Wissens durch den Staat schon weit zurückreicht und daß zumindest im 19. Jahrhundert bereits eine ziemlich systematische Wissenschaftspolitik existiert.[5]

Zweitens muß die Nutzung wissenschaftlichen Wissens durch den Staat nicht unbedingt auf die Problemlösungsfunktion der Wissenschaft abstellen. Drei Funktionen der Nutzung von Wissen lassen sich analytisch unterscheiden. Die Nutzung kann an dem Prozeßwert der Wissenschaft orientiert sein, was z. B. immer dann der Fall ist, wenn die ökonomischen Nebeneffekte wissenschaftlicher Einrichtungen das eigentliche politische Ziel sind. Die Wissenschaft kann für Legitimationszwecke genutzt werden, um bestimmten politischen Maßnahmen eine größere Glaubwürdigkeit und Durchsetzungskraft zu verleihen. Und schließlich kann die Nutzung am Produktwert der Wissenschaft orientiert sein, und nur in diesem Fall stellt sie auf deren Problemlösungskapazität ab.[6]

Diese verschiedenen Funktionen der Wissenschaft für politisches Handeln schließen sich nicht gegenseitig aus, und im konkreten Fall kann es sogar schwierig sein zu bestimmen, ob eine spezifische Anforderung an die Wissenschaft lediglich Legitimationszwecken dient oder aber auf die Lösung eines Problems gerichtet ist. Unabhängig davon ist die Unterscheidung deshalb bedeutsam, weil nur in solchen Fällen, in denen der Produktwert der Forschung gefragt ist, ein Eingriff der politischen Zielsetzungen in die internen Kriterien der Problemwahl und damit in den kognitiv orientierten Entwicklungsgang der Wissenschaft impliziert ist. In dem hier diskutierten Fall wird davon ausgegangen, daß sich das öffentliche Interesse an der Wissenschaft auf dessen Problemlösungskapazität richtet, ohne daß damit ausgeschlossen werden muß, daß dieses Interesse im Kontext eines besonderen Legitimationsdrucks und unter Erwägungen der ökonomischen Infrastruktursicherung aktualisiert worden ist.

Offenkundig erscheint nur das als Problem, was auch als Problem wahrgenommen wird. So *können* schlechte Wohnungsbedingungen niedrigerer Einkommensgruppen für eine konservative Regierung eine unabänderliche oder zu vernachlässigende Tatsache sein, für eine sozialistische Regierung dagegen ein Problem mit hoher Priorität. In diesem Fall wäre die Problemwahrnehmung abhängig von den Wertvorstellungen bzw. der Ideologie, die die angenommene Regierung vertritt. Eine andere Bedingung der Problemwahrnehmung ist jedoch Wissen. Vor nicht langer Zeit beruhte die Bildungspolitik auf der Annahme, daß die ökonomisch erwünschte Anhebung der allgemeinen Qualifikation durch die natürliche Begabungsverteilung begrenzt sei. Die Begründung hierfür lieferte das Konzept der genetischen Intelligenz, das in der Wissenschaft vorherrschte. Daß die Intelligenzverteilung zumindest zu einem sichtbaren Ausmaß sozial vermittelt ist, wurde erst durch statistische Analysen offengelegt, die regionale Differenzen und die Korrelation mit Faktoren sozialer Schichtung aufzeigten. Aufgrund dessen konnte erst dann das gesellschaftliche Qualifikationsniveau als ein Problem wahrnehmbar werden, das mittels angemessener politischer Maßnahmen lösbar erschien, selbst wenn diese Maßnahmen selbst noch nicht bekannt waren.

Dies Beispiel zeigt, daß die Problemwahrnehmung *auch* eine Funktion systematischen Wissens und somit indirekt der wissenschaftlichen Entwicklung ist. Auch hier wird deutlich, daß beide Arten von Determinanten sich nicht gegenseitig ausschließen. Ideologien können z. B. einen Einfluß darauf haben, welches Wissen überhaupt zur Kenntnis genommen und wie es interpretiert wird. Ideologien, Werte und Normen sind als Selektionsmechanismen wirksam, die die Wahrnehmung von Wissen strukturieren (vgl. Kapitel II in diesem Band). Sie sind intervenierende Variablen in der Beziehung zwischen der Wissensentwicklung und der Problemwahrnehmung.

Damit verbietet sich auch die implizite Annahme, daß die Entwicklung systematischen Wissens automatisch auch schon die Probleme definiert, die Gegenstand politischen Handelns werden. Tatsächlich besteht zwischen wissenschaftlicher und politischer Problemwahrnehmung keine Identität. Vielmehr wird das wissenschaftliche Wissen zumindest im grundlagentheoretischen Bereich nach internen Relevanzkriterien produziert und ist kaum jemals unmittelbar auf die Lösung praktischer Probleme anwendbar. Bleibt man bei dem oben genannten Beispiel, so ist die Erkenntnis, daß die Intelligenzverteilung auch durch soziale Faktoren vermittelt ist, weit von der Fähigkeit entfernt, ein Bildungssystem entwerfen zu können, in dem diese Faktoren hinreichend kontrolliert sind. Die über wissenschaftliche Erkenntnis vermittelte Einsicht, die ein ›Hindernis‹ zu einem prinzipiell lösbaren Problem macht, kann der Ausgangspunkt für die Formulierung eines politischen Programms sein, dessen Realisierung unter anderem von der gelenkten Entwicklung wissenschaftlicher Forschung abhängt. Die Kluft, die oftmals zwischen der Identifikation eines Problems und seiner Lösung durch Forschung besteht, kann auch der Tatsache zugeschrieben werden, daß der Wissenschaft zunehmend eine ›generalisierte Problemlösungskapazität‹ zugeschrieben wird, so daß wissenschaftliche Lösungen antizipiert werden, obgleich für sie im vorhandenen Wissen keine Grundlage besteht.

Für unsere generelle Fragestellung muß noch eine weitere Unterscheidung hinzugefügt werden. Unabhängig davon, welche kognitiven Bedingungen die Problemwahrnehmung beeinflussen, ist auch zu fragen, durch wen bzw. in welchem institutionellen Rahmen Probleme wahrgenommen werden und welche Arten von Handeln sie bestimmen. Diese Frage kann hier nur untersuchungspragmatisch beantwortet werden. Wir gehen davon aus, daß Probleme von Regierungen bzw. von der öffentlichen Verwaltung, von der Öffentlichkeit (die als die Presse operationalisiert wird) und schließlich von der »scientific community« (im weiten Sinne des Wortes) perzipiert werden.

4. Die Dialektik der Formulierung politischer Probleme

Ein erster Schritt bei dem Versuch, die relative Bedeutung wissenschaftlichen Wissens und politischer Zielsetzung im Hinblick auf eine bestimmte Politik oder ein politisches Programm zu bestimmen, ist die Identifikation der »Inputs« aus jenen institutionellen Sektoren, die als relevant erachtet wurden. Wir benutzen hier das »Umweltprogramm« der Bundesregierung als Bezugsrahmen, und an seiner Entwicklung und seinem Inhalt sollen die wahrscheinlichen Gründe untersucht werden, die die Regierung zur Formulierung dieses Programms sowie zu den damit involvierten Aktivitäten veranlaßt haben.

Der Versuch, die Entwicklung des Umweltprogramms zu beschreiben und insbesondere die verschiedenen Einflüsse zu identifizieren, die dabei wirksam waren, sieht sich der komplexen Geschichte der Entstehung einer politischen »issue« gegenüber. In ihrer Regierungserklärung vom Oktober 1969 hatte die neue sozialliberale Koalitionsregierung erklärt, daß der Naturschutz, der Schutz der Tiere sowie der Erholungsgebiete besondere Aufmerksamkeit erhalten werde. Ein halbes Jahr später (Juli 1970) wurde ein Kabinettsausschuß für Umweltfragen gebildet, der im September desselben Jahres ein Sofortprogramm verabschiedete und darin vorschlug, daß die verschiedenen Ministerien unter der Federführung des Innenministers bis zum März 1971 einen Entwurf eines »Umweltprogramms« vorlegen sollten. Dieses Programm wurde mit Hilfe von Wissenschaftlern und technischen Beratern erstellt, deren Rolle später diskutiert wird. Eine der zentralen Diagnosen des Programms, die zugleich auch die explizite Begründung für die Aktivitäten der Regierung im Bereich des Umweltschutzes darstellt, war, daß die Industrialisierung ein solches Ausmaß erreicht habe, daß die gesamte Ökosphäre irreversibel beeinflußt werde, die Rohstoffe knapp würden und Boden, Luft und Wasser sowie Tiere und Pflanzen vor den menschlichen Eingriffen in das natürliche Gleichgewicht geschützt werden müßten. Darüber hinaus enthielt das Programm eine Reihe von Zielvorstellungen und gab auch die Maßnahmen an, die zu deren Realisierung führen sollten. Darunter waren u. a.:

1) Eine langfristige Umweltplanung: durch ein Umweltrecht, das nach dem »jeweiligen Stand von Wissenschaft und Technik ständig fortgeschrieben wird«; durch »wirksame Beratungsverfahren bei allen umweltrelevanten Entscheidungen der Gesetzgebung, Verwaltung und Rechtsprechung, um den neuesten Stand von Wissenschaft und Technik berücksichtigen

zu können«; und die »Integration des Umweltschutzes in alle Maßnahmen der Struktur- und Raumordnungspolitik«.

2) »Realisierung einer umweltfreundlichen Technik ...«.

3) Wirksamere internationale Kooperation auf umweltrelevanten Gebieten.[7]

Nun ist zu fragen, welche Anlässe und Informationen den Zeitpunkt und die Art und Weise bestimmt haben, in der das Problem von der Politik aufgegriffen wurde. Vereinfacht gesagt gibt es die Möglichkeiten, daß das Problem entweder ›autonom‹ von der Regierung formuliert wurde, oder durch die Öffentlichkeit aufgrund unmittelbarer Erfahrungen der Umweltverschmutzung, oder schließlich, daß es von der »Wissenschaft« im Verlauf des Forschungsprozesses erkannt und publiziert wurde.

Die Frage nach den Anlässen und dem Zeitpunkt der Formulierung des Umweltproblems muß vor dem Hintergrund der »Vorläufer« dieser Problemformulierung gesehen werden. Schon 1961 verwies der damalige sozialdemokratische Kanzlerkandidat Willy Brandt in seiner Wahlkampagne auf Forschungsergebnisse, die die gesundheitsschädlichen Folgen der Luft- und Wasserverschmutzung offengelegt hatten und prägte den Wahlkampfslogan, daß der Himmel über der Ruhr wieder blau werden müsse. Der Wissenschaftsjournalist Thomas von Randow nahm dies zum Anlaß für eine Reihe von Artikeln über die Luft- und Wasserverschmutzung in Deutschland, in denen er dieselben Daten und Diagnosen zitierte, die beinahe ein Jahrzehnt später Gegenstand der Umweltdiskussion wurden.[8] Mit anderen Worten, nahezu zehn Jahre bevor das Umweltproblem in Deutschland zu einer politischen »issue« wurde (ein Jahr bevor Rachel Carsons einflußreiches Buch »Der stumme Frühling« in den USA erschien), waren die realen Anlässe gegeben und die wissenschaftlichen Erkenntnisse bekannt.

Eine Möglichkeit, diese Zeitverschiebung zu erklären, könnte darin gesehen werden, daß das Problem im Zeitverlauf eine neue Qualität angenommen hat und diese das Resultat wissenschaftlicher Forschung war. Anzeichen dafür lassen sich zunächst in der Genese der Umweltdiskussion in den USA finden. Dort entwickelte sich die Diskussion ebenfalls aus isolierten Gesetzgebungsaktivitäten, die sich auf die Erhaltung der

»Wildness« (seit 1924), auf die Erholungsgebiete, die Verschönerung der »Highways«, Luft- und Wasserverschmutzung bezogen und schließlich in die Proklamation einer Umwelt »that is pleasing to the senses and healthy to live in« als einem vorrangigen nationalen Ziel durch Präsident Johnson 1965 mündeten.[9] Die ›neue Qualität‹ des Problems wird vor allem in Präsident Johnsons Erklärung zur »Schönheit der Natur« deutlich, in der er den »neuen Naturschutz« vom »klassischen Naturschutz« unterscheidet. Ersterer ist ein »*creative* conservation of *restauration* and *innovation*. Its concern is not with nature alone, but with the *total relation between man and the world around him*«.[10]

Das neue Element im Naturschutz, das hierin angesprochen ist und den Kern der Umweltdiskussion ausmacht, ist die Erkenntnis, daß die Bedrohungen der Umwelt durch den Menschen verursacht werden, systemarer Natur und nicht isoliert sind, daß sie globalen und nicht nur nationalen Umfang haben und daß sie politische, rechtliche, soziologische, biologische, physikalische, chemische und technologische Probleme berühren. Im Hinblick auf diesen Aspekt des Umweltproblems, darüber besteht kein Zweifel, haben die Politiker – und vor allem die Experten in der öffentlichen Verwaltung – Kenntnis von wissenschaftlichen Ergebnissen gehabt und sind durch diese beeinflußt worden. Der damalige Innenminister Genscher bezog sich in seiner Antwort auf eine parlamentarische Anfrage explizit auf die Analysen des amerikanischen Biologen Paul Ehrlich.[11] In einer Erklärung Helmut Kohls (1970), des Vorsitzenden der CDU, findet sich einer der seltenen Hinweise auf die »interdisziplinäre Wissenschaft der Ökologie«, die diese Partei an den Universitäten etabliert sehen wollte.[12]

Neu hinzugekommen ist ferner die Einsicht, Umweltangelegenheiten bedürften der *aktiven* Intervention der Regierung. Dieses Moment wurde Anfang der 70er Jahre zum immerwiederkehrenden Thema in den Reden bekannter deutscher Politiker. Bundeskanzler Willy Brandt erklärte z. B., daß die Bundesregierung von der Annahme ausgehe, daß sich die Fragen des Umweltschutzes »in Zukunft nicht mehr allein durch die defensive Abwehr von Gefahren regeln lassen werden, sondern daß es nötig ist, durch vorausschauende und vorbeugende systematische Maßnahmen unsere Umwelt aktiv zu gestalten«.[13]

Diese freilich nur singulären Hinweise legen es nahe, davon auszugehen, daß die Umweltdiskussion eine neue Qualität entwickelt, und daß diese auf wissenschaftliche Informationen zurückgeht. Sie beeinflußt den Charakter der Politik, nämlich die Abkehr von einer unzusammenhängenden Politik der Einzelmaßnahmen zu einer aktiven, antizipatorischen und systematischen Planung im Bereich dessen, was vormals Naturschutz war. (Wie weit dieser Anspruch auch faktisch eingelöst wird, ist eine Frage der Analyse der Politik selbst. Zumal in Deutschland haben gesetzgeberische Maßnahmen in dem heute als »Umweltschutz« abgesteckten Bereich eine lange Tradition. Hier geht es jedoch um die Programmatik, die unabhängig von ihrer Realisierung in die Ansprüche an die Wissenschaft eingeht oder von ihr beeinflußt ist.)

Doch auch diese wenigen illustrativen Daten der Entwicklung des Umweltproblems als »issue« in der politischen Diskussion vermögen nicht zu erklären, warum diese mit einer erheblichen Verzögerung (in der Bundesrepublik auch gegenüber den USA) erst einsetzt, nachdem sowohl die sichtbaren Anzeichen der Umweltbedrohung als auch die erforderlichen Informationen zu ihrer Deutung vorhanden waren. Es ist unklar, wenngleich auch unwahrscheinlich, ob es konkrete politische Anlässe waren, die zur plötzlichen Entstehung der Umweltdiskussion führten. Selbst die vermeintliche Produktionsorientierung der Umweltpolitik bietet keinen Erklärungsgrund für die einsetzenden Aktivitäten, denn auch die Gefährdung der produktionsnotwendigen Ressourcen reicht länger zurück.[14]

Allenfalls ließe sich auf den in den USA mit der Administration Kennedy und in der Bundesrepublik mit der sozialliberalen Koalition sich durchsetzenden Wandel des öffentlichen Bewußtseins verweisen, der zumindest zu der programmatischen Änderung der politischen Prioritäten führte. Insofern ist es zu erwarten, daß die Entwicklung eines kritischen Umweltbewußtseins in der Öffentlichkeit einen entsprechenden Legitimationsdruck auf die Regierung erzeugt hat und somit darin der entscheidende Grund für die Auslösung der Regierungsaktivitäten im Umweltschutz zu suchen ist.

Die wenigen Meinungsumfragen zum Umweltbewußtsein, die

uns bekannt sind, erbringen für diesen Zusammenhang nichts, weil sie nicht die Entwicklung der Dimensionen des Problems nachzeichnen. Aufgrund des Zeitpunkts, zu dem sie durchgeführt wurden, lassen sie auch keine Schlußfolgerungen hinsichtlich der Auswirkungen zu, die die öffentliche Meinung auf die Programmformulierung der Regierung gehabt haben könnte. Wir versuchen deshalb, das Problem dadurch anzugehen, daß wir als Indikator die Entwicklung und Kristallisierung der »issue« in der Presse wählen.

Die schon zitierten Artikel von Randows zeigen, daß einzelne Berichte über Luft- und Wasserverschmutzung schon lange vor 1970 erschienen. Bereits 1962 veröffentlichte »Die Zeit« eine längere Besprechung von Rachel Carsons »Silent Spring« und dabei tauchte auch der Begriff »Umwelt« auf.[15] Zu jener Zeit waren also die grundlegenden Fakten des Umweltproblems bekannt und der Öffentlichkeit zugänglich. Ebenso wurden bereits besonders alarmierende Fälle von Umweltverschmutzung in der Presse berichtet, z. B. ein dreitägiger Smog über dem Ruhrgebiet im Dezember 1962.[16]

Eine systematische Analyse des Nachrichtenmagazins »Der Spiegel« für die Jahre 1968-1974 vermittelt einen guten Eindruck von der Kristallisation des Umweltproblems. Durch das Jahr 1968 und den größten Teil von 1969 finden sich isolierte aber wiederholte Berichte über Ereignisse, die mit Umweltproblemen in Verbindung gebracht werden können. Sie reichen von der Energie über Gesundheitsrisiken von Pharmazeutika, Stadtplanung bis zum Lärm und DDT-Verboten in Schweden und den USA. Im Oktober 1969 beginnt eine Serie über die Bevölkerungsexplosion, und sechs Wochen später (Nr. 48) erscheint zum ersten Mal der Begriff »Umwelt« in einem Abdruck von Paul Ehrlichs Artikel »Die Ermordung des Planeten«, in dem dieser das Umweltproblem in die Perspektive einer neuen Ökologie stellt. 1970 nimmt die Zahl der Artikel über Umweltfragen stetig zu, bis die Umweltdiskussion in der zweiten Hälfte des Jahres zu einem beherrschenden Thema in dieser Zeitschrift wird. Von nun an gibt es von Zeit zu Zeit Titelgeschichten über besondere Umweltprobleme sowie eine Kolumne (»Umwelt«), die der aktuellen Berichterstattung über Umweltfragen gewidmet ist.

Soweit der »Spiegel« ein hinreichend repräsentatives Bild der

Entwicklung der Umweltdiskussion gibt, lassen sich daraus eine Reihe von Schlüssen ziehen.

1) Das Problem wird, wenngleich zunächst in isolierten Teilaspekten, um einiges früher diskutiert als im politischen Kontext;

2) die Kristallisation der »issue« findet ungefähr zur selben Zeit statt, zu der auch die Regierungsaktivitäten beginnen;

3) diese Kristallisation wird ausgelöst durch popularisierte wissenschaftliche Ergebnisse.

Das läßt jedoch weiterhin die Frage unbeantwortet, warum dieser Prozeß nicht acht Jahre früher einsetzte, als die Probleme bereits bekannt waren und von der Presse schon berichtet wurden, als Rachel Carsons Buch erschienen war, das viele derjenigen Einsichten enthielt (wie z. B. die Anreicherung des DDT in der Nahrungskette), die gleichsam die hauptsächliche Begründung sowohl für den systemaren Umweltschutz als auch für den daraus resultierenden Typ von aktiver Planungspolitik liefern. Die zeitliche Abfolge und das Muster der Entwicklung des öffentlichen Bewußtseins lassen eine eindeutige Beantwortung dieser Frage nicht zu. Allerdings lassen sie den recht eindeutigen Schluß zu, daß es nicht primär ein durch Änderungen des öffentlichen Bewußtseins entstandener Legitimationsdruck auf die Regierung ist, oder daß auch nur bestimmte dramatische Ereignisse dazu geführt haben, daß in der Öffentlichkeit Vorstellungen artikuliert werden, die Eingang in die Programmformulierung der Regierung finden. Betrachtet man die Presseberichte inhaltlich, so zeigt sich, daß die Information bei weitem gegenüber der Kritik an den Planungs- und Politikdefiziten überwiegt. Dieser Eindruck wird auch durch die Aufklärungskampagnen der Regierung in Presse und Fernsehen gestützt, in denen die Bürger zu umweltbewußtem Verhalten angehalten werden sollen. Alles dies läßt die Annahme zu, daß es letztlich Faktoren des politischen Systems sind, die zumindest das »Erscheinen« der »issue« bestimmen, bzw. ist umgekehrt ein offenkundiger Grund dafür, daß über einen längeren Zeitraum hinweg das Problem im politischen Bereich nicht aktualisiert werden konnte, in der Resistenz des politischen Systems zu suchen, die aber nicht näher spezifizierbar ist. Diese Annahme wird indirekt bestätigt, wenn man die Entwicklung der Umweltdiskussion innerhalb der »scientific community« betrachtet.

Unsere Information über die Entstehung der Umweltdebatte innerhalb der Wissenschaft ist unvollständig, vor allem im Hinblick auf die Frage, ob sie aus der laufenden Forschung heraus initiiert oder aber von »außen« in den wissenschaftlichen Diskurs »importiert« wurde. Es gibt Hinweise für beides. Auf der einen Seite beziehen sich sowohl die Politiker als auch die Massenmedien auf wissenschaftliche Diagnosen der Umweltkrise. Diese gehen jedoch der Kristallisation der »issue« voraus. Auf der anderen Seite wird die Umweltdiskussion in der Wissenschaft in sehr ähnlicher Form aufgenommen wie in der Öffentlichkeit, und sie nimmt hier wie dort die Züge einer Modebewegung an. Letzteres wird z. B. durch die Aktivitäten illustriert, die 1968 von der ›American Association for the Advancement of Science‹ begonnen wurden, als verschiedene Symposien auf ihrer Jahresversammlung der Diskussion über unerwartete Umweltgefährdungen der Technologie und den globalen Auswirkungen der Umweltverschmutzung gewidmet waren. Das Direktorium errichtete darüber hinaus eine Kommission, die sich mit Umweltveränderungen befaßte (»Committee on Environmental Alterations«) und ergänzte damit, nach den Worten des Chefredakteurs der Zeitschrift »Science«, die Aktivitäten vieler anderer Gruppen »weil die Probleme von solch umfassender Bedeutung sind, daß viele Gruppen involviert sein müssen«.[17]

Eine ähnliche Entwicklung wird durch eine Umfrage an deutschen Universitäten aufgezeigt. Danach hatte 1971 jede fünfte Universität konkrete Pläne entwickelt, »Umweltprobleme künftig in einer sinnvollen Zusammenarbeit zwischen den einzelnen Disziplinen zu behandeln, statt sie nur kleinen und kleinsten Gruppen in weiter Zersplitterung zu überlassen«.[18]

Ebenfalls 1971 veröffentlichte die DFG einen Bericht über »Umweltforschung«, in dem sie ihre eigenen Aktivitäten der vergangenen zwanzig Jahre unter diesem Titel vorstellt. In dem Bericht weist sie darauf hin, daß zwar die einzelnen Probleme des Umweltschutzes seit langer Zeit Gegenstand der Forschung in verschiedenen Disziplinen waren, es nun aber sinnvoll sei, die verschiedenen Aspekte unter dem Begriff der »Umweltforschung« zu integrieren.[19] Eine Erklärung dafür, warum dies nicht schon eher der Fall war, gibt die DFG nicht (außer daß in der Vergangenheit die Prioritäten anders gesetzt wurden).

Experten, die an der Zusammenstellung des wissenschaftlichen Materials für den Umweltbericht der Bundesregierung teilgenommen haben, bestätigten in Interviews, daß die umweltrelevante Forschung bereits seit vielen Jahren durchgeführt wurde, daß aber die Aktivitäten der Regierung dazu gedient haben, ein zusammenhängendes Bild des gesamten Problems zu liefern und auch in der Wissenschaft zum Bewußtsein zu bringen.

Das unterstreicht, daß die Umweltdiskussion zwar in ihrer Ausprägung als politische »issue« in die ›Wissenschaft‹ importiert wird, dort aber auf eine längere Entwicklung von Forschungen trifft, denen gegenüber sie als eine Veränderung der Perspektive erscheint. Das wird u. a. verständlich, wenn man sich die Geschichte der Ökologie vergegenwärtigt, jener Spezialdisziplin innerhalb der Biologie, die gleichsam Adressat oder vermeintliche Urheberin der systemaren Perspektive des Umweltschutzes ist. Ein kurzer Exkurs in die Geschichte der Ökologie kann das illustrieren.

Die Ökologie ist keineswegs eine »junge« Wissenschaft innerhalb der Biologie, wie man denken könnte. Vorläufer gehen zurück bis ins 18. Jahrhundert, insbesondere unter den Namen »Naturgeschichte« und »Pflanzengeographie«. Im letzten Drittel des 19. Jahrhunderts erschienen dann die ersten klassischen Monographien sowie die ersten Lehrbücher einer Ökologie, die vorwiegend beschreibend-vergleichend arbeitete, von Anfang an enge Berührung mit praktischen Interessen wie Fischereiwirtschaft oder Schädlingsbekämpfung hatte und in den ersten Jahrzehnten des 20. Jahrhunderts sich auch auf internationaler Ebene als eine »synthetische Wissenschaft«[20] konsolidierte.

Diese auf Synthese zielende Ausrichtung der Ökologie hatte zwei zeitweilig gegenläufige Konsequenzen. Einerseits führte sie zur Herausbildung des zentralen Konzepts vom »Ökosystem«, weil Synthese die Zusammenarbeit der verschiedenen getrennten biologischen (und physiographischen) Disziplinen für eine biologische Lebenseinheit (z. B. einen See) meinte und dabei immer eine Vorstellung des jeweils »Ganzen« zugrundelegte, des ganzen Systems als eines komplizierten Wechselspiels seiner Teile. Schon die Einführung des Begriffs »Ökologie« durch Haeckel (als Lehre vom Haushalt der Natur) implizierte den Systemcharakter des ökologischen Forschungsgegenstandes. Möbius prägte 1877 den Begriff Biocönose (Lebensgemeinschaft), den Thienemann aufgriff und dem Biotop (Lebensraum) gegenüberstellte (1918). Damit waren die wesentlichen Teile des »ökologischen Systems« konzipiert, für das Tansley 1935 den heute üblichen Terminus »Ökosystem« einführte.[21]

Der hohe Anspruch dieser sich als Ökosystemforschung verstehenden Ökologie kontrastierte allerdings mit der begrenzten Reichweite ihrer deskriptiv-komparativen Methode. Darüber hinaus verschärfte er in den 1930er Jahren die allgemeine biologietheoretische Diskussion, in der sich führende Ökologen zu Fürsprechern einer »holistischen« Biologie (und Weltanschauung) machten und mit ihrer Skepsis gegenüber der experimentellen Methode in der Ökologie sich von dem Hauptstrom der Biologie, die erfolgreich ihrer reduktionistischen, experimentellen und kausal-analytischen Forschungslogik folgte, zu isolieren drohten. Hier scheinen einige Gründe für die Tatsache zu liegen, daß Prestige und Stellenwert der Ökologie innerhalb der Biologie lange unverkennbar gering geblieben sind.

Ein innerwissenschaftlicher Aufschwung der Ökologie aus der unfruchtbaren Frontstellung setzte seit den 1940er Jahren (mit Vorläufern schon in früheren Jahren) ein, als man begann, mit der experimentellen Methode Kausalbeziehungen in Ökosystemen aufzudecken, die sich der deskriptiv-vergleichenden Technik entzogen.[22] Das führte zur Erweiterung der Konzeption des Ökosystems um seine dynamischen Aspekte, und Fragen wie die Primärproduktion, der Energiefluß, der Abbau von Stoffen, die Nahrungskette usw. traten in den Vordergrund. Erleichtert oder gar ermöglicht wurde diese Forschungsrichtung durch bestimmte Methoden und methodische Hilfsmittel (C^{14}-Methode, Radionukleide, Computer), die sich für viele exakte Wissenschaften als hilfreich erwiesen. Die Ökologie reihte sich nunmehr auch im Fremdverständnis in den Kreis dieser exakten Wissenschaften ein; der Gegensatz zu den anderen biologischen Disziplinen wurde zunehmend anachronistisch, weil Fragen und Methoden etwa der Mikrobiologie, Biochemie, Biophysik und Molekularbiologie in der ökologischen Forschung direkte Bedeutung und Anwendung fanden.

Diese hier skizzierte Entwicklung der Ökologie erscheint weitgehend interpretierbar als immanent bestimmt durch die Logik eines Forschungsprogramms, das sich auf die natürlichen Wechselbeziehungen von Pflanzen und Tieren mit ihrer Umwelt (Autökologie) sowie untereinander (Synökologie) richtete. Der dabei entstandene Methodenstreit ist verständlich, wenn man an die hochgradige Komplexität auch des einfachsten Ökosystems und die Grenzen einer Faktoren isolierenden Reduktion dieser Komplexität denkt. Die philosophische Deutung dieser Schwierigkeiten in der holistischen Biologie als einer die spezialisierten Naturwissenschaften wieder vereinigenden Brückenwissenschaft hat wahrscheinlich die Einführung kausal-analytischer Fragestellungen und experimenteller Methoden in die Ökologie zeitlich verzögert, aber doch kaum so stark, daß die Ökologie mit der Entstehung des allgemeinen Umweltproblembewußtseins nicht in der Lage gewesen wäre, die Umweltprobleme adäquat zu fassen. Freilich gilt, und hier mag die Verzögerung sich verstärkend negativ ausgewirkt haben, daß die Ausweitung der Ökologie (der deskriptiv-komparativen wie der kausal-analytischen) auf den Tatbestand der »vielfältigen Einwirkungen des Menschen auf die natürlichen Ökosysteme«[23] und damit die Entstehung der Humanökologie eigentlich mehr ein Indikator des inzwischen erwachten allgemeinen Umweltproblembewußtseins als dessen Entstehungsbedingung gewesen ist. Dabei hätte eine stärkere Einbeziehung menschlicher Störungen natürlicher Ökosysteme der Ökologie so etwas wie gigantische Quasi-Experimente zum Studium angeboten.[24] Die faktische Vernachlässigung dieses Teilgebietes der Ökologie, trotz einer langen Reihe von allerdings vereinzelten wissenschaftlichen und journalistischen Warnungen vor einer Verseuchung der Umwelt, hat u. a. dazu geführt, daß es an dringend erwünschten Zeitreihen für die meisten quantitativen Daten fehlt, die in die Analyse der Belastung und Belastbarkeit einer Umwelt eingehen.[25]

Mit der seit den frühen 1960er Jahren (in Deutschland etwa 5 Jahre später) einsetzenden Diskussion um die Umweltverschmutzung sind nun die Erwartungen an die Ökologie sowie deren eigenes Prestige gestiegen, und erst seit dieser Zeit wendet sie sich verstärkt humanökologischen Problemen zu. Diese Ausrichtung kann sowohl als Fortsetzung ihrer eigenen Tradition wie als Rezeptivität gegenüber externen Anforderungen verstanden werden. Daß sie dabei von der allgemeinen Aufwertung der Umweltforschung profitiert, ist nicht weiter verwunderlich. Umgekehrt bleibt die Frage, warum sie nicht schon eher »Umweltforschung« im heutigen Sinne getrieben hat. Im Zusammenhang mit der möglichen Erklärung, daß dies erst durch die Politisierung erfolgen konnte, wird den Büchern von R. Carson, P. Ehrlich u. a. eine wichtige Rolle zugeschrieben. Dieser Einfluß war sicherlich groß, aber nicht deswegen, weil diese Autoren einen theoretischen oder methodischen Durchbruch, eine neue Perspektive für die Ökologie erzielten. Ihre Wirkung lag vielmehr einmal darin, daß sie den Menschen in den Mittelpunkt der ökologischen Analyse und Prognose stellten, unter dem Gesichtspunkt der Zerstörung natürlicher Gleichgewichte; zum anderen adressierten diese Autoren ihre Bücher nicht an ihre »scientific community«, sondern an das gebildete Publikum, ein Publikum, das seit den Tagen Darwins ein besonderes Interesse an biologischen Fragen wachgehalten hatte. In beiden Hinsichten waren Carson und Ehrlich keine Pioniere, und insofern ist noch nicht hinreichend erklärt, warum gerade ihnen und nicht ihren Vorgängern die gewaltige politisierende Wirkung vergönnt war.

Wir gelangen damit erneut zu der allgemeinen Schlußfolgerung, daß sich Umweltschutz und -forschung ungefähr zur gleichen Zeit in Öffentlichkeit und »scientific community« als vordringliche Probleme darstellten, und zwar als politische bzw. politisierte Probleme.

Im Hinblick auf das Ausgangsproblem, das Ausmaß zu bestimmen, zu dem das Umweltprogramm und seine Übersetzung in Wissenschaftspolitik »autonom« innerhalb des politischen Bereichs oder durch die »scientific community« initiiert wird, sehen wir uns einer überraschenden Antwort und einem methodischen Problem gegenüber. Es ist überraschend, daß die »scientific community« allgemein (d. h. soweit sie einen Bezug zum Umweltproblem hat, der faktisch allerdings von sehr vielen Disziplinen reklamiert wird) simultan mit den politischen Agenturen und der Öffentlichkeit auf die Umweltdiskussion reagiert, während die wissenschaftlichen Ergebnisse,

die die Grundlage für die Formulierung des Regierungspro-
gramms abgeben, von einer bestimmten Gruppe innerhalb der
»community« bereits zu einem früheren Zeitpunkt in popu-
lärer Form und politischer Absicht publiziert werden. (In diesem Zusammenhang wäre es aufschlußreich, die möglichen
Widerstände innerhalb der »community« gegenüber der Ökologie allgemein und den Schriften von Carson, Ehrlich u. a.
vor dem Beginn der Umweltdiskussion zu betrachten.) Während also eine kleine Gruppe der »scientific community« eine
initiierende Funktion im Prozeß der Kristallisation der »issue«
hat, reagiert »die Wissenschaft« in ihrer Gesamtheit ähnlich
wie die politische Öffentlichkeit, die Umweltforschung wird
eine modeähnliche Erscheinung.

Das methodische Problem, das verbleibt, ist die Identifikation der tatsächlichen Ursachen der Politisierung. ›Empirische‹
Erklärungen, die in diesem Zusammenhang angeboten werden, wie z. B. eine akute Krise oder autonome Prozesse der
›Politisierung‹ und Konsensusbildung versagen entweder völlig oder bleiben unbefriedigend.[26] Weder legitimationstheore-
tische noch politikökonomische Begründungen allein sind als
Erklärung hinreichend. Umgekehrt ist auch das Vorhanden-
sein wissenschaftlicher Informationen allein nicht ausreichend,
um den Prozeß auszulösen, wenngleich wohl eine notwendige
Bedingung. Vor dem Hintergrund der bekannten Informationen könnte die Frage nach den Ursachen der Politisierung
der Umweltdiskussion somit nur spekulativ beantwortet werden. Es zeigt sich jedoch, daß die Programmformulierung weder ausschließlich Ergebnis einer politischen Willensbildung
noch des wissenschaftlichen Forschungsprozesses ist. Ein zwei-
ter Schritt der Analyse ist die detaillierte Betrachtung der
strukturellen Bedingungen der Programmformulierung.

5. Strukturelle Bedingungen und Mechanismen
der politischen Programmformulierung

Jede Verwaltungsorganisation und somit auch die öffentliche
Verwaltung ist für die Bewältigung bestimmter Aufgaben
oder Aufgabenkomplexe geschaffen. Insofern sind die Struktur
und die Zuständigkeitsabgrenzungen zwischen Ministerien

ebenso wie deren interne Differenzierung in aufgabenorientierte Abteilungen u. a. eine Funktion von Problemperzeptionen. Diese funktionale Beziehung ist dadurch vermittelt, daß sich die Organisationsstrukturen in der Regel über lange Zeiträume hinweg entwickelt und das Gewicht von Traditionen angenommen haben, daß sie auch das Resultat von Verschiebungen in der Machtverteilung und der Repräsentation von Interessen sind. Während sie aufgrund dieser Einflüsse einem fortwährenden Wandel unterliegen, sind sie andererseits relativ beharrliche Strukturen. Beharrungsvermögen und Flexibilität dieser Strukturen müssen also durch politische und organisatorische Prozesse erklärt werden, aber da diese auch immer ein kognitives Substrat haben, sind sie zugleich als kognitive Prozesse interpretierbar (vgl. Kap. II in diesem Band).

Geht man von der Annahme aus, daß ein bestimmtes Ministerium entsprechend einer besonderen Aufgabe strukturiert ist, so impliziert dies eine spezifische Konfiguration der Problemperzeption und der Informationsverarbeitung. Die Substrukturen eines Ministeriums verfügen über einen über längere Zeit akkumulierten Satz von »Fach- und Problemwissen, Routinisierung von Verfahrensweisen und Lösungsmustern« und sie sind an »eingespielten Kontakt- und Kommunikationsnetzen« orientiert, durch die eine erhebliche »Umwelt- und Problemsensibilität« dieser Organisationen gesichert ist.[27] Die Fähigkeit, Probleme aufzuspüren und zu identifizieren sowie Maßnahmen zu ihrer Lösung zu entwickeln ist auf solche Probleme begrenzt, zu deren Lösung die betreffenden organisatorischen Einheiten ursprünglich errichtet wurden. Ihre Problemperzeption ist selektiv, sie neigen dazu, Probleme zu ignorieren, die außerhalb ihrer »Zuständigkeit« liegen.[28] Es ist zum Gemeinplatz geworden, von der wachsenden Komplexität der Probleme zu sprechen, denen die öffentliche Verwaltung sich gegenübersieht, obgleich es tatsächlich unvorstellbar ist, daß die administrative Struktur als eine Struktur der Problemperzeption jemals den »realen« Dimensionen jener Probleme entsprach, mit denen sie es zu tun hatte. Gerade die fortwährende Anpassung der ersteren an die letzteren ist ein Grund für organisatorischen Wandel.[29]

Daß diese analytischen Überlegungen im Hinblick auf die Beziehung zwischen Verwaltungsorganisationen und ihren Aufgaben (d. h. Handlungsprobleme) auch für die Beziehung zwischen der Organisation der Wissenschaft und ihre Gegenstandsbereiche in Anschlag zu bringen sind, wurde bereits oben gezeigt (vgl. Kapitel II in diesem Band). Deshalb sei nur in Erinnerung gerufen, daß die disziplinären Grenzen das Ergebnis der Definition von Gegenstandsbereichen sind, die institutionalisiert worden sind, und als relativ verharrende Organisationen ihrerseits die Problemwahrnehmung selektiv bestimmen. Dennoch unterliegen sie andererseits dem ständigen Wandel, bedingt durch den Forschungsprozeß, die anfallenden Erkenntnisse, die sowohl die Forschungsprobleme als auch die Wahrnehmung des Gegenstandsbereichs affizieren.

Die entscheidende Differenz zwischen dem politischen und dem Wissenschaftssystem im Hinblick auf den hier diskutierten Kontext liegt in den jeweiligen »internen« Relevanzkriterien. Das bedeutet, daß die Wirkungsweise dieser Kriterien zu disparaten Problemperzeptionen führen kann. Es ist dann eine empirische Frage, wie im Prozeß der Problemidentifikation und der auf die Behandlung des Problems gerichteten Programmformulierung die disparaten Auffassungen des Problems zwischen der »scientific community« und der Verwaltung einander angepaßt werden. Um auf diesem Wege die relative Bedeutung politischer bzw. wissenschaftlicher »inputs« in ein wissenschaftspolitisches Programm zu bestimmen, ist es notwendig, die strukturierenden Mechanismen und die resultierenden unterschiedlichen Konzeptionen des Umweltschutzes zu identifizieren.

Die Schlüsselkategorie der Umweltforschung und damit auch des Umweltschutzes ist, davon gehen wir aus, das Ökosystem, die, wie schon dargestellt wurde, in der Biologie ihren Ursprung hat. Sie ist erst durch die Einbeziehung der menschlichen Eingriffe in das natürliche Gleichgewicht zu dieser Bedeutung gelangt. Der systemare Charakter der Ökosphäre impliziert, daß alle Eingriffe auf ihre sekundären Konsequenzen hin sorgfältig geplant werden müssen. Die isolierte Behandlung von Teilaspekten führt fast mit Notwendigkeit zu Problemverzerrungen mit den entsprechenden Folgen. Dieser, vom Gegenstand her geforderte systemare Zugang stellt den analytischen Bezugsrahmen, an dem die Wirkungsweise selektiver Problemwahrnehmungs- und Informationsverarbeitungsmechanismen gemessen werden kann. Zuvor sei noch eine allgemeine Überlegung zu den formal möglichen Konsequenzen der Problemverzerrung vorangestellt.

Problemformulierung bedeutet, daß ein »irgendwie« vorgegebenes Problem P in den problemperzipierenden Strukturen von Politik und Wissenschaft abgebildet und damit eine Reihe abgegrenzter Teilprobleme P_i definiert wird. Im einzelnen sind dann folgende Fälle (Relationen) denkbar:

$$P \Longrightarrow P_i \begin{cases} \sum P_i = P & (1) \\ \sum P_i \neq P & (2) \\ \sum P_i \subset P & (3) \end{cases}$$

Dies bedeutet, die Summe der Teilprobleme ist entweder mit dem ursprünglich gestellten Problem identisch (1), oder die Zerteilung läßt wesentliche Eigenschaften des Problems unberücksichtigt bzw. verfälscht sie und die Summe definiert ein anderes Problem (2), oder aber die Summe ergibt nur einen Teil des gestellten Problems, ohne seine wesentlichen Eigenschaften zu verfälschen (3.) Hierbei sind es allein die Strukturen, die diese Abbildungen mit ihren so charakterisierten Eigenschaften erzeugen. So kann z. B. ein Problem, welches wesentlich durch die Wechselwirkung von verschiedenen Teilbereichen definiert wird, gerade so zerteilt werden, daß die das Problem konstituierende Wechselwirkung verdeckt wird. Eine solche Zerlegung ist dann typisch für den Fall 2. Als Folge hat man es dann oft mit der Lösung von »Scheinproblemen« zu tun, weil wesentliche Qualitäten durch diese Zerlegung unberücksichtigt bleiben. Im 3. Fall kann die Zerlegung zwar nur »Teillösungen« produzieren, diese müssen aber einer »Gesamtlösung« nicht im Wege stehen bzw. müssen sie nicht verhindern.

Welche Zerlegungen man im einzelnen erhält, hängt auch davon ab, in welchem Bereich das Problem aufgegriffen und vorformuliert wird: in der Politik oder in der Wissenschaft. Für die Frage der »adäquaten« Problemlösung interessiert jedoch nicht die Reihenfolge von Teilabbildungen, sondern allein die Eigenschaft und Auswirkung der Gesamtabbildung; d. h. daß nicht der Aufteilung *an sich*, sondern ihrer *Eigenschaften* für die Aufstellung von Forschungsprogrammen zur Lösung spezieller Aufgaben die zentrale Bedeutung zukommt. Die Auswirkung einer durch Strukturen bedingten Aufteilung auf die Lösung eines gewissermaßen »neutral« vorgegebenen Problems ist mit dem Anspruch verknüpft, den wir hierbei an die Wissenschaft stellen. Verschiedene Ansprüche in diesem Sinne sind: Beschreiben (Daten sammeln), Erklären (Theoriebildung, Vorhersage) oder Optimieren (Kontrolle, Systembildung).

Es ist vorstellbar, daß das jeweilige Anspruchsniveau auch bereits bei der Problemdefinition eine Rolle spielt. So kann es z. B. Übereinstimmung über die Unlösbarkeit bestimmter Probleme oder über die Auswirkungen existierender Randbedingungen und als Folge eine Reduktion des Anspruchs auf die Ebene des Machbaren geben. Ein Beispiel hierfür wäre ein Übergang von der Umweltnutzung hin zum Umweltschutz. Nicht die Optimierung der Belastung im Sinne von maximaler Nutzung, sondern als erstes die Reduktion der Belastung ergeben dann die politischen Anforderungen an die Umweltforschung, d. h. die Aufgaben sind Datensammlung und Wirkungsanalysen.

Die durch diese Rückkoppelung erzeugte Nichtlinearität bewirkt u. U. eine zusätzliche »Problemverzerrung«, die im Einzelfall schwer zu diagnostizieren ist. Eben diese Reduktion von Komplexität in Richtung auf »Lösbarkeit« und damit eine im Vorhinein wirksame »Problemanpassung« ist der (hier vorliegende) Fall, der die genaue Bestimmung der relativen Bedeutung politischer und wissenschaftlicher »inputs« so wichtig und problematisch zugleich sein läßt.

Vor dem Hintergrund dieser allgemeinen Überlegungen zu den möglichen Auswirkungen selektiver Problemverarbeitung können nun zwei strukturelle Mechanismen identifiziert werden, die die Problemwahrnehmung und -verarbeitung im konkreten Fall des Umweltschutzes bestimmt haben.

1. Von der Ministerialbürokratie wird das Problem entsprechend der etablierten ministeriellen Grenzen und politischen Interessen in Teilprobleme aufgespalten. Zwar wurde ein Kabinettsausschuß zur Koordinierung der einzelnen Aktivitäten und Beiträge gebildet, aber zugleich erhielt der Innenminister die Federführung in der Erstellung des Umweltprogramms. Abgesehen von kontingenten politischen Gründen war dies

durch den Umstand begründet, daß der Umweltschutz als ein Aspekt der inneren Sicherheit betrachtet wurde – etwa die Reaktorsicherheit – oder aber traditionell in die gleiche Zuständigkeit fiel wie die Gewerbeordnung – so z. B. die Regulierung der Wasserwege, die Emissionskontrolle bei großindustriellen Anlagen, die Setzung von Lärmbelastungsstandards usw. Aus dieser Sicht war das Problem des Umweltschutzes ein Problem der juristischen Normierungen.

Die Aufteilung der Problembereiche erfolgte allerdings so, daß auch andere Ministerien entsprechend ihrer Zuständigkeitsbereiche für die Erstellung von Teilprogrammen verantwortlich waren. Dadurch entstanden Probleme der Abgrenzung, so vor allem mit dem Landwirtschaftsministerium, das beanspruchte, daß die Kompetenz für den Umweltschutz in seine Zuständigkeit für den Naturschutz fiele, aber auch mit dem Forschungsministerium, das sich mit dem Komplex »Umweltfreundliche Technologien« befassen sollte, aber darauf bestand, alle Forschung unter seiner Zuständigkeit zu koordinieren. Diese Abgrenzungskonflikte sind nicht nur ein Indiz für Machtkonflikte zwischen den Ministerien, sondern sie konnten allererst nur deshalb entstehen, weil das Problem selbst von verschiedenen Bezugspunkten aus gesehen werden konnte und sachlich die Zuständigkeitsgrenzen mehrerer Ministerien überspannte.

Infolgedessen wird die Kategorie des Ökosystems, die diese übergreifende Problemdimension konstituiert, in einzelne »Subsysteme« fragmentiert. Das beherrschende Ziel des Programms wird die Identifikation der Belastungsgrenzen dieser »Teilökosysteme«, jenseits derer ihre regenerativen Kräfte versagen. Auf diese Weise erhält die Regierung Aufschluß über die derzeitigen Obergrenzen der Umweltbelastbarkeit, die in rechtliche Bezugsrahmen übersetzt werden können und den Wirtschaftssubjekten sowie dem Staat als Orientierung für die Wachstumspolitik dienen. Eine wirksame Berücksichtigung der systemaren Interdependenzen des Ökosystems ist nicht erkennbar, obgleich kein Zweifel daran besteht, daß sie den Experten in den Ministerien bekannt und bewußt waren. Die Aufteilung der Teilkompetenzen unter den verschiedenen Ministerien war offenbar das einzige Mittel zu verhindern, daß mehrere Umweltprogramme geschrieben wurden. Gerade dadurch wurde aber auch der ursprünglich geplante systemare Ansatz aufgegeben, zu dessen Begründung die sogenannte Picht-Kommission ins Leben gerufen worden war. Sie hatte noch gefordert: »Umweltaufgaben sind Querschnittsaufgaben; sie erfordern im Bereich der Wissenschaft interfakultative Zusammenarbeit. Sie können weder im Bereich der Regierung einem einzelnen Ressort zugewiesen noch im Bereich der Wissenschaft als Gegenstand einer neuen Spezialdisziplin behandelt werden. Sie erfordern sowohl im Bereich der Politik als auch im Bereich der Wissenschaft neue Formen der Kooperation.«[30]

2. Der zweite Mechanismus, der Inhalt und Struktur des Programmes bestimmt, ist der Prozeß, durch den Experten aus den Reihen der Wissenschaft ausgewählt werden, die die Regierung beraten sollen. (Das eigentliche Umweltprogramm ist bereits verfaßt worden, bevor die einzelnen Beratergruppen ihre Berichte fertiggestellt hatten, die im Materialienband zusammengefaßt sind und den Datenhintergrund sowohl für die politische Einschätzung des Status quo als auch für die wissenschaftspolitischen Maßnahmen abgeben sollten.) Bei der Selektion der Berater fällt die Verwaltung unvermeidlich auf bestehende Institutionen und die etablierte Disziplinenstruktur zurück, denn nur diese sind der »sichtbare« Bereich der Wissenschaft. Sie knüpft dabei zugleich an die herrschende Reputationsstruktur an, von der abzuweichen in doppelter Hinsicht risikoreich sein muß. Sie würde nämlich nicht nur Gefahr laufen, mit den »falschen« Experten auch suboptimale Informationen zu erhalten, sondern zudem die etablierten Kontakte durch einen solchen Eingriff und die durch ihn erzeugte Verunsicherung gefährden.

Die Art von interdisziplinärer Forschung, die die Vorstellung der ökologischen Krise und der menschlichen Eingriffe in das Ökosystem erforderte, war überhaupt nicht institutionalisiert, als die Regierung die Wissenschaft zur Beratung heranzog. Infolgedessen spiegelte die Einteilung der Expertenkommissionen, die die Situationsanalysen und forschungspolitischen Vorschläge erarbeiten sollten, nicht nur den Konflikt zwischen dem Innen- und dem Forschungsministerium, sondern auch die institutionalisierte Struktur der wissenschaftlichen Gegenstandsbereiche wider. Das bedeutet, daß, insoweit politische Programmformulierung auf wissenschaftliches Wissen zurückgreift, sie durch zwei selektive Filter oder Sätze von Relevanzkriterien inhaltlich bestimmt wird, denen entsprechend Wissen organisiert und Probleme perzipiert werden: die Kriterien der politischen Organisation und Verwaltung und die Kriterien der wissenschaftlichen disziplinären Organisation und Spezialisierung. Wenn es richtig ist, daß der Prozeß der Programmformulierung zuerst durch die Verwaltung organisiert wird, bevor die wissenschaftliche Beratungskapazität in Anspruch genommen wird, akkumuliert sich u. U. die selektive Wirkung beider Filter. Mit anderen Worten: die Aspekte des Problems, die vom ersten Filter ausgesondert werden, können vom zweiten gar nicht mehr erfaßt werden. Wie diese Mechanismen sich im konkreten Fall ausgewirkt haben, läßt sich vorläufig an der Betrachtung des Materialienbandes illustrieren, der das Ergebnis der Programmformulierung und -beratung durch Experten darstellt.

Die Kapitelgliederung des Materialienbandes[31] ergab sich aus den Kompetenzen zur Gesetzgebung und aus der Referatsgliederung. Das BMELF zeichnete für den Bereich Naturschutz und Landschaftspflege verantwortlich, das BMI für Abfallbeseitigung, Reinhaltung der Luft, Lärmbekämpfung und Wasserwirtschaft, das BMJFG für Umweltchemikalien und Biozide, das BMBW für Umweltradioaktivität und Strahlenbelastung. Wer für die Projektgruppe »Hohe See und Küstengewässer« sowie »Raumordnung und Städtebau« federführend war, verschweigt der Materialienband. Der Anspruch des BMBW, für die Forschung in Deutschland zuständig zu sein, wird durch die zusätzlich ins Leben gerufene Projektgruppe »Umweltfreundliche Technik« dokumentiert. In einer Unterteilung nach Industriezweigen wie Montan-Industrie, Chemische Industrie, Verkehr, Glas-Keramik-Steine-Erden und Energie werden wiederum die Problembereiche Luft, Wasser, Lärm und Müll im Hinblick auf ihre Belastung der Umwelt und deren Minderung durch geeignete technische Maßnahmen diskutiert. Hierdurch entsteht eine scheinbare Zweiteilung des Materialienbandes; einmal die streng mediale Aufteilung als Folge der Zuständigkeiten der beteiligten Ministerien, zum anderen der Versuch, in dem Bereich, in dem Umweltforschung bis zu 90 % als technologische Innovationsforschung (neue

Geräte, Verfahren, Produkte) angesehen wurde, das Gesamtsystem Umweltbelastung zu definieren und, soweit möglich, die Wechselwirkungen der einzelnen Belastungen zu sehen.

Dieser Eindruck wird noch verstärkt durch die Zusammensetzung der jeweiligen Arbeitsgruppen. Im »ersten Teil« (BMI, BMELF, BMJFG) waren in erster Linie Vertreter der Ministerien selbst sowie Wissenschaftler aus den nachgeordneten Behörden (z. B. Bundesgesundheitsamt, Bundesanstalten) Mitglieder der Projektgruppen, und nur in ganz speziellen Arbeitsgruppen wie z. B. produktionsspezifische Industrieabfälle, Umweltchemikalien, Gewässerreinhaltung und Abwassertechnik waren Industrievertreter Berater oder direkte Mitglieder dieser Arbeitsgruppen. Dagegen tagte die Projektgruppe »Umweltfreundliche Technik« nur einmal unter einem Ministerialbeamten. Die übrige Zeit organisierte die Industrie selbst die Arbeit und führte sie mit eigenen Mitarbeitern durch. Neben der rechtzeitigen Einbeziehung der Industrie wollte man vor allem den dort vorhandenen Sachverstand, aber auch deren effektivere Arbeitsorganisation nutzen. Außerdem war klar, daß ohne Industriebeteiligung die Beschaffung der Daten über die tatsächliche Umweltbelastung sehr schwer sein würde.

Innerhalb dieser von der Verwaltung bestimmten Aufteilung konnten nun die wissenschaftlichen Berater die anstehenden Probleme definieren. Während die von den Ministerien vorgenommene Aufteilung des Umweltproblems in voneinander abgegrenzte Teilprobleme an sich noch keinen Verlust an »Problemsubstanz« brachte, geschah dies zum Teil in der weiteren Beratung durch die hinzugerufenen Sachverständigen. Als Beispiel kann hier das Energieproblem aufgeführt werden, dessen Umweltkomponente nicht allein in der Emission von Rauchgasen der Heizkraftwerke besteht, sondern vor allem in der steigenden Wärmebelastung der Umwelt. Hier existierte ein durch Wirtschaftsinteressen und Disziplinenstruktur geprägtes Filter, das wesentliche Komponenten des Problems ausblendete.

So ist das Abwärmeproblem im Materialienband nur an zwei Stellen erwähnt: einmal im Bericht der Projektgruppe Wasserwirtschaft. Hier wird festgestellt, daß Wasser zur Kühlung der Kraftwerksturbinen gebraucht wird, die thermische Belastbarkeit der Gewässer limitiert ist und deshalb von der

Frischwasserkühlung auf Naß- und später auf Trockenkühltürme übergegangen werden muß. Forschungsaufgaben sieht diese Projektgruppe allein in der Untersuchung der Wärmebelastung der Gewässer, um so die Grenze der Belastbarkeit zu ermitteln.

Das andere Mal wird das Abwärmeproblem von der Projektgruppe »Umweltfreundliche Technik« angesprochen, die die Umweltbelastung aufgeteilt nach den Verursachern (die verschiedenen Industriezweige) diskutierte. Im Leitgruppenbericht sowie im Bericht der Arbeitsgruppe »Energie« erkennt man ebenso wie bereits im Projektgruppenbericht »Wasserwirtschaft« eine Grenze der thermischen Belastbarkeit der Gewässer und sieht in den Naß- und Trockenkühltürmen den problemlosen Ausweg. Forschungsziele sind auch hier die Ermittlung der Belastungsgrenze für die Abwärmeeinleitung in die Gewässer. Im Bericht der Projektgruppe »Reinhaltung der Luft« taucht die »Wärmeverschmutzung« der Luft gar nicht auf. So wurde das Abwärmeproblem auf ein Wasserverschmutzungsproblem reduziert, die Möglichkeit der Klimaveränderung durch die Abwärmeabgabe an die Umwelt (Luft oder Gewässer) überhaupt nicht gesehen, und ein »abwärmearmes« Energieversorgungssystem als Forschungsaufgabe nicht begriffen. Obwohl in der Bundesrepublik in Kürze pro Jahr die der gesamten jährlichen Steinkohleförderung entsprechende Abwärmemenge an die Umwelt abgegeben wird, taucht das Problem Abwärmenutzung bzw. -minderung nicht auf.

Die Aufteilung der Projektgruppen entsprechend der Kompetenzverteilung der Ministerien hätte wahrscheinlich erhebliche Auswirkungen gehabt, wenn das Ziel die Umweltnutzung, d. h. die Systemkontrolle und -manipulation gewesen wäre. Aufgrund der Reduzierung des Anspruchs auf den Umweltschutz (Bestimmung von Belastungsgrenzen) blieb diese Aufteilung jedoch insofern ohne Folgen, als die Auflistung der Belastungen gegenüber möglichen Fragmentarisierungen invariant ist. Nur bei der Untersuchung der Auswirkungen (und hier besonders des Zusammenwirkens) kann eine Aufteilung nach Verursachern und Medien Folgen für die Problemperzeption und -verarbeitung haben. So ist zwar das Problem der Abwärme gesehen, seine Auswirkungen werden jedoch nur teilweise erfaßt und es kommt hierdurch zur Problemverzerrung. Klare Aufträge an die Forschung zur Problemlösung fehlen daher völlig.

Als Ursachen dieser unzureichenden Problemwahrnehmung sind einmal (im Bericht der Projektgruppe »Umweltfreundliche Technik«) die Interessenpolitik der Elektrizitätsversorgungsunternehmen zu vermuten, die an abwärmemindernden Auflagen nicht interessiert sein können, zum anderen (im »medialen« Teil des Materialienbandes) ein fehlender »Disziplinenverbund«, so daß der zentrale Aspekt möglicher Klimaveränderungen unberücksichtigt bleibt.

Es wäre jedoch zumindest im Hinblick auf das hier angeführte Einzelbeispiel falsch, für die Nichthinzuziehung der relevanten Disziplinen (in unserem Beispiel der Meteorologie bzw. der Klimatologie) allein die Kompetenzverteilung der Ministerien verantwortlich zu machen, da die Verwaltung nicht die Relevanz einzelner Disziplinen für die Problemdefinition und -verarbeitung mit letzter Sicherheit einschätzen können wird. Die institutionalisierte Disziplinenstruktur verhindert offenbar selbst, daß die erforderliche Kompetenz hinzugezogen wird. Die Forderung der Picht-Kommission, daß die wissenschaftliche Beratung in Umweltfragen »das zusammengefügte und verarbeitete Expertenwissen verschiedenster Fachrichtungen« erfordere, scheiterte jedenfalls.

Das Beispiel hat die Wirkungsweise struktureller Mechanismen bei der Problemperzeption und Programmformulierung illustrieren können und gezeigt, daß die Annahme einer gradlinigen Beziehung zwischen Wissenschaft und Politik auch auf dieser Ebene nicht zutreffend ist. Um noch tiefer in die komplexe Dialektik von kognitiven Prozessen und institutionellen Bedingungen einzudringen, wäre es notwendig, eine dimensionale Analyse vorzunehmen, die die Veränderungen des Problems durch die Stadien der administrativen und wissenschaftlichen Beratungen im Prozeß der Programmformulierung verfolgen müßte.

6. Die Auswirkungen von Programmen auf den Forschungsprozeß

In unserem ursprünglichen Modell der Bedingungen politischer Steuerung von Wissenschaft[32] hatten wir angenommen, daß jeder Versuch, die wissenschaftliche Entwicklung nach externen Zielen zu steuern, d. h. die Wissenschaft für die Lösung politisch definierter Probleme zu nutzen, davon abhängt, ob die entsprechende Wissenschaft diesen Versuchen gegenüber resistent oder rezeptiv ist. Wir hatten Typen von politischen Anforderungen nach den implizierten technischen Funktionen der Wissenschaft entwickelt und sie den Ebenen der theoretischen Entwicklung zugeordnet. Daraus läßt sich im konkreten Fall deduzieren, ob ein Defizit theoretischer Entwicklung und somit eine »kognitive Resistenz« vorliegt, die entweder zu einer Neuformulierung des in Frage stehenden Problems oder zu einer eigenständigen problemorientierten Theorieentwicklung führt.

Abgesehen von dem Problem, klar abgegrenzte Klassen von technischen Funktionen und Theorieentwicklungen zu kategorisieren, impliziert das Konzept der kognitiven Resistenz außerdem, daß die Prozesse der politischen Programmformulierung und der wissenschaftlichen Problemdefinition disjunkt sind. Die funktionale Abhängigkeit der Programmformulierung von Wissenschaft war nur als eine Ausgangsbedingung betrachtet worden. Aufgrund der vorangegangenen Analyse muß das Modell in diesem Punkt jedoch revidiert werden.

Das Phänomen der kognitiven Resistenz, von dem angenommen wird, daß es den Erfolg der Übersetzung politischer Ziele in den wissenschaftlichen Forschungsprozeß bestimmt, muß chronologisch in der Frühphase der Problemperzeption und Programmformulierung gesucht werden. Es ist offenkundig, daß das »Theoriedefizit« bereits die Programmformulierung beeinflußt. Das ist die wahrscheinliche Folge der kumulativen Wirkung der administrativen und disziplinären Kriterien der Wissensorganisation. Das theoretische Defizit, das im Hinblick auf die integrierte Sicht des Ökosystems besteht, wird weitgehend durch die Fragmentarisierung des Problems des Umweltschutzes in Unterprobleme reduziert. Die verbleibenden Defizite sind dann tendenziell identisch mit den bereits existierenden Forschungsproblemen. Im Hinblick auf die Formulierung politischer Ziele wird dieser Mechanismus in der Weise wirksam, daß die programmatischen Vorstellungen zu relativ »konservativen« Zielen reduziert werden, die nicht weit über das vorhandene Potential der Wissenschaft hinausreichen. Das heißt, statt einer externen Steuerung der Wissenschaft bzw. ihrer »Finalisierung« vollzieht sich die Implementierung politischer Probleme in den Forschungsprozeß als eine ›antizipatorische Reduktion von Komplexität‹. Mit anderen Worten, im Prozeß der Problemperzeption und Programmformulierung kommt es gar nicht erst zum Konflikt zwischen »externen« politischen und »internen« wissenschaftlichen Relevanzkriterien. Angesichts dessen fragt es sich, ob überhaupt eine problematische Differenz zwischen politischen Zielen (d. h. Anforderungen der Problemlösung an die Wissenschaft) und dem Entwicklungsstand der Wissenschaft bestehen bleibt, oder ob es sich um ein imaginäres Problem handelt. Das noch unvollständige empirische Material deutet jedoch darauf hin, daß eine solche Differenz tatsächlich besteht und bestimmte Konsequenzen hat.

Die etablierten Spezialgebiete (in unserem Fall) der Biologie wie die Molekularbiologie, Botanik, Pflanzenphysiologie und andere bleiben als solche unberührt. Experten dieser verschiedenen Spezialgebiete behaupten regelmäßig, daß das Umweltprogramm der Regierung ihre unmittelbare Forschung nicht affiziert habe. Der einzige Effekt des Programms scheint eine thematische Integration der isolierten Forschungsaktivitäten und die Schaffung eines gemeinsamen Problembewußtseins unter den Wissenschaftlern zu sein, die ihre Forschungsbereiche zuvor lediglich in der begrenzten Perspektive ihrer Spezialgebiete gesehen haben. Diese integrative Wirkung bleibt jedoch dem aktuellen Forschungsprozeß zumindest derzeit äußerlich.

Daneben kann ein weiterer Effekt der Reorientierung auf zwei Ebenen festgestellt werden. Die »politische Nachfrage« lenkt die Aufmerksamkeit auf die Nutzung des wissenschaftlichen Potentials für Anwendungszwecke. Das ist nicht nur durch die inhärenten Einschränkungen im Prozeß der Problemperzeption und Programmformulierung, sondern auch durch die erforderliche Konkretisierung der Forschungsergebnisse bedingt, d. h. die Forschung muß letztlich in rechtliche Vorschriften und Verordnungen übersetzbar sein. Je näher ein Forschungsgebiet der Entwicklung von »Technologien« ist, desto eher wird es konkrete Probleme des Umweltschutzes aufgreifen. Die Probleme selbst *können* in dem Fall weitgehend identisch mit denen im »Grundlagengebiet« sein. So werden z. B. dieselben Probleme, die die Limnologen für ihr Gebiet als grundlegend betrachten und in einem begrenzten Ökosystem untersuchen (z. B. in einem Fluß oder einem See), von den »angewandten« Limnologen analysiert. Der einzige Unterschied besteht darin, daß für die letzteren das *spezifische* Ökosystem und die an ihm untersuchten Probleme den Forschungsprozeß begründen, während es für die ersteren exemplarischen Charakter hat und es ihnen um die Generalisierbarkeit ihrer Ergebnisse geht. Es besteht jedoch kein Zweifel, daß die Behandlung der Probleme in diesem »angewandten« Bereich entsprechend der seit jeher bestehenden Differenzierung der Gebiete fragmentarisiert bleibt.

Die zuvor analysierte modeähnliche Rezeption der Umweltdiskussion in der »scientific community« gibt den Kontext ab, in dem das Problem in seinen systemaren Dimensionen wahrgenommen wird. Dabei handelt es sich aber in erster Linie um einen institutionellen Effekt, der zweierlei Ausprägungen annehmen kann. Entweder, etablierte Forschungseinrichtungen folgen dem »Modetrend« und behaupten durch Umbenennung ihres Ziels oder Namens Umweltforschung zu betreiben, während sie tatsächlich die gleichen Forschungsprogramme weiterverfolgen wie zuvor. Diese Form des »Etikettenschwindels« wird durch die von der Regierung im Rahmen des Umweltprogramms versprochenen und bereitgestellten Mittel begünstigt. Oder es kommt zur institutionellen Differenzierung, d. h. das Problemgebiet wird entsprechend der interdisziplinären Erfordernisse institutionalisiert. Dies ist vor allem in der Form von interdisziplinären Arbeitsgruppen oder Instituten innerhalb von Universitäten, durch die Erstellung von Lehrplänen und die Schaffung von Studiengängen (z. B. dem »Umweltingenieur« in der Fachoberschule) geschehen. Auch diese Entwicklungen gehen in der Regel auf spontane Initiativen der betreffenden Institutionen zurück und sind nicht etwa das Resultat einer gezielten institutionellen Steuerung seitens der Regierung, die wegen der Kulturhoheit der Länder ohnehin in dieser Form gar nicht erfolgen können.

Beide der genannten Entwicklungen schließen sich nicht gegenseitig aus, es ist im Gegenteil ein schwieriges Problem, zwischen ihnen zu unterscheiden. Die entscheidende Frage in diesem Zusammenhang ist nämlich, wie festgestellt werden

kann, ob eine konkrete institutionelle Differenzierung den
Rahmen für ein neues Forschungsgebiet mit einer eigenständigen Theoriedynamik darstellt, denn nur dann ist es möglich,
von einer (indirekten) Steuerung der Wissenschaftsentwicklung
zu sprechen. Die institutionelle Änderung – selbst wenn sie
zunächst als »Etikettenschwindel« zu identifizieren wäre –
kann u. U. längerfristig kognitive Prozesse initiieren und
strukturieren und so zur Entstehung eines neuen wissenschaftlichen Forschungsbereichs führen.

Mit der Entstehung neuer Institutionen werden auch neue
Relevanzkriterien institutionalisiert, die den Forschungsprozeß, d. h. die Problemwahl, die Problemdefinition und die
Zielbestimmung strukturieren und damit die Richtung des Prozesses festlegen. Um die Auswirkungen von Regierungspro-
grammen auf die Wissenschaftsentwicklung richtig einschätzen
zu können, selbst unter Berücksichtigung der adaptiven Mechanismen, ist es angesichts dieser möglichen Wirkung institutioneller Differenzierung notwendig, nicht nur die »community« und Institutionen der Grundlagenforschung zu betrachten, sondern auch die der problemorientierten und angewandten Forschung. Denn es ist möglich, daß Steuerungseffekte
nicht nur direkt, sondern auch indirekt als Folge der Nachfrage nach bestimmten Technologien im weiteren Sinne ein-
treten, und zwar dann, wenn diese »Grundlagenprobleme«
aufwerfen.[33]

Die Untersuchung der verschiedenen Auswirkungen des Umweltprogramms auf den Forschungsprozeß bleibt in dieser
Form unvollständig und weitgehend hypothetisch. Es wird jedoch deutlich, daß es nicht zu einer direkten Steuerung der
Wissenschaft oder einen Eingriff in die Wirkungsweise der
Relevanzkriterien der bestehenden Wissenschaftsinstitutionen
kommt, wie dies zuvor am Beispiel der strategischen Wissenschaftsplanung dargestellt worden ist (vgl. Kapitel IV). Vielmehr bleiben die Auswirkungen, soweit wir sie betrachtet haben, indirekt, d. h. über die institutionelle Differenzierung
vermittelt. Diese ist ebenfalls nicht das Resultat einer gezielten institutionellen Wissenschaftsplanung im Umweltfor-
schungsbereich. Es muß der Vollständigkeit wegen hinzugefügt
werden, daß hierbei die sehr zahlreichen Projektförderungs-
maßnahmen, die durch die verschiedenen Ministerien unter-

nommen werden, unberücksichtigt geblieben sind. Sie ändern aber wohl kaum etwas an dem analytischen Gehalt der Schlußfolgerung.

Mit dem Ergebnis, daß zumindest im Fall des Umweltprogramms lediglich eine indirekte Beeinflussung des Wissenschaftsprozesses stattfindet, bleibt ein Problem ungelöst. Unabhängig davon, ob die institutionellen Ausdifferenzierungen von Einheiten, die Umweltforschung betreiben, aus den bestehenden Wissenschaftsorganisationen wie z. B. den Universitäten heraus entstehen oder das Resultat einer gezielten institutionellen Planung wären, sind sie in jedem Fall nur die längerfristige Voraussetzung für die Institutionalisierung des Gegenstandsbereichs und der auf seine Analyse gerichteten Forschungsprozesse. An diesem Punkt stellt sich die Frage der Rezeptivität bzw. der Resistenz der Wissenschaft gegenüber externer Steuerung erneut, d. h. z. B. die Frage danach, ob der Gegenstandsbereich so abgegrenzt ist, daß er einem systematischen und kumulativen Forschungsprozeß zugänglich ist, nach seinen Beziehungen zu etablierten Forschungsgebieten, nach der Verfügbarkeit von Methoden u. v. a. m.[34]

7. Schluß

In der vorangegangenen Analyse haben wir keine definitive Antwort hinsichtlich der Beziehung zwischen systematischem Wissen und politischem Handeln gegeben, und es sollte klar sein, daß es auch keine einfachen und definitiven Antworten geben kann. Eine Reihe von Forschungsproblemen bleiben offen, wie die Mikroanalyse der Genese und Kristallisation von politischen »issues« und der relativen Bedeutung wissenschaftlichen Wissens und politischer Intentionen. Der Rekurs auf die kognitiven Dimensionen politischer Programme zur Lösung struktureller Probleme zeigt jedoch deutlich, daß die involvierten Prozesse so komplex sind, daß sich – zumindest bei dem gegenwärtigen Wissen – Verallgemeinerungen verbieten. Indem der kognitive Gehalt von Informationen als eine entscheidende Determinante des Handelns in Anschlag gebracht wird, sieht man sich einem immensen Spektrum von Konfigurationen und Prozessen und zufälligen Bedingungen gegenüber. Obgleich wir wenig mehr als nur eine Problemanalyse gegeben haben, wird dennoch ein grobes Muster erkennbar, nach dem der Prozeß der politischen Problemformulierung und der Nutzung der wissenschaftlichen Problemlösungskapazität beschrieben werden kann (vgl. Schema I). Danach läßt sich mit einiger Sicherheit sagen, daß zumindest unter den eingangs gemachten Einschränkungen unserer Analyse weder die Heteronomiethese noch die Autonomiethese wissenschaftlicher Entwicklung einer näheren Betrachtung standhält.

Die These der Einbindung der Wissenschaft in politisch vermittelte Verwertungsprozesse vernachlässigt die Tatsache, daß politische Zielsetzungen, zumindest wo sie die Nutzung der Wissenschaft implizieren, nicht autonom im politischen (oder ökonomischen) Bereich und ohne vorhergehende und auslösende Entwicklungen im wissenschaftlichen Bereich formuliert werden. Das berührt nicht die Tatsache, daß es strukturelle Bedingungen sind, denen der Staat unterliegt und die bestimmen, *welche* Probleme aufgenommen werden, wie sie definiert und in welcher Weise sie politisch gelöst werden.

Die Thesen der autonomen Entwicklung der Wissenschaft bzw. der Wirkung technokratischer Sachzwänge im politischen Prozeß ignorieren gerade jene politischen Faktoren, die zweifellos die wissenschaftlichen Erkenntnisse vermitteln, nicht nur in dem Sinn, daß sie allererst über deren »Erscheinen« im politischen Bereich entscheiden, sondern auch, daß sie die Formen bestimmen, die die Erkenntnisse annehmen, wenn sie einmal Gegenstand des Prozesses der Programmformulierung geworden sind. Das zeigt sich insbesondere an der zeitlichen Differenz, die zwischen der »Entdeckung« im Forschungsprozeß, der Kristallisation als »issue« in der Öffentlichkeit und der Übersetzung in das Problemlösungshandeln der Regierung liegt.

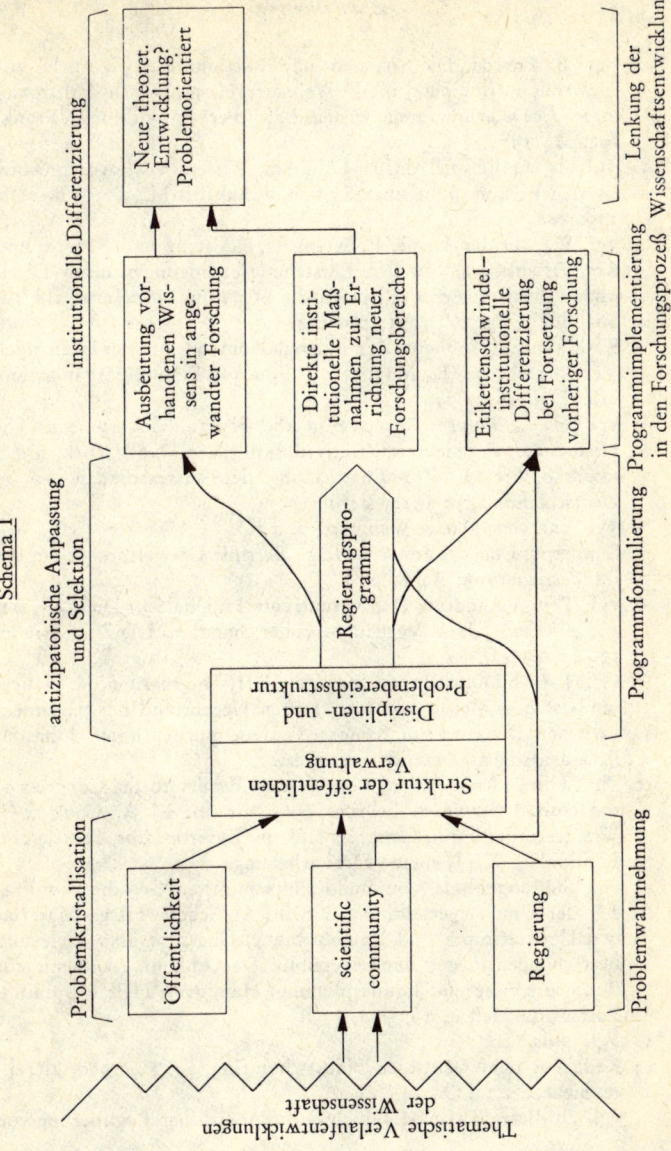

Schema I

Thematische Verlaufentwicklungen der Wissenschaft

Problemkristallisation

Öffentlichkeit

scientific community

Regierung

Problemwahrnehmung

Struktur der öffentlichen Verwaltung

Disziplinen- und Problembereichsstruktur

Regierungsprogramm

antizipatorische Anpassung und Selektion

Programmformulierung

Ausbeutung vorhandenen Wissens in angewandter Forschung

Direkte institutionelle Maßnahmen zur Errichtung neuer Forschungsbereiche

Etikettenschwindel-institutionelle Differenzierung bei Fortsetzung vorheriger Forschung

Programmimplementierung in den Forschungsprozeß

institutionelle Differenzierung

Neue theoret. Entwicklung? Problemorientiert

Lenkung der Wissenschaftsentwicklung?

1 vgl. B. Hessen, Die sozialen und ökonomischen Wurzeln von Newtons »Principia«, in: P. Weingart, Hrsg., Wissenschaftssoziologie 2, Determinanten wissenschaftlicher Entwicklung, Frankfurt/M., 1974.

2 vgl. als ein Beispiel dafür J. Hirsch, Wissenschaftlich-technischer Fortschritt und politisches System, Frankfurt/M., 1970, u. a. S. 139, 168.

3 vgl. W. van den Daele, P. Weingart, Resistenz und Rezeptivität der Wissenschaft – zu den Entstehungsbedingungen neuer Disziplinen durch wissenschaftspolitische Steuerung, in: Zeitschrift für Soziologie, Jg. IV, 1975, 146-164.

4 R. Mayntz, Probleme der inneren Kontrolle in der planenden Verwaltung, in: R. Mayntz, F. Scharpf, Planungsorganisation, München, 1973, 99.

5 vgl. H. A. Dupree, Science in the Federal Government, The History of Policies and Activities to 1940, New York, 1964, sowie F. Pfetsch, Zur Entwicklung der Wissenschaftspolitik in Deutschland, 1750-1914, Berlin, 1974.

6 vgl. van den Daele, Weingart, a. a. O.

7 Bundesminister des Innern, Hrsg., Betrifft: Umweltprogramm der Bundesregierung, Bonn, o. J.

8 vgl. T. von Randow, Der veruntreute Himmel, in: Die Zeit, Nr. 32, 4. 8. 1961, ders., Verhängnisvoller Smog, in: Die Zeit, Nr. 50, 14. 12. 1962.

9 vgl. J. L. Sudquist, 1968, Kapitel VIII. Die meisten der isolierten »issues«, die in den 50er Jahren Gegenstand der parlamentarischen Debatten im Kongreß waren, wurden unter Johnsons Präsidentschaft gesetzlich verankert.

10 The White House Message on Natural Beauty to the Congress of the United States, 8. Februar 1965, zit. in: R. A. Cooley, G. Wandesforde-Smith, Congress and the Environment, Seattle and London, S. XIII; meine Hervorhebung.

11 vgl. Stellungnahme von Bundesinnenminister Genscher zu Fragen der Umweltverseuchung, zit. in: A. Siebert, Hrsg., Materialien Umweltschutz und Raumordnung, Übersicht über Ziele und Bestrebungen in der Bundesrepublik Deutschland, Akademie für Raumforschung und Landesplanung, Hannover, Heft 1, 4 und 5, Forts. von Heft 4, 1971/72, 23 ff.

12 vgl. ebda., 20.

13 Rede vor dem Deutschen Naturschutzring, 29. 11. 1970, zit. in: A. Siebert, a. a. O., 14.

14 vgl. zu dieser These M. Glagow, Zur staatlichen Regulierung von

Umweltschäden, in: ders., Hrsg., Umweltgefährung und Gesellschaftssystem, München, 1972, 193 ff.

15 vgl. G. Hodgson, Vergiften wir unsere Umwelt?, in: Die Zeit, Nr. 26, 7. 9. 1962.

16 vgl. T. von Randow, Verhängnisvoller Smog, in: Die Zeit, Nr. 50, 14. 12. 1962.

17 D. Wolfle, The Only Earth We Have, in: Science, CLXIX, 12. Januar 1968, 155.

18 A. Siebert, a. a. O., Heft 5, 82.

19 vgl. DFG (Deutsche Forschungsgemeinschaft), Umweltforschung - Aufgaben und Aktivitäten der DFG 1950-1970, Bonn-Bad Godesberg, 1971, II.

20 s. H. J. Elster, History of Limnology, in: Mitteilungen des Internationalen Vereins für Limnologie, 20 (1974), 7-30.

21 vgl. K. Mägdefrau, Geschichte der Botanik, Leben und Leistung großer Forscher, Stuttgart, 1973.

22 vgl. Elster, a. a. O.

23 W. Klausewitz, Die Umweltkrise, in: Unsere Umwelt als Lebensraum (Grzimeks Tierleben, Bd. 15), Zürich, 1973, 525 ff.

24 vgl. Ph. Handler, Biology and the Future of Man.

25 vgl. G. T. Goodman et. al. (Hrsg.), Ecology and the Industrial Society. A Symposium of the British Ecological Society, New York, 1965.

26 vgl. F. Scharpf, Planung als politischer Prozeß, in: ders., Planung als politischer Prozeß, Aufsätze zur Theorie der planenden Demokratie, Frankfurt, 1973, 71.

27 ebda., 80.

28 vgl. ebda.

29 Man kann sogar fragen, ob es überhaupt zulässig ist, von den »realen« Dimensionen eines Problems zu sprechen. Die unterschiedlichen möglichen Perzeptionen eines Problems – durch die Betroffenen, die neutralen Beobachter oder diejenigen, die es unter einschränkenden Bedingungen lösen müssen – können prinzipiell unvereinbar sein, und wenn das politische System allein in der Lage ist, das Problem zu lösen, so wird seine Definition letztlich verbindlich sein, da sie konstitutiv für die entsprechenden Handlungen und die daraus folgenden Konsequenzen ist.

30 G. Picht, Bresch, Häfele, Kriele, Gutachten zur geeigneten Organisationsform der wissenschaftlichen Umweltfragen und zur geeigneten Form der Beratung bei der Durchführung von nichtministerieller Tätigkeit, in: Materialien zum Umweltprogramm der Bundesregierung 1971, Anlage zur Drucksache VI/2710, Deutscher Bundestag, 6. Wahlperiode, Bonn, 1971.

31 Materialien zum Umweltprogramm der Bundesregierung 1971,

Anlage zur Drucksache VI/2710, Deutscher Bundestag, 6. Wahlperiode, Bonn, 1971.

32 vgl. van den Daele/Weingart, a. a. O.

33 Ein Beispiel dafür ist die fusionsorientierte Plasmaphysik, vgl.
G. Küppers, Stand und Entwicklung der Fusionsforschung in
Deutschland, in: Wissenschaft zwischen autonomer Entwicklung
und Planung – Wissenschaftliche und politische Alternativen am
Beispiel der Physik, Report 4, Wissenschaftsforschung, Universität Bielefeld, Forschungsschwerpunkt Wissenschaftsforschung, Bielefeld, 1975.

34 vgl. zu solchen Faktoren van den Daele/Weingart, a. a. O.; G.
Lemaine, R. MacLeod, M. Mulkay, P. Weingart, Hrsg., New
Perspectives on the Emergence of Scientific Disciplines, Paris, 1976.

VI. Wissensproduktion und Bildungsnachfrage — Verwissenschaftlichung und Reflexivität der Praxis als Strukturprinzipien von Lernprozessen

1. Mögliche Gründe der Veränderung der Bildungsnachfrage

Im Zusammenhang mit der Bildungsreformdiskussion der vergangenen Jahre hat zumindest die Bundesrepublik eine erhebliche Expansion des Bildungswesens erfahren, die nicht allein auf demographische Entwicklungen zurückzuführen ist. Gleichsam als letztes Glied in einer Kette von bildungspolitischen Forderungen ist sie nach dem Ausbau eines Systems der Weiterbildung aufgestellt worden. Sie ist seither Gegenstand politischer Programme und der Beratungen von Planungskommissionen wie dem Bildungsrat geworden und stellenweise auch schon durch Länderparlamente gesetzlich verwirklicht. Die Forderung nach »lebenslangem Lernen« bzw. einer »recurrent education« oder »éducation permanente« entsteht in allen Industrienationen gleichzeitig und relativ unabhängig von dem ohnehin relativ schwach institutionalisierten jeweiligen Erwachsenenbildungssystem. Insofern ergibt es sich, nach übergreifenden Erklärungen für die politische Aktualisierung des »lebenslangen Lernens« zu suchen, einem Bildungskonzept, das weder in seiner Begründung noch in seiner Funktion mit den traditionellen Bildungsformen zu vergleichen ist. Die Bestimmungsgründe für die gegenwärtige Weiterbildungsdiskussion sind offenbar weitgehend andere, als für die Entstehung der traditionellen Erwachsenenbildung gegolten haben. Es liegt nahe, die Weiterbildung als konsequente Fortsetzung der Expansion des Bildungssystems mit den gängigen Erklärungsmustern zu deuten. Zwei Erklärungen dieser Art stehen einander gegenüber. Die klassische Bildungsökonomie war von einer direkten Beziehung zwischen Bildungsexpansion und Wirtschaftswachstum ausgegangen. Der vermeintliche »Nachweis«, daß dem »Faktor Bildung« in der Vergangenheit eine entscheidende Bedeutung für das Wirtschaftswachstum zukam, ist zu Planungsansätzen gewendet worden, die, ausgehend von eben diesem Zusammenhang, die allgemeine Steigerung des Qualifikationsniveaus als Instrument einer wachstumsorientierten Wirtschafts- und Entwicklungspolitik einsetzten.[1] Sowohl gegen die Forschungsergebnisse selbst als auch gegen die aus ihnen abgeleiteten Begründungen der Bildungspolitik lassen sich kritische Einwände formulieren. Diese Kritiken (stellvertretend für die hier Offes staatstheoretischer Ansatz stehen soll) sind der eigentliche Gegenstand der folgenden Überlegungen, denn es wird zu zeigen sein, daß sie – aus einer wissenschaftssoziologischen Perspektive betrachtet – zu kurz greifen.

Es besteht heute kaum noch Zweifel daran, daß die Annahmen der klassischen Bildungsökonomie wie auch der Analysen zum Zusammenhang zwischen technischem Wandel und Qualifikationsstruktur nicht haltbar sind. Ohne die Gründe hier im einzelnen zu wiederholen läßt sich zeigen, daß weder eindeutig bestimmbare quantitative noch qualitative Abhängigkeiten nachzuweisen sind.[2] Statt dessen wird festgestellt, daß die »stoffliche (gemeint ist die inhaltliche, P. W.) Seite der Qualifikation der Arbeitskraft . . . nicht mehr eindeutig durch Qualifikationsansprüche des Beschäftigungssystems determiniert« wird.[3] Aus dieser »tendenziellen Unterdetermination« ergeben sich für Offe zwei hypothetische Entwicklungslinien, einmal die Tendenz zur Autonomisierung des Bildungswesens, die sich eben der konstatierten unspezifischen Bedarfsdefinition des Beschäftigungssystems verdankt, zum anderen die zu der abnehmenden Eindeutigkeit der Bedarfsdefinition komplementäre stärkere Funktionalisierung des Bildungssystems auf sog. »gesellschaftliche« Qualifikationen hin.[4] Die durch die »Unterdeterminiertheit« gewonnene relative Autonomie des Bildungssystems ist für Offe nun aber gerade durch die Funktionalisierung eingeschränkt, oder anders: sie ist deren Voraussetzung, denn es besteht kein Anlaß zu der Annahme, »daß Bildungspolitik nun plötzlich freie Hand hätte, sich in ihren . . . Reformanstrengungen von *beliebigen* Kriterien und Zielvorstellungen motivieren zu lassen«.[5] Diese Kriterien erschließen sich vielmehr aus den »Strukturproblemen« der Gesellschaft bzw. des kapitalistischen Systems, so daß sich auch die Bildungspolitik als »Reaktion auf die legitimatorischen Strukturprobleme« begreifen läßt.[6] Drei »Strukturprobleme« ergeben sich aufgrund des Funktionsverlustes anderer Subsysteme und führen zu einem Funktionszuwachs des Bildungssystems: die Schule übernimmt z. T. die Sozialisationsleistungen der Familie, die Transmission von Verhaltensorientierungen, die sich auf die Erwachsenenrolle generell beziehen, und schließlich absorbiert das Bildungssystem zeitweise die Arbeitskräfte, die vom Beschäftigungssystem nicht aufgenommen werden. Zumindest die ersten beiden sind für uns unstrittig. Ein weiterer »funktionaler« Bezugspunkt ist »die Beschaffung der Legitimationen, die das politische System im Hinblick auf das prekäre, d. h. weder einlösbare noch ignorierbare Postulat gesellschaftlicher Gleichheit zu besorgen hat«.[7]

Diese funktionalistische Erklärung staatlicher Bildungspolitik unterliegt dem Verdikt, eine mögliche plausible Erklärung unter anderen zu sein. Während jedoch die anderen der genannten Funktionszuwächse (ausgenommen die ebenfalls zweifelhafte temporäre Absorption von Beschäftigungslosen) noch in den Bildungsinhalten und Organisationsformen manifest werden, trifft dies für die »latente Funktion« der »gesellschaftlichen Integration« und der »Legitimationsbeschaffung« nicht oder nur sehr bedingt zu. Es muß nicht einmal geleugnet werden, daß das Bildungssystem *auch* solche Funktionen hat. Hier wird nur bestritten, daß sich die Entwicklungsdynamik dieses Systems (inhaltlich und institutionell verstanden) durch diese latenten Funktionen erklären läßt. Genau das wird aber unterstellt, wenn die Strukturprobleme der Gesellschaft die Kriterien der Bildungspolitik determinieren.

Die wissenschaftssoziologische Analyse kann zumindest mit der gleichen Plausibilität zeigen, daß die Forderung nach Weiterbildung und ihre inhaltliche Gestaltung, wie die partielle Autonomisierung des Bildungssystems überhaupt ihren Grund in der Autonomisierung der Wissensentwicklung hat, daß die Kriterien der Bildungspolitik sicherlich nicht beliebig, aber genausowenig nur durch die Strukturprobleme der Gesellschaft geprägt werden, sondern zunächst einmal durch die Entwicklung systematischen Wissens. Solange dieser Faktor ignoriert und statt dessen die Wissensproduktion lediglich als abhängige Variable vermeintlicher Funktionen des politischen Systems gesehen wird, bleibt die Analyse der Entwicklung des Bildungssystems verkürzt.

Im folgenden wird für die Entstehung der Konzeption des lebenslangen Lernens die Begründung der Hypothese gegeben, daß diese Konzeption sich der Entwicklungsdynamik der Wissensproduktion verdankt. Dazu werden qualitative empirische Indikatoren der Bildungsnachfrage angeführt und schließlich wird gleichsam im Umkehrschluß am Beispiel staatlicher Strategien der Professionalisierung zu zeigen versucht, daß derartige status- und arbeitsmarktpolitische Strategien des politischen Systems dann zu scheitern drohen, wenn ihnen die Grundlage eines handlungsorientierenden und der kumulativen Entwicklung fähigen Komplexes systematischen Wissens fehlt. Letzteres steht nicht in direktem Zusammenhang mit der Weiterbildungsdiskussion, sondern ist ein Indiz für die hier entwickelte Begründung ihrer Genese. Wenn sich zeigen läßt, daß legitimatorische Strategien im Bildungssektor an der »Resistenz« systematischen Wissens scheitern, ist das als eine Relativierung, wenn nicht gar Widerlegung der dargestellten Thesen zur Funktion der Legitimationsbeschaffung des Bildungssystems anzusehen.

Die vom ersten Deutschen Bildungsrat im »Strukturplan für das Bildungswesen« formulierten Prinzipien, mit denen dort die Notwendigkeit der Weiterbildung begründet wird, können als Ausgangspunkt der hier beabsichtigten Argumentation dienen. Danach muß durch die Weiterbildung immer mehr Menschen die Möglichkeit zum Erwerb neuer Kenntnisse, Fertigkeiten und Fähigkeiten gegeben werden, damit sie »den wachsenden und wechselnden beruflichen und gesellschaftlichen Anforderungen gerecht« werden können. Die Institutionalisierung von Weiterbildung geht dabei jedoch ausdrücklich »über die Absicht hinaus, den Wertverlust einmal erworbener Kenntnisse, Fertigkeiten und Fähigkeiten zu vermeiden«. Vielmehr sollen die Bildungsanstrengungen insgesamt so verteilt werden, daß ein Lernen ermöglicht wird, »daß auf den jeweils aktuellen Stand der wissenschaftlichen und technischen Entwicklung und die jeweilige Lebenssituation zugeschnitten ist«.[8]

Die üblicherweise angegebenen Gründe, wie z. B. die Kluft zwischen den Generationen im Hinblick auf den Bildungsstand, die zunehmend längere Ausbildungsphase im Jugendalter, der Ausgleich in der Vergangenheit entstandener Bildungsdefizite sind lediglich strukturell ableitbare Folgeerscheinungen des in dieser Begründung angesprochenen Sachverhalts. Hinter der Forderung, Lernprozesse unmittelbar an die wissenschaftliche und technische Entwicklung anzukoppeln, verbirgt sich eine grundlegend neue Konzeption zur Organisation des Bildungssystems und seiner gesellschaftlichen Funktion.

Allgemein wird die Auffassung vertreten, die »Verwissenschaftlichung« von Lernprozessen sei eine Folge der Entwicklungsdynamik der Produktivkräfte und entsprechend auch die Entwicklung der Wissenschaft abhängig von den sozio-ökonomischen Bedingungen und Interessen. Demgegenüber wird hier die These vertreten, daß die Rückbindung von formalisierten Lernprozessen und vor allem deren Expansion, wie sie mit der Weiterbildung gegeben ist, auch in Abhängigkeit von der Entwicklungsgesetzmäßigkeit der Wissenschaft und dem sich veränderten Verhältnis von Wissenschaft und gesellschaftlicher Praxis erfolgt. Zunächst soll anhand der Veränderungen der Rolle systematischen Wissens in der Gesellschaft sowie des Verhältnisses von Wissensproduktion und Wissensverwendung gezeigt werden, welche objektiven Faktoren zur Forderung nach Weiterbildung führen und sie begründen. In notwendiger Vereinfachung werden die dafür relevanten Aspekte zweier Entwicklungsphasen einander gegenübergestellt. Es versteht sich von selbst, daß es sich um eine idealtypische Darstellung von Strukturen und Prozessen handelt, die faktisch durch vielfältige graduelle Übergänge und abweichende Fälle gekennzeichnet sind.

2. Die Institutionalisierung formaler Lernprozesse und die tendenzielle Autonomisierung der Wissenschaft

Die aus heutiger Sicht traditionelle Organisation von Lernprozessen, wie sie mit Einführung der allgemeinen Schulpflicht entsteht, geht mit der Bürokratisierung, d. h. der Rationalisierung (M. Weber) der Herrschaft einher. Sie ist selbst ein Moment der Rationalisierung der gesellschaftlichen Organisation, insofern das Prinzip des allgemeinen Zugangs zu systematischem Wissen die tendenzielle Auflösung ständischer Ordnungen beinhaltet. Tatsächlich überlagert dieser Prozeß jedoch nur die bestehende Sozialstruktur. In der Frühphase der

Industrialisierung kommt der Ausdifferenzierung von Qualifikationsprozessen, wie sie mit der Institutionalisierung des formalisierten Lernens gesetzt ist, aufgrund dessen eine doppelte Funktion zu.

Auf der einen Seite wird das Bildungszertifikat das dem Adelstitel äquivalente Statuskriterium des mit der einsetzenden Industrialisierung aufstrebenden Bürgertums. Aus diesem Zusammenhang heraus rührt die Verknüpfung zwischen Bildungssystem und Herrschaftsinteressen, die sich in der teils ablehnenden, teils zwiespältigen Haltung des Liberalismus gegenüber dem staatlich regulierten obligatorischen Schulwesen dokumentiert.[9] Es sind demgemäß zunächst nur wenige Bereiche, für die wissenschaftlich fundiertes Fachwissen und formalisierte Bildungsgänge mit entsprechenden Bildungsabschlüssen zur Voraussetzung und Grundlage ihrer Professionalisierung werden, wie z. B. die Medizin, die Jurisprudenz und die staatliche Verwaltung. Die selektive Struktur des Bildungssystems sichert lange Zeit hindurch den auf Besitz gründenden Privilegiencharakter der Bildung, der sich (trotz der Lehrmittelfreiheit) strukturell bis in unsere Tage erhalten hat.

Auf der anderen Seite ist dem entstehenden Industrieproletariat lediglich eine Ausbildung in den grundlegenden Fertigkeiten Lesen, Schreiben und Rechnen vorbehalten, und ein großer Teil der Ausbildungskompetenz verbleibt bei den Unternehmern. Für diese zunächst größtenteils agrarischen Schichten hat das Bildungssystem die Funktion der Disziplinierung für rationalisierte Lebensformen, wie sie die Arbeit im Industriebetrieb darstellt. Die im Hinblick auf den Bildungsstand bestehende Kluft legitimiert zugleich den Herrschaftsanspruch des Bürgertums.

In der Folgezeit bleibt zwar diese Form der Verknüpfung von Sozialstruktur und Bildungsprozessen grundsätzlich bestehen und bestimmt die schichtenspezifische Verteilung der Quantitäten und Inhalte des zu lernenden Wissens. In dem hier angesprochenen Zusammenhang ist jedoch eine andere Tatsache bedeutsamer, nämlich die säkulare Anhebung des Bildungsniveaus insgesamt. Schon zu Beginn des 19. Jahrhunderts stellt sich in der Produktion eine »»Abwendung von der Empirie‹ und eine Hinwendung zur ›rationalen Betriebsführung‹ ein«. Dieser Übergang von der auf ›Erfahrung begründeten

Leitung zur methodisch-technischen‹ löste die Meisterwirtschaft durch die Ingenieurwirtschaft ab.[10] Vor allem in den fortgeschritteneren Bereichen wie dem Maschinenbau, der Elektrotechnik und der Metallindustrie erforderte die technische Entwicklung eine Verbesserung und Systematisierung des Ausbildungsstandes.[11] Entscheidend ist, daß die für den Produktionsprozeß erforderlichen Strukturierungsleistungen und die Bedeutung theoretischer »Vorlaufphasen« zunehmen und eine Ausdifferenzierung, Formalisierung und Verwissenschaftlichung immer weiterer Ausbildungsfunktionen erzwingen, die zunächst noch in der Kompetenz der Unternehmer liegen oder durch das Handwerk abgedeckt werden. Dies wird auch durch die um die Wende zum 19. Jahrhundert einsetzende Institutionalisierung und Ausdifferenzierung des technischen Ausbildungswesens dokumentiert, bei der dem Staat übrigens eine frühe Regulierungsfunktion zukommt.[12] Dieser Prozeß, der im Grunde bis heute anhält, bezeichnet die tendenzielle Ablösung des zentralen Verteilungsmechanismus der Erfahrung, der in traditionellen Gesellschaftsordnungen die Lernprozesse strukturiert. Dieser Verteilungsmechanismus ist gegenüber den zuvor genannten sozialstrukturellen Mechanismen der allgemeinere.

Der zweite, hiervon unabhängig wirksame Verteilungsmechanismus ist der Generationenwechsel, der von dieser Entwicklung zunächst unbeeinflußt bleibt. Der Generationenwechsel als Strukturmerkmal der Transferprozesse von Wissen entspricht einem gesellschaftlichen Entwicklungsstand, in dem nicht systematisches und erlernbares Wissen, sondern im konkreten Handlungsvollzug gewonnene Erfahrungen Gegenstand derartiger Prozesse sind. Erfahrungen sind im Gegensatz zu wissenschaftlichem Wissen nur begrenzt verallgemeinerungsfähig und zumeist situationsgebunden. Für die mit der Industrialisierung einsetzende erste Phase der Institutionalisierung formalisierter Lernprozesse und damit für die Anpassung des gesellschaftlichen Ausbildungsniveaus an den Erkenntnisfortschritt bleibt der »Generationenrhythmus« jedoch bestimmend. Mit den institutionalisierten Bildungsabschlüssen, die im Jugendalter erreicht werden, wird die biographische Phase des Lernens von der der Wissensanwendung scharf geschieden. Lernprozesse finden im zweiten Lebensabschnitt der Anwendung erlernten Wissens nurmehr informell statt. Tradierte Erfahrungen spielen bereits in der beruflichen Eingliederung eine große Rolle (betriebliche Lehre). Eine Folge dieser Trennung von Lernen und Implementierung von Wissen ist im übrigen, daß die auf systematisches Wissen gegründeten Handlungsvollzüge sich jeweils sozial verfestigen können, da für sie das Lebensalter als Planungshorizont bestimmt ist. Auf diese Weise entstehen durch den Verteilungsmechanismus des »Generationenwechsels« immer wieder von neuem Handlungsstrukturen, die Innovationen des Erkenntnisprozesses entgegenstehen.

Die Tatsache, daß systematisches Wissen im Prozeß der historischen Entwicklung gegenüber der berufsspezifischen und notwendig altersgebundenen Erfahrung dominant wird, ist durch die tendenzielle Autonomisierung der Wissenschaft zu erklären, die spätestens im 19. Jahrhundert einsetzt. Aufgrund der Ausdifferenzierung des Bereichs der Erkenntnisproduktion gewinnt Wissenschaft zunehmend eine konstitutive Rolle für die gesellschaftlichen Handlungs- und Lernprozesse. Die Institutionalisierung der Wissenschaft ist die »Ausdifferenzierung und funktionale Verselbständigung des Wahrheitsmediums« mit der Funktion, einen »angstfreien (weil zunächst folgenlosen) Umgang mit hoher Komplexität« zu pflegen, der im gesamtgesellschaftlichen Rahmen nicht hätte institutionalisiert werden können.[13] Die Autonomisierung der Wissenschaft vollzieht sich zugleich auf der kognitiven und der institutionellen Ebene. Auf der kognitiven Ebene besteht sie in der Verselbständigung und Differenzierung wissenschaftsimmanenter Entwicklungsregulative gegenüber heteronomen Einflüssen. Das bedeutet nicht, daß die Wissenschaftsentwicklung nurmehr einer »hermetischen«, immanenten Logik folgt und gegenüber externen Bestimmungsfaktoren vollkommen unabhängig ist. Es bedeutet jedoch, daß die wissenschaftsimmanenten Regulative der Forschungslogik und -methodologie gegenüber den externen Regulativen wie den sozio-ökonomischen Interessen und gesellschaftlichen Relevanzvorstellungen ein Eigengewicht erhalten, das eine beliebige Steuerung der Wissenschaftsentwicklung nach gesellschaftlichen Zielsetzungen nicht zuläßt.[14]

Diese tendenzielle Selbständigkeit der Wissenschaft, die für den Bereich der Erkenntnisproduktion (d. h. der kumulativen Theorieentwicklung), nicht jedoch für den Bereich der Anwendung des Wissens (d. h. den Verwendungszusammenhang) gilt, setzt historisch mit der Ablösung der empirischen Wissenschaften von Handel, Handwerk und Manufaktur zum Beginn der Neuzeit ein und erreicht im 19. Jahrhundert mit der Herausbildung der klassischen naturwissenschaftlichen Disziplinen ihren Höhepunkt. Dieser »kognitiven« Verselbständigung der Wissenschaft entspricht ihre institutionelle Ausdifferenzierung, deren Verlauf zuvor mit der Entwicklung von den Akademien zur modernen Universität skizziert worden ist.[15] Ein wichtiges Merkmal dieses Prozesses ist, daß die akademische Forschung und Lehre der Selbstverwaltung der Wissenschaftler unterliegen und sich zunächst weitgehend unabhängig von gesellschaftlicher Nachfrage entwickeln. Durch ihre enge Verknüpfung ist gesichert, daß die Lehre der Entwicklung der Forschung in den jeweiligen Disziplinen folgt. Mit der Gründung der ersten Forschungslabore an Universitäten (Liebig in Gießen, Müller in Berlin) erhält die experimentelle Wissenschaft ihre im Grunde noch heute gültige Organisationsform, sie werden zum Zentrum der Wissenschaftsentwicklung und sind deren institutioneller Ausdruck.[16]

Die Disziplinenstruktur wird über die Definition von Lehrstühlen in dieser Zeit ebenfalls an den Universitäten formell institutionalisiert. Diese spezifische Organisationsform sichert die Kontinuität der Forschung. Es zeigt sich schon frühzeitig, daß die immanenten Innovations- und Differenzierungsprozesse den institutionellen Rahmen der Universität dauernd verändern und zuweilen sprengen. Dies ist einer der Gründe dafür, daß sich schließlich die Initiative der Innovation aus der Universität heraus an den Staat verlagert, vor allem gerade in den technischen Bereichen, die sich in unmittelbarer Nähe zur industriellen Anwendung befinden. Das dokumentiert sich in der Gründung der Technischen Institute und Hochschulen, der Reichsanstalten und der Kaiser-Wilhelm-Gesellschaft. Nicht zuletzt kennzeichnet der Widerstand der Universitäten gegen die Technischen Institute, die in der Folge Hochschulstatus erhalten (von sozialstrukturellen und politischen Faktoren einmal abgesehen), die institutionelle Kluft zwischen zweckfreier Grundlagenforschung und anwendungsbezogener, technisch orientierter Forschung und Ausbildung.

Die Professionalisierung der Forschung, die garantiert, daß die Produktion von Wissen auf organisierte Weise und vor allem nach Maßgabe eigenständiger Regulative erfolgt, bereitet auch den Weg für die Professionalisierung der Lehre in den Schulen. Dies gilt insbesondere für Gymnasiallehrer, die keine von der Hochschule unabhängige Qualifizierung erhalten, sondern direkt in die universitären Wissensgehalte sozialisiert werden. 1809 wird mit dem Aufbau des Gymnasiums die staatliche Prüfung für wissenschaftliche Lehrer eingeführt. Für die Lehre in der Schule werden damit die Disziplinenstruktur und die Wissenschaftsentwicklung bestimmend, d. h. die schulischen Lernprozesse sind tendenziell an den Wissenschaftsprozeß rückgebunden. Für die deutsche Situation gilt allerdings, daß gerade der Gymnasialunterricht zunächst in besonders starkem Maße vom Idealismus und bildungsbürgerlichen Traditionen geprägt ist. Es kann aber keine Rede davon sein, was allein bedeutsam wäre, daß er eine zur Wissenschaftsentwicklung alternative und gesellschaftsbestimmende Denktradition hat begründen können.

3. Verwissenschaftlichung und Reflexivität gesellschaftlicher Praxis als Grundlagen permanenter Lernprozesse

Die beschriebene Institutionalisierung der Wissenschaft, die gleichbedeutend mit dem Ende jener Epoche ist, in der wissenschaftliche Entdeckung, technische Erfindung und Produktion im weitesten Sinne sowohl institutionell wie strukturell eng miteinander verbunden waren, kann als Ursprung der Ausdifferenzierung und Formalisierung von Lernprozessen und damit der zunehmenden Zurückdrängung der Erfahrung zugunsten systematischen Wissens betrachtet werden. Dieser Wandel wird insbesondere am Verhältnis von Wissenschaft und Technologie deutlich. Obgleich technologische Erfindungen und wissenschaftliche Entdeckungen sich nur schwer zu Entwicklungsgesetzmäßigkeiten quantifizieren lassen, ist die Charakterisierung wohl zutreffend, daß die Wissenschaft bis in die zweite Hälfte des 19. Jahrhunderts hinein nicht oder kaum zur technologischen Entwicklung beiträgt, außer in der Weise, daß technologische Erfindungen durch wissenschaftliche Analysen stimuliert und nachträglich in ihren theoretischen Grundlagen verbessert und verfeinert werden.[17]

Erst im 20. Jahrhundert beginnt sich dieses Verhältnis langsam umzukehren, d. h. technische Erfindungen gehen in größerer Anzahl auf wissenschaftliche Theorien zurück, besonders in jenen Bereichen, wo die angestrebten Bedingungen in der Natur gar nicht vorfindlich und weder durch Zufall noch durch versuchsweises Experimentieren herzustellen sind.[18]

Zwar ist die These von der »Verwissenschaftlichung der Technik« und die mit ihr implizierte Behauptung, daß »die technische Entwicklung mit dem Fortschritt der modernen Wissenschaft rückgekoppelt worden ist«[19], keineswegs unumstritten[20] und müßte an konkreten Fällen geprüft werden. Sie trifft den Sachverhalt jedoch grob vor allem im Hinblick auf die Veränderung im Verhältnis von Technologie und Wissenschaft.[21] Das exponentielle Wachstum der Wissenschaft erklärt diese Veränderung jedoch nicht allein, da die Wachstumsrate und ihr Verhältnis zum Bevölkerungswachstum seit etwa 300 Jahren konstant sind.[22] Infolgedessen sind die Ursachen vor allem in der inhaltlichen und institutionellen Ausprägung der Wissenschaftsentwicklung und ihrer Beziehung zur Technologieentwicklung zu suchen.

Die zweite Entwicklungsphase gesellschaftlicher Organisation, für die der Terminus »Verwissenschaftlichung« charakterisierend sein mag, ist dadurch gekennzeichnet, daß Wissenschaft immer unmittelbarer in gesellschaftliche Prozesse umgesetzt wird. Quantitatives wirtschaftliches Wachstum ebenso wie die qualitative Entwicklung im Sinne technischer und infrastruktureller Lebenserleichterungen im weitesten Sinne, Spezialisierung und Arbeitsteilung sowie die Organisation, Lenkung und Kontrolle gesellschaftlicher Teilbereiche werden zum überwiegenden Anteil durch die Anwendung systematischen Wissens ermöglicht und beschleunigt. Die Verwissenschaftlichung gesellschaftlicher Praxis kann als Voraussetzung und Ausgangspunkt ihrer Reflexivität gelten. Verwissenschaftlichung impliziert zunächst, daß Praxis an die Entwicklungsdynamik der Wissenschaft rückgebunden wird, d. h. noch nicht, daß Wissenschaft auf praktische Zwecke hin orientiert wird, sondern daß wissenschaftliche Erkenntnisse, wo immer dies möglich und sinnvoll erscheint, in die Praxis übertragen werden. Der Wissenschaftsprozeß, d. h. die disziplinäre Theoriebildung, bleibt dabei prinzipiell an den wissenschaftsimmanenten Regulativen orientiert. Parallel dazu expandiert der Bereich der Anwendung und Entwicklung. M. a. W., wenn sich unsere Gesellschaft durch ihre »Verwissenschaftlichung« auszeichnet, dann insofern, als die Praxis auf ein akkumuliertes Problemlösungspotential der Wissenschaft zurückgreift und von diesem abhängt, aber nicht etwa deshalb, weil die Wissenschaft in den ihre Entwicklung bestimmenden Zielsetzungen schon an der Praxis orientiert wäre oder gar nach den Erfordernissen der Praxis gesteuert werden würde.

Es ist eine Folgeerscheinung der Verwissenschaftlichung, daß die Praxis ihrerseits zunehmend in den Kategorien der Systematik der institutionalisierten Wissenschaft perzipiert wird. Probleme werden erst in dem Augenblick zum Gegenstand von Problemlösungsstrategien, in dem die Manipulierbarkeit ihrer Ursachen offenkundig wird, d. h. in dem die Machbarkeit bzw. Veränderbarkeit der Verhältnisse erkannt wird, die sie repräsentieren. Diese Erkenntnis ist zweifellos von einer »Vorleistung« der Wissenschaft im Rahmen ihrer nach internen Regulativen bestimmten Entwicklung abhängig. Auf diese Weise wird Wissenschaft konstitutiv für die Definition praktischer Probleme.[23] Aufgrund dieses Zusammenhangs konstituiert die Verwissenschaftlichung die Komplexität wirtschaftlicher und sozialer Organisation. Der Vorgriff auf das Potential der Wissenschaft zur Kontrolle zukünftiger Folgewirkungen gegenwärtiger Entscheidungen wird zum Merkmal gesellschaftlicher Praxis. Das heißt, ökonomische und politische Entscheidungen werden nicht mehr lediglich auf der Grundlage vorhandener Erkenntnisse getroffen, sondern im Hinblick auf zu erwartende Folgeprobleme.

Diese erschließen sich jedoch kaum mehr durch Erfahrung, sondern nurmehr durch die systematische Kenntnis der betroffenen Gegenstandsbereiche. Die Strukturentscheidungen werden infolgedessen im Vertrauen auf und unter der Bedingung der wissenschaftlichen Erforschung unbekannter Zusammenhänge gefällt. Dies findet seinen Ausdruck in der Ausweitung des planenden und administrativen Sektors sowohl im privaten wie insbesondere auch im öffentlichen Bereich. Komplexität in dem angesprochenen Sinn ist deshalb auch eine Funktion der Erkenntnis von Sachverhalten und nicht eine Eigenschaft der Sachverhalte selbst.

Die Verwissenschaftlichung der Praxis ist freilich von ihrer zunehmenden Reflexivität nur analytisch zu trennen. Nachdem die Wissenschaft ihre kritische (d. h. auch delegitimatorische) Funktion gegenüber der Praxis aufgrund der Universalität systematischen Wissens erhalten hat, erwächst ihr von seiten der Praxis der Anspruch auf Relevanz, den sie selbst nicht zurückweisen kann. Anders gesagt, es wachsen ihr aus der Praxis Zwecke zu, die als Orientierungspunkte nicht notwendig mit ihren immanenten Eigenregulativen übereinstimmen müssen. Typisch ist vielmehr, daß die relativ unabhängige Wirkungsweise der die Wissenschaftsentwicklung steuernden Eigenregulative die Wissenschaft in Widerspruch zu den Bedürfnissen der Praxis bringt, und sie gerät unter den Zwang, ihre Relevanz zu legitimieren. Die Reflexivität gesellschaftlicher Praxis führt tendenziell dazu, daß nicht nur wissenschaftliche Erkenntnisse verwendet werden, sondern daß die Wissenschaftsentwicklung selbst an praktischen Zwecken orientiert wird. Dabei wird das dialektische Verhältnis von wissenschaftlicher Erkenntnis und praktischer Problemdefinition nicht aufgehoben.[24] Verhalten sich Wissenschaft und Praxis zuvor gleichsam parallel zueinander und sind die Verbindungen zwischen ihnen zufällig (Trennung von Forschung und Entwicklung bzw. Anwendung), so kennzeichnet die Reflexivität, daß Wissenschaft und Praxis zunehmend aufeinander bezogen sind (wissenschaftliche Reflexion praktischer Zwecke und Zweckorientierung der Wissenschaft).

Die einsetzende Reflexivität erhält ihren sinnfälligsten Ausdruck in den Reorganisationsbemühungen sowohl des Bereichs der Wissensproduktion als auch der Lernprozesse. Im Bereich der Forschung dokumentiert sich dies zunächst einmal in dem erwähnten Legitimationszwang ihrer Praxisrelevanz. Die Bindung der Mittelallokation für die Wissenschaft entsprechend des öffentlichen Bedarfs an wissenschaftlicher Problemlösungskapazität über die Mechanismen der Projektforschung, der institutionellen und strategischen Wissenschaftsplanung erhält eine relativ immer größere Bedeutung. Es ist zuvor gezeigt worden, daß die Wissenschaftspolitik mit diesen Instrumenten steuernd in den Wissenschaftsprozeß eingreift, insofern mit ihnen die immanenten Entwicklungsregulative durch praktische Zwecke bzw. externe Relevanzkriterien partiell ersetzt werden.[25] (Daß die staatliche Wissenschaftspolitik dabei nach wie vor auf die Kompetenz der wissenschaftlichen Selbstverwaltung angewiesen ist, ist ein Indiz für die Wirkungskraft der immanenten Eigenregulative sowie für die konstitutive Abhängigkeit praktischer Problemdefinitionen von der Wissenschaft.) Generell sind diese Versuche in dem Bemühen um Interdisziplinarität und der Institutionalisierung von Sekundärwissenschaften zu entdecken. Als spezielle Beispiele können Umweltforschung, Energiewissenschaft, Städteplanung, Bildungsforschung etc. dienen. Ihnen allen ist gemeinsam, daß sie aus der zumeist selbst wissenschaftlich begründeten Einsicht in die Disparität von gewachsener Disziplinen- und Wissensstruktur und aktuellen Problemen entstanden sind. Mit ihr ist die einsetzende Reflexivität der Wissenschaft gesetzt, der sich die Sekundärwissenschaften verdanken, oder was man auch die Ablösung der vertikalen durch eine horizontale Struktur der Wissenschaft nennen könnte. Die Wissenschaft gerät tendenziell in die Lage, ihre eigenen Erkenntnisregulative, die ihre gegenwärtige Struktur geprägt haben, im Hinblick auf die Struktur praktischer Probleme in Frage zu stellen.

Im Bildungsbereich läßt sich die analoge Entwicklung beobachten, was ein zusätzlicher Indikator für die auch institutionell verfestigte Verselbständigung und weitgehende Abhängigkeit der Bildungsinhalte vom Wissenschaftsprozeß ist. Wenngleich die derzeitigen Probleme des post-sekundaren Sektors zunächst typischerweise durch die quantitative Steigerung der Bildungsnachfrage ausgelöst worden sind,[26] so hat sich der Eindruck, diese Probleme seien nur quantitativer Art, schon allein aufgrund der unabwendbaren strukturellen Grenzen einer quantitativen Ausweitung von Lern- und Transferprozessen verflüchtigt. Überdies hat auch der in der ersten Phase der Bildungsreform angewandte Arbeitskräftebedarfsansatz als Planungsinstrument sehr schnell in Aporien geführt und die Forschung auf den Zusammenhang zwischen Bildungsinhalten und der Qualifikationsstruktur des Beschäftigungssystems hingewiesen.[27] Es ist bezeichnend für die Situation, daß die Diskussion um die Neugliederung von Bildungsgängen sowohl im sekundaren als insbesondere auch im post-sekundaren Bereich in Widersprüchen gefangen ist, die alle die strukturelle Unzulänglichkeit des traditionellen Bildungssystems gegenüber den gesellschaftlichen Anforderungen aufdecken, mit denen es konfrontiert wird. Ein weiteres Indiz für die Verwissenschaftlichung und zunehmende Reflexivität des Bildungssektors ist das Ungenügen an der Kluft zwischen akademisch-theoretischer und praktisch-berufsorientierter Ausbildung. In dieser Kluft dokumentiert sich sowohl institutionell wie vor allem auch inhaltlich die Verselbständigung des Bildungssystems gegenüber dem Beschäftigungssystem.[28]

Die klassische Trennung zwischen beruflicher und allgemeiner Bildung und ihre Institutionalisierung im dualen System ist zwar nicht allein die Folge der Verselbständigung des Bildungsbereichs als vielmehr des Idealismus sowie der besonderen historischen, sozialstrukturellen Verfestigung der schichtenspezifischen Zuteilung von Bildungschancen. Andererseits zeigt sich, daß die Dichotomie von akademischer und beruflicher Ausbildung vor dem Hintergrund der vermeintlichen oder echten gesellschaftlichen Anforderung an das Bildungssystem offenkundig auch in anderen Industrienationen als strukturelles und inhaltliches Problem empfunden wird, wo der Idealismus niemals einen Einfluß gehabt hat.[29]

Die diese Diskussion leitende Forderung nach Entdifferenzierung der Bildungsprozesse richtet sich jedoch u. a. gegen das Auseinanderfallen von Lebensbereichen,[30] m. a. W. also dagegen, daß für bestimmte Bevölkerungsteile nur die für Arbeitsvollzüge notwendigen Fertigkeiten und Kenntnisse, nicht aber das verfügbare – und für alle Lebensbereiche nützliche (und notwendige!) – Wissen zugänglich sein soll. Das offensichtlich hinter dieser Forderung stehende Prinzip, demgemäß die Einheitlichkeit aller Bildungsprozesse in der Universalität wissenschaftlichen Wissens gründet, wird durch die Aufgabe des vergeblichen Versuchs gestützt, die inhaltliche Ausgestaltung von Bildungsprozessen an den von der industriellen Entwicklung bestimmten Qualifikationsbedarf anbinden zu wollen. Die »tendenzielle Unterdetermination (d. h. ›Unbestimmtheit‹ der Anforderungen)«[31] hat die »Freisetzung« des Bildungssystems mit der einzigen Maßgabe zur Folge, daß es für unterschiedliche »gesellschaftliche Problemlagen reagibel« sein muß.[32] Vor diesem Hintergrund wird die Maxime verständlich, daß Bildungsprozesse ihren Sinn vor allem darin haben müßten, dem einzelnen zu geistiger Flexibilität zu verhelfen.

Die Unterdetermination begründet damit das vor allem für die Weiterbildung geltende Motto »Lernen des Lernens«.

Im tertiären Bereich ist das Problem nicht die Verwissenschaftlichung der Berufsausbildung, sondern die Verpflichtung der akademischen Bildungsgehalte auf die Praxis der Berufswelt. Die Begründung für die Gesamthochschule geht zwar auf verschiedene Motive zurück. An diese institutionelle Lösung ist aber auch die politische Hoffnung geknüpft, daß sie zum Abbau des bürgerlichen Privilegs akademischer Bildung beiträgt, indem die praxisferne Universität auf die wissenschaftlich orientierte Berufsausbildung festgelegt wird.

Insbesondere am Beispiel der Studienreformpläne, wie z. B. das Baukastensystem, die Konzeption des Projektstudiums oder das »Forschende Lernen«, lassen sich die allen institutionellen Versuchen gemeinsamen reflexiven Implikationen verdeutlichen. Für diese Modelle der Strukturierung post-sekundärer Lernprozesse gilt tendenziell, daß Lernprozesse einerseits differenziert selektiv nach Maßgabe lebenspraktischer Relevanz auf den Bestand gesicherten Wissens bezogen sein sollen. Dies bedeutet eine Aufhebung der biographisch-chronologischen Abfolge von allgemeinen zu spezialisierten Ausbildungsgängen ebenso wie die Abkehr von enzyklopädischen oder essentialistischen Curricula zugunsten pragmatischer.[33] Zugleich heben sie im Prinzip die Trennung zwischen rezeptiven Lernprozessen (subjektiv neues Wissen) und kreativer Forschung (objektiv neues Wissen) insofern auf, als bestehendes Wissen im Hinblick auf seine Bedeutung für konkret erfahrene Probleme selegiert und reflektiert wird.

Die theoretischen Grenzen und praktischen Schwierigkeiten dieser Modelle sind ein Indiz für die Resistenz der Wissenschaft gegenüber externen Zwecksetzungen und damit für ihre relative Autonomie.[34] Diesen Modellen ist nämlich gemeinsam, daß die Lernprozesse weitgehend unabhängig von der internen Relevanzstruktur der klassischen Disziplinen an Berufsfeldern bzw. Problemen der Lebenspraxis orientiert werden. Besteht über die Erkenntnisregulative der Wissenschaft jedoch jeweils weitgehende Einigkeit, so fehlt der Konsensus über die Relevanzkriterien der Lebenspraxis, die an ihre Stelle treten sollen. Dieses Problem wird in den Grundsatzdiskussionen um die Prinzipien der Curriculumkonstruktion und die

Funktion der Schule besonders deutlich.³⁵ Das gleiche gilt für die hochschuldidaktische Diskussion sowie die Auseinandersetzungen um das Projektstudium, die sich nicht zuletzt dem Problem verdanken, die Kluft zwischen Praxis und Wissen zu schließen.³⁶

Der gesamte Komplex dessen, was mit Interdisziplinarität, Didaktik, Curriculumkonstruktion, Bildungs- und Wissenschaftsplanung etc. gemeint ist, läßt sich allgemein als der Versuch begreifen, die disparaten Bereiche von Erkennen und Handeln durch die (Meta-)Reflexion auf politisch gesetzte Zwecke zu integrieren bzw. die Erkenntnisprozesse an den Problemen der Praxis zu orientieren, um diese ihrerseits zu einer wissenschaftlich angeleiteten Praxis werden zu lassen. Damit ist die Reflexivität von Bildungsprozessen gesetzt, die ersichtlich in enger Verbindung zu Wissenschaft steht. An die Stelle der tendenziellen Autonomisierung der Wissenschafts- und Bildungsprozesse und die Verwissenschaftlichung der Praxis tritt mithin deren Reflexivität als ihre Folgeerscheinung. Als intellektuelle Rekonstruktion von Wirklichkeit hat sie den Bereich der Wissenschaft gesprengt und sich auf alle anderen Lebensbereiche ausgedehnt. So sind nicht nur die Arbeitswelt und ihre Qualifikationsanforderungen, sondern die Verhaltensanforderungen der Lebensführung allgemein der Reflexion unterworfen. Die damit dem Bildungssystem übertragene Funktion spiegelt sich in der Curriculumtheorie, »die darauf abzielt, möglichst vollständig und ›flächendeckend‹ Lebenssituationen zu simulieren und die ihnen entsprechenden Verhaltensdispositionen aufzubauen«.³⁷ Demgemäß umfassend ist der Bezugsrahmen der Curriculumtheorie, der »von den Berufsfeldern über die verschiedenen Stufen wissenschaftlicher Orientierung bis zu jenen Lebensbereichen (reicht), die durch Wohnen, familiäres Zusammenleben, Umgang mit Menschen, politische Tätigkeit, Religion, Kunst, Sport, Unterhalten und anders umschrieben werden können«.³⁸ Darüber hinaus sind Bereiche wie Sexualität, Erziehung, Gesundheit, Ehe, Altern, Freizeit, Konsum u. a. Gegenstand der Reflexion, der Vermittlung systematischen Wissens und damit formalisierter Lernprozesse. (Es gibt nahezu keinen Lebensbereich mehr, der nicht zumindest Gegenstand irgendeiner Form von »Beratung« ist.) Damit wird ›Erfahrung‹ als Handlungsregulativ immer mehr auch aus jenen Bereichen durch systematisches Wissen verdrängt, in denen sie vormals unverzichtbar erschien.

Nicht nur wird der ohnehin auf falschen Voraussetzungen beruhende Zusammenhang zwischen den institutionalisierten Abschlüssen formaler Lernprozesse und der Entwicklung der Produktionssphäre aufgrund der Einsicht in die unmögliche Prognostizierbarkeit der Qualifikationsanforderungen zugunsten der Maxime der allgemeinen intellektuellen Flexibilität aufgegeben. Die Einschränkung der Qualifikationsanforderungen auf die Berufssphäre ist überhaupt zu eng, vielmehr müssen formale Lernprozesse für die Lebensführung generell qualifizieren. Damit ist der »Geltungsbereich« möglichen Lernens prinzipiell grenzenlos geworden, ebenso wie der Umfang möglichen Wissens, das gelernt werden kann. Das hat jedoch einschneidende Konsequenzen für die Struktur von Lernprozessen.

Da das systematische Wissen sich sowohl aufgrund seiner fortbestehenden Eigendynamik als auch durch seine Verknüpfung mit der Praxis fortlaufend entwickelt und Handlungsräume somit ständig neu strukturiert, entsteht der Zwang zur Anpassung an die derart veränderten Bedingungen durch erneutes Lernen. Indem die Möglichkeit der Anpassung durch Erfahrung zunehmend geringer wird, verliert auch das Prinzip der biographischen Trennung zwischen Lernen und Wissensanwendung, wie sie im gegenwärtigen Bildungssystem noch institutionalisiert ist, seine Funktionalität. M. a. W., der Generationswechsel als Verteilungsmechanismus für die Bestimmung von Quantität und Inhalt des zu lernenden Wissens wird außer Kraft gesetzt. An seine Stelle tritt das Prinzip des lebenslangen Lernens bzw. der ständigen Weiterbildung, das zum charakteristischen Element für die zweite »reflexive« Phase der beschriebenen gesellschaftlichen Entwicklung wird. Mit diesem Strukturprinzip von Lernprozessen ist postuliert, daß die Vermittlung gesicherten, systematischen Wissens nicht lediglich einmal, sondern mehrmals innerhalb eines Lebensalters erfolgt. Die Anpassung an den Erkenntnisfortschritt erfolgt kontinuierlich und ist an ihn rückgebunden. Mithin hat die Idee der Weiterbildung ihre funktionale Basis in der zunehmenden Reflexivität sozialer Prozesse.

Anhand einiger Indizien für ein verändertes Bewußtsein hinsichtlich der biographischen Funktion von Wissen läßt sich diese These stützen.

Die in der Forderung nach lebenslangem Lernen sich ankündigende Wandlung des Bildungssystems ist exemplarisch für Veränderungen in anderen gesellschaftlichen Bereichen. Sie ist jedoch nicht allein dadurch erklärbar, daß Strukturveränderungen stattfinden, sondern nur dadurch, daß diese von Veränderungen des Bewußtseins begleitet werden. Dabei ist es natürlich illusorisch, zu unterstellen, die Einsicht in die Notwendigkeit und den konkreten Nutzen ständiger Weiterbildung für alle Lebensbereiche wäre gleichmäßig in der Gesellschaft verbreitet. Auch ist kaum anzunehmen, daß die ohnehin differenzierten Bewußtseinsgehalte säkulare Entwicklungstendenzen, und dazu noch solche, deren Realisierung zum Teil noch aussteht, direkt widerspiegeln. Ein möglicher Ansatzpunkt neben anderen, die unmittelbaren Anlässe für die hier relevanten Bewußtseinsgehalte und diese selbst aufzufinden, ist das Problem des Alters in der Gesellschaft. Ist die Stellung des Alters schon durch die Auflösung der Großfamilie und die Vermarktung der Arbeitskraft prekär geworden, so ist diese Entwicklung durch die Vermarktung der Bildung und die schnelle Veraltungsrate des Wissens noch verstärkt worden. Die endgültige Diskreditierung der Erfahrung und der damit verbundene Aufstand gegen die Gerontokratie hat in einigen Berufsbereichen zu einer weit vorgezogenen Ausgliederungsgrenze der Arbeitskraft geführt – insbesondere in den stärker professionalisierten »white collar«-Berufen, in denen die unternehmensspezifische Ausbildung eine Investition ist.[39]

Viele Anzeichen sprechen dafür, daß auch diese Entwicklung nicht den Regulativen des Arbeitsmarktes überlassen wird, zumal ihre Folgen in allzu krassem Widerspruch zu Grundwerten der Gesellschaft stehen und damit zur Gefährdung der Legitimationsbasis der Gesellschaft werden. Die steigende Nachfrage nach Weiterbildung kann darüber hinaus als adaptive Strategie des einzelnen bei unsicheren Arbeitsmarktverhältnissen interpretiert werden. Tatsächlich weisen die empirischen Daten darauf hin, daß »jüngere Personen stärker aufstiegsorientiert sind und berufliches Fortkommen und Aufstieg häufiger (als Motiv für die Teilnahme an Weiterbildungsveranstaltungen – P. W.) nennen als ältere, deren Motive mehr aus einem sozialen und finanziellen Sicherheitsbedürfnis erwachsen ...«, abhängig von »den jeweils gegebenen Aufstiegsmöglichkeiten, der schnellen Veraltung berufsrelevanten Wissens und der Struktur des Arbeitsmarktes, der eindeutig die Jüngeren favorisiert.«[40] In diesem Zusammenhang zwischen der Altersgruppe und der skizzierten Arbeitsmarktsituation läßt sich bei aller Vorsicht gegenüber dem weitgehend unzureichenden Datenmaterial eine differenzierte Reaktion auf die beruflichen und sozialen Bedingungen erkennen.

Bedauerlicherweise ist das empirische Material zum Komplex der Weiterbildungsmotive noch zu lückenhaft, so daß im Hinblick auf weitere Bewußtseinsgehalte allgemeinere Indizien als Basis von Folgerungen dienen müssen. Es kann angenommen werden, daß der gleiche Komplex von Bedingungen einem anderen Phänomen zugrundeliegt, nämlich der wachsenden Arbeitsunzufriedenheit selbst unter den traditionell »angenehmeren« »white collar«-Berufen, bis hinauf in die Ebene des Managements. Dabei zeigt sich, daß die Unzufriedenheit auf vor allem zwei Bedürfnisse zurückgeht, den Wunsch, die unmittelbare Umgebung selbst meistern zu können und das Gefühl, daß einem selbst und der eigenen Arbeit Bedeutung zukommt – »the twin ingredients of selfesteem.«[41]

Der sich darin ausdrückende Wunsch nach mehr persönlicher Autonomie am Arbeitsplatz oder allgemeiner, nach größeren Chancen der Selbstverwirklichung (die sehr eindeutig nach Berufsgruppen vom Professor bis zum ungelernten Arbeiter abnehmen),[42] wird von dem zitierten Bericht auf die noch wachsende Disparität zwischen einer anachronistischen, vom Taylorismus geprägten Arbeitswelt und dem gegenüber diesem Produkt des frühen amerikanischen Kapitalismus angestiegenen Bildungsniveau zurückgeführt. Die Mitbestimmungsforderung mag die von den Gewerkschaften vorgenommene Reaktion auf bei uns möglicherweise nicht in der gleichen Schärfe vorhandene Zustände sein. Es ist jedoch nicht anzunehmen, daß die Daten für unseren Bereich keine Gültigkeit hätten. Die verstärkte Partizipation im öffentlichen Leben, das Phänomen der Bürgerinitiativen, deuten, so schwach die Ansätze dazu auch sein mögen, in die gleiche Richtung. Und schließlich ist die Differenzierung der Weiterbildungsnachfrage selbst Indiz dafür, nämlich die – letztlich vergebliche – Hoffnung auf

beruflichen Aufstieg und damit größere Selbstbestimmungs-
chancen durch die berufsbezogene Qualifizierung, abhängig
von der Ausgangssituation in der beruflichen Statushierarchie.
Anders gesagt richtet sich diese Hoffnung auf den mit der zunehmenden Professionalisierung der Arbeit erwarteten Zu-
wachs an Autonomie, sozialer Achtung und Selbstachtung.[43]
  Die in diesen Zusammenhängen verborgenen Bewußtseinsgehalte weisen die Bindung an und Einengung durch den an
Bedeutung alle anderen Lebensbereiche überschattenden Bereich der Arbeitssituation auf. Das Denken ist durch den
existentiellen Zwang zur Arbeit auf deren vorfindliche Struktur fixiert. Daß die Repressivität dieser Struktur empfunden
wird und sich die Hoffnung, sie zu überwinden, an die Aneignung von Wissen knüpft, mag auf die Entstehung eines viel
allgemeineren Bewußtseinswandels hindeuten, die Einsicht in
die Notwendigkeit und ubiquitäre Verwendbarkeit von Wissen, die Wertschätzung von Wissen allgemein und den Anspruch darauf, dieses Wissen vermittelt zu bekommen. Dieser
Bewußtseinswandel ist wahrscheinlich Resultat eines Aufklä-
rungsprozesses, der mit der Auflösung des genetischen Bega-
bungsbegriffes seinen Anfang genommen hat. Damit werden
biographische Daten wie soziale Schichtenzugehörigkeit, Aus-
bildungsstand, beruflicher Status, politische Mitwirkungs-
möglichkeiten und rollenbedingte Funktionszuweisungen nicht
mehr als schicksalhaft und unvermeidlich akzeptiert. Sie werden vielmehr als sozial determiniert und veränderbar begriffen und entsprechende Erwartungen, die vordem allenfalls in
die jeweils nachfolgende Generation gesetzt wurden, werden
nunmehr für die eigene Lebensperspektive formuliert. Verall-
gemeinert führt dies zu dem Bewußtsein, demzufolge die strukturellen Bedingungen und Veränderungen generell als erkennbar und verstehbar begriffen werden und daß es als möglich
gilt, ihnen durch die Aneignung von Kenntnissen, Fähigkeiten und Fertigkeiten gerecht zu werden bzw. sie selbst zu
steuern. Diese Bewußtseinsänderung ist selbst ein Ergebnis
der Aufklärung durch Wissenschaft und Moment der Reflexivität.[44]

Die vorangehend explizierte These könnte als ›technokratisch‹ mißverstanden werden, insoweit sie die Entwicklungsdynamik der Wissensproduktion als das entscheidende Bewegungsmoment u. a. bildungspolitischer Prozesse postuliert, so als ob diese nicht politischen Kalkülen unterliegen (sei es auf staatlicher oder auf der Ebene ökonomischer Subjekte). Es muß daher noch einmal betont werden, daß die Stoßrichtung der Argumentation vielmehr gegen die funktionalistische Behauptung gerichtet ist, die die Bildungsexpansion nur auf ihre Funktionen für die Lösung gesellschaftlicher Strukturprobleme zurückführt und dabei den Faktor der Wissensentwicklung nicht in Anschlag bringt.

Um die Bedeutung dieses Faktors nicht nur theoretisch herzuleiten, sondern auch quasi-experimentell zu prüfen, betrachten wir zum Schluß eine Situation, in der sich Wissen als nicht disponibel bzw. resistent gegenüber dem bildungspolitischen Kalkül des Staates erweist, das seinerseits auf die legitimatorische und arbeitsmarktstrategische Funktion von Bildungsabschlüssen abstellt und diese entsprechend zu funktionalisieren sucht. Auf diesem Weg läßt sich zumindest zeigen, daß Bildungspolitik allgemein (und speziell die Bildungsexpansion) auch von der Entwicklungsdynamik des Wissens determiniert wird bzw. diese *eine* restriktive Bedingung für sie sein kann.

Zur Erläuterung muß kurz dargelegt werden, wie der idealtypisch beschriebene Wandel des Zusammenhangs zwischen Wissensentwicklung und Lernprozessen bzw. Qualifikationsstrukturen die Funktion von Bildungsabschlüssen berührt.[45] Jede Gesellschaft kennt eine Anzahl bestimmter Tätigkeiten, die nur aufgrund spezieller Qualifikationen erfolgreich ausgeführt werden können. Diese Tätigkeiten sind in der Regel als Arbeitsrollen institutionalisiert und die erforderlichen Qualifikationen werden in institutionalisierten Prozessen von Lernen und praktischer Lehrzeit vermittelt. Zugleich ist der Zugang zu diesen Rollen begrenzt, er ist an den Erwerb der Qualifikationen gebunden. Offenkundig müssen diese Zugangsbedingungen kontrolliert werden, entweder durch die Institutionen, die die Qualifikationsvoraussetzungen verleihen, oder durch jene, die die entsprechenden Tätigkeiten vollziehen.

Die Entwicklung von Berufen (den ›professions‹ im angelsächsischen Verständnis) ist durch derartige Versuche charakterisiert, den Zugang zu kontrollieren, d. h. wenn sich eine bestimmte Tätigkeit ausreichend von anderen differenziert hat, versuchen die »Experten« als Gruppe das Recht der Definition der Qualifikationen und der Eignung der Anwärter für sich zu reklamieren.

Diese Form der Monopolisierung von Wissen und der damit verbundene Anspruch auf die entsprechenden Privilegien verlangte solange eine nur relativ einfache soziale Organisation, wie die Aneignung dieses Wissens eng mit der beruflichen Praxis verknüpft war, so im Fall des mittelalterlichen Handwerks. In dem Augenblick, in dem systematisches Wissen an die Stelle des Erfahrungswissens tritt und der direkte Zusammenhang zwischen Qualifikation und beruflicher Funktion auseinanderfällt, werden die Prozesse der Wissensproduktion, des Lernens und der Anwendung ausdifferenziert. Damit wird auch die soziale Organisation erheblich komplexer. Die Kontrolle der professionellen Organisation und der Einfluß auf die Rekrutierungsprozesse durch die Berufsorganisationen geht zurück und verlagert sich zum Teil auf die Lehrinstitutionen, d. h. in den Bildungssektor. Die Verselbständigungstendenzen des Bildungssystems lassen es potentiell in Konflikt zum Arbeitsmarkt geraten, und diese Entwicklung hat in allen westlichen Ländern zu einem wachsenden Einfluß des Staates geführt.[46]

Die Verleihung von Bildungsabschlüssen in der Form berufsrelevanter Zertifikate erlangt vor diesem Hintergrund eine große Bedeutung für die staatliche Bildungs- und Arbeitsmarktpolitik, zumal dort, wo der Staat dieses Recht mit den Berufsorganisationen teilt. Bildungszertifikate sind einmal Indikator für erworbene Qualifikationen und übertragen das Privileg, in bestimmten Rollen nach funktional notwendigem Ermessen zu handeln. Zum anderen verleihen sie gerade deshalb einen höheren sozialen Status. Zertifizierung dient so als Verbindung zwischen den tendenziell voneinander unabhängigen Bereichen der formalisierten Lernprozesse und der beruflichen Praxis und reguliert ihre koordinierte Entwicklung. Nimmt man nun die klassischen Kriterien der Professionalisierung als Bezugsrahmen – ein klar abgrenzbarer Gegenstandsbereich im System wissenschaftlichen Wissens, ein System formalisierter Ausbildung zur Sozialisation in das Wissenssystem, ein institutionalisiertes Muster der Zugangsregelung zur Praxis über Zertifikate und eine institutionalisierte Regelung der Praxis, d. h. der Anwendung des Wissens[47] –, dann läßt sich aus ihnen ein Entwicklungsmuster von Professionen ableiten, wonach sich mit der Entwicklung systematischen Wissens dessen praktische Anwendungsbereiche erschließen. Dieser Prozeß ist vermittelt über die Entstehung von Ausbildungsprogrammen, die Institutionalisierung und Kontrolle von Zertifikaten und schließlich die *soziale Organisation* der Anwendung des Wissens selbst. Aufgrund ihrer mehrdimensionalen Funktionen, die sich eben auch auf den sozialstrukturellen Bereich erstrecken, kann die Zertifizierung jedoch auch strategisch eingesetzt werden. Das kann im Prinzip durch alle die Institutionen geschehen, die Teil der differenzierten Struktur von Wissensproduktion, -vermittlung und -anwendung sind, Universitäten und Ausbildungsinstitutionen, Berufsorganisationen und vor allem der Staat. Die Funktion der Zertifizierung als regulativer Mechanismus ist infolgedessen ambivalent. Das heißt, es ist anzunehmen, daß die funktionale Beziehung zwischen Wissensentwicklung und Qualifikationsstruktur nicht in der idealtypischen Form vorfindbar ist, wie sie im Professionalisierungsprozeß erscheint, sondern nur vermittelt.

Mehrere Typen von Strategien können unterschieden werden, die im Hinblick auf das zentrale Kriterium, die Existenz eines abgrenzbaren Gegenstandsbereichs systematischen Wissens, unterschiedliche Voraussetzungen haben.[48] In diesem Kontext geht es um die Frage, ob ein strategischer Einsatz der im Prinzip disponiblen Kriterien der Professionalisierung, der Ausbildungsgänge und Zertifikate, erfolgreich sein kann, *ohne* die Existenz eines entsprechenden Komplexes systematischen Wissens. Erweist sich dieses grundsätzlich nicht oder zumindest nicht direkt und kurzfristig disponible Kriterium als notwendige Bedingung, so ließe sich auf eine kausale Beziehung zwischen Bildungsprozessen und Wissensentwicklung schließen, die die Bildungspolitik nicht umgehen kann.

Der Fall, an dem sich diese Frage klären läßt, ist die von uns als »palliative Professionalisierung« bezeichnete Politik.[49] Diese Form des staatlichen strategischen Einsatzes von Ausbildungsgängen und Zertifikaten ist nicht an systematisches Wissen und seine Anwendung geknüpft, sondern dient der Steuerung der Nachfrage nach akademischer Ausbildung. Als eine Folge der allgemeinen Bildungsexpansion und der damit verbundenen Probleme, die Nachfrage nach akademischer Bildung und statuswirksamen Abschlüssen zu befriedigen, werden nicht-akademische bzw. halb-akademische Ausbildungsgänge durch die Verleihung entsprechender Zertifikate aufgewertet.

Es läßt sich kaum ein Fall finden, der diesem Typus ausschließlich zuzurechnen ist,[50] so daß deshalb nicht von einem empirischen »Test« der Ausgangsfrage gesprochen werden kann. Diese Tatsache ist allerdings selbst schon Indiz dafür, daß politisch-strategische Professionalisierungsprozesse offenbar nicht völlig abgehoben von Voraussetzungen systematischen Wissens initiiert werden. Im Fall der im Zusammenhang mit der Weiterbildungsdiskussion primär relevanten Organisation der Erwachsenenpädagogik, aber auch in anderen Fällen, wie z. B. der Neuordnung der nicht-akademischen Ingenieurausbildung, lassen sich jedoch Elemente der palliativen Professionalisierung identifizieren.

Es ist hier nicht möglich, die jeweils sehr komplexen Prozesse und involvierten Einflüsse detailliert darzustellen, sondern nur, sie im Ergebnis zusammenzufassen. Danach zeigt sich, daß vor allem im Fall der Erwachsenenpädagogik der »normale« Professionalisierungsprozeß ›umgedreht‹ worden ist. Es wurden Zertifikate geschaffen, bevor ein klar abgrenzbarer Bereich systematischen Wissens identifiziert werden konnte, dessen Problemlösungskapazität für eine bestimmte berufliche Praxis (der ›Andragogie‹) erkennbar war, und bevor sich auch eine Expertenrolle im Hinblick auf das anzuwendende Wissen und die entsprechenden Aufgaben entwickelt hatte. Ein Motiv der Professionalisierung der Erwachsenenpädagogik war die Strukturierung und Rechtfertigung der bislang heterogenen Organisation der Ausbildung und Praxis in der Erwachsenenbildung durch die Vermittlung systematischen Wissens und generalisierter Fähigkeiten. Der Versuch der Standardisierung und Verwissenschaftlichung war vor allem eine Reaktion auf die wachsende Nachfrage nach Weiterbildung, die entsprechend der unterschiedlichen sozialen Gruppen, von denen sie ausgeht und den unterschiedlichen Bedürfnissen, denen sie entspricht, sehr heterogen ist. Aufgrund dieser Heterogenität einerseits und andererseits der Notwendigkeit, die Standardisierung und Verwissenschaftlichung über eine in systematischem Wissen begründete Kernqualifikation zu leisten, konvergieren die 1971 von der Kultusministerkonferenz vorgeschlagenen Ausbildungsgänge darin, daß jeweils eine Kombination von Erwachsenenpädagogik und disziplinären Fächern vorgesehen ist. Die Integrationsfunktion, die hierbei von der ›Erwachsenenpädagogik‹ geleistet werden soll und die zentrale Begründung für die Professionalisierung darstellt, muß jedoch skeptisch beurteilt werden.

Ebenso wie die umfassendere Professionalisierung der Pädagogik durch die Einführung eines Diplomstudienganges hat die Erwachsenenpädagogik bislang weder zu einem einheitlichen Berufsbild (und institutionalisierten Karrieremustern) noch zu einer entsprechenden Qualifikationsnachfrage geführt.[51] Es ist zwar noch zu früh, um ein endgültiges Urteil fällen zu können und den Professionalisierungsprozeß für gescheitert zu erklären (Diplompädagogen erscheinen erst seit 1973 auf dem Arbeitsmarkt), doch deuten auch die Rückzieher der Kultusminister daraufhin, daß sie ihre bildungspolitische Strategie zumindest nicht als sehr erfolgreich einschätzen.

Das Beispiel der ›Professionalisierung‹ der Erwachsenenpädagogik liefert keinen *Beweis* im strengen Sinn für die Ausgangsthese, dazu ist der Sachverhalt selbst zu komplex und als Prozeß noch nicht abgeschlossen. Er bietet jedoch ausreichende Evidenz, um die Behauptung zu stützen, daß bildungspolitische Maßnahmen, die ohne Rückbindung an einen Komplex systematischen Wissens erfolgen, nicht erfolgreich sein können. Dabei ist es nicht nur die Rückbindung an Wissen, sondern zugleich dessen Problemlösungskapazität in einem Berufsfeld, die als Kriterien der Professionalisierung über den Erfolg der bildungspolitischen Maßnahmen entscheiden. Überdies bestätigt der diskutierte Fall die Begründung der Weiterbildungsnachfrage auch inhaltlich. Gerade weil diese Nachfrage so heterogen ist, sich also auf eine Fülle verschiedener disziplinärer Wissensgehalte richtet, muß eine Institutionalisierung der Weiterbildung über die instrumentelle Kernqualifikation der ›Pädagogik‹ bzw. der Didaktik der Erwachsenenbildung verkürzt bleiben. Das unterstreicht nur, daß Erklärungen bildungspolitischer Maßnahmen, die die Kategorie des Wissens als eine Determinante sozialer Prozesse nicht im Blick haben, zwar gefällig plausibel aber ganz offensichtlich irreführend sind.

Anmerkungen

1 vgl. K. Hüfner, Traditionelle Bildungsökonomie und system-orientierte Bildungsplanung. MPI für Bildungsforschung. Studien und Berichte, Nr. 17, Berlin, 1969.
2 vgl. zur Zusammenfassung der Ergebnisse C. Offe: Bildungs-system, Beschäftigungssystem und Bildungspolitik – Ansätze zu einer gesamtgesellschaftlichen Funktionsbestimmung des Bildungs-systems, in: H. Roth/D. Friedrich (Hrsg.), Bildungsforschung – Probleme, Perspektiven – Prioritäten, Deutscher Bildungsrat, Gut-achten und Studien der Bildungskommission, Bd. 50, Stuttgart, Klett-Verlag, 1975.
3 C. Offe, a. a. O.
4 vgl. ebda. 226; die implizierte Annahme, bei der Unterdetermi-nation handle es sich um ein neues Phänomen, ist bezogen auf die formale Bildung fragwürdig, da es eine direkte Beziehung zwischen formalen Bildungsprozessen und Berufsqualifikationen aus systematischen Gründen nicht geben kann.
5 ebda. 233.
6 ebda. 242.
7 ebda. 247.
8 Deutscher Bildungsrat, Empfehlungen der Bildungskommission, Strukturplan für das Bildungswesen, Stuttgart 1970, S. 51 f.
9 vgl. M. Weber, Wirtschaft und Gesellschaft (2. Bd.), Studienaus-gabe, Köln/Berlin 1964, S. 735 f. sowie M. Baethge, Ausbildung und Herrschaft, Frankfurt 1970, S. 37 ff.
10 Baethge, a. a. O., S. 41.
11 vgl. ebda., S. 42 f.
12 vgl. P. Lundgreen, Bildung und Wirtschaftswachstum im Indu-strialisierungsprozeß des 19. Jahrhunderts, Berlin 1973, und ders., Techniker in Preußen während der frühen Industrialisierung, Berlin 1975.
13 N. Luhmann, Selbststeuerung der Wissenschaft, in ders., Sozio-logische Aufklärung, Köln/Opladen 1970, S. 235.
14 vgl. G. Böhme et. al., Alternativen in der Wissenschaft, in: Zeit-schrift für Soziologie, I/4, 1972.

15 vgl. Kapitel III.

16 vgl. zur Institutionalisierung der Wissenschaft, J. Ben-David, The Scientist's Role in Society, Englewood Cliffs, 1971.

17 vgl. z. B. zum exemplarischen Fall der Dampfmaschine, J. D. Bernal, Die Wissenschaft in der Geschichte, Berlin 1967, S. 371 ff.

18 vgl. H. W. Bode, Reflections on the Relation between Science and Technology, in: National Academy of Sciences, Basic Research and National Goals, Washington 1965, S. 41-76.

19 J. Habermas, Technik und Wissenschaft als Ideologie, Frankfurt 1968, S. 79.

20 Zur Kritik vgl. D. Price, The Relations between Science and Technology and their Implivation for Policy Formation, FOA Reprints 1972/73; 26.

21 vgl. Kapitel III.

22 vgl. D. Price, Little Science, Big Science, New York, London, 1963.

23 vgl. W. van den Daele/P. Weingart, Resistenz und Rezeptivität der Wissenschaft – Zu den Entstehungsbedingungen neuer Disziplinen durch wissenschaftspolitische Steuerung, 1975; sowie Kapitel IV.

24 vgl. im übrigen zum Begriff der Finalisierung der Wissenschaft, G. Böhme, et. al., Die Finalisierung der Wissenschaft, in: Zeitschrift für Soziologie II/2, 1973.

25 vgl. Kapitel IV.

26 vgl. OECD, Towards New Structures of Post-Secondary Education. A Preliminary Statement of Issues, Paris 1971, S. 27.

27 vgl. W. Armbruster, Arbeitskräftebedarfsprognosen als Grundlage der Bildungsplanung. Eine kritische Analyse. Studien und Berichte des Max-Planck-Instituts für Bildungsforschung 23, Berlin 1971; Manpower-Projekt, (Max-Planck-Institut für Bildungsforschung): Expansion und Innovation, Bedingungen und Konsequenzen der Aufnahme und Verwendung expandierender Bildungsangebote, Berlin 1971.

28 So wird für die USA geschätzt, daß mit dem Jahr 1970 die Gesamtzahl derer, die in formalen Lernprozessen innerhalb des Bildungssystems – Primar-, Sekundar- und Postsekundarbereich – stehen, geringer ist als die Zahl derer, die eine formale Ausbildung außerhalb dieses institutionellen Systems, d. h. überwiegend in Unternehmen bzw. in Verbindung mit dem Arbeitsplatz erhalten. vgl. Bailey, zit. in C. Offe, a. a. O., S. 24 a.

29 vgl. OECD, a. a. O., S. 36 ff.

30 vgl. H. Tietgens, Orientierungsgesichtspunkte zur Weiterbildungsdiskussion, in: Deutscher Bildungsrat, Hrsg., Umrisse und Per-

spektiven der Weiterbildung, Gutachten und Studien der Bildungskommission, Bd. 46, Stuttgart 1975.

31 vgl. C. Offe, a. a. O., S. 15.

32 ebda., S. 25.

33 vgl. B. Holmes, Curricular Implications of Developments in Short-Cycle Higher Education, OECD-Manuskript, DAS/EID 71.69, Paris 1971.

34 vgl. P. Weingart, The Integration of Learning and Research in Mass Higher Education: Towards A New Concept of Science, in: OECD, Structure of Studies and the Place of Research in Mass Higher Education, 1974.

35 vgl. H. v. Hentig, Schule als Erfahrungsraum, Stuttgart 1973, S. 17-20.

36 vgl. E. Becker, et. al., Projektorientierung als Strategie der Studienreform, in: Studentische Politik 2/3, 1972.

37 Offe, a. a. O., 245.

38 Deutscher Bildungsrat, Strukturplan, a. a. O., 60.

39 Dieser Prozeß hat im übrigen eine weitere, sich selbst verstärkende Konsequenz. Durch die rasche Veraltungsrate des Wissens kann sich dieses nicht mehr in der gleichen Weise im Generationenrhythmus institutionell verfestigen. Darin liegt ein Moment der Beschleunigung sozialen Wandels.

40 K. Gottwald, C. Brinkmann; Determinanten der Weiterbildungsmotivation, in: Deutscher Bildungsrat, Gutachten und Studien der Bildungskommission (Bd. 28), Bildungsurlaub als Teil der Weiterbildung, Stuttgart 1973, S. 67. Eine Differenzierung nach Berufsgruppen und sozialer Schicht, darauf weisen viele Daten hin, ergäbe gegenüber diesem noch pauschalen Ergebnis, daß z. B. bei Arbeitern sozialer Aufstieg als Motiv zur Weiterbildung dominiert wohingegen die Angestellten den Statuserhalt durch Wissensaktualisierung anstreben.

41 vgl. Task Force to the Secretary of Health, Education and Welfare: Work in America, Cambridge, Mass. o. J., S. 13.

42 vgl. ebda., S. 16.

43 vgl. zum Zusammenhang von Professionalisierung und Funktionen der Weiterbildung E. Schmitz,: Qualifikationsanforderungen industrieller Arbeit und Funktionen wissenschaftsbezogener Weiterbildung (unveröffentlichtes Manuskript) Berlin 1973, sowie Task Force . . ., a. a. O., S. 20.

44 Freilich offenbart das zuvor Gesagte auch die Grenzen der Weiterbildung, ebenso, wie sich diese Bewußtseinsgehalte, wenn sie erst einmal gesellschaftlich virulent werden, gegen eben diese Grenzen wenden müssen. Zur Möglichkeit, die Autonomie des einzelnen am Arbeitsplatz durch dessen »Professionalisierung«

zu steigern, führt der oben zitierte Expertenbericht aus: »Die Automationsrevolution, die die Nachfrage nach gelernten Arbeitskräften erhöhen (und den Bedarf an Menschen, die die schlimmsten Arbeiten der Gesellschaft verrichten, senken) sollte, hat nicht stattgefunden... Es ist illusorisch zu glauben, daß Technologie neue Arbeitsplätze höherer Ebene eröffnet, die solche niederer Ebene ersetzen ... Dieses Problem einer ziemlich statischen Berufsstruktur stellt für die Gesellschaft ein enormes Hindernis dar, denen eine größere Arbeitszufriedenheit zu verschaffen, die sich unterhalb der Spitze der Berufspyramide befinden.«

45 Die folgende Argumentation stützt sich auf unsere ausführliche Studie: E. Schmitz/P. Weingart, Knowledge, Qualifications and Credentials: Changing Patterns of Occupations, an Analysis of Six Cases of Credentialling in Germany, hektogr. Manuskript, SME/ET/7536 OECD, Paris, 1975.

46 Allerdings gibt es hier erhebliche Unterschiede: in den angelsächsischen Ländern organisieren sich die ›professions‹ im Kontext der privatwirtschaftlichen Sphäre, während in Deutschland die Rolle des Staates in der Regulierung der Wirtschaft und der Bildung sowie in der Lizensierung der Berufe traditionell sehr viel stärker ist.

47 T. Parsons, »Professions«, Stichwort in: International Encyclopedia of the Social Science, Bd. 12, 1968, S. 536-547; H. L. Wilensky – The Professionalization of Everyone? in: American Journal of Sociology, vol. 70, 1964, S. 137-158.

48 vgl. zu einer derartigen Typologie von ›Professionalisierungen‹ Schmitz/Weingart, a. a. O.

49 vgl. ebda., 5.

50 vgl. ebda., wo sechs Fälle aktueller Professionalisierungsmuster analysiert werden.

51 vgl. zu den entsprechenden Daten ebda., 44.

VII. Nachwort — Wissen als soziale Kategorie

Die vier vorangegangenen Untersuchungen sind Explikationen des im ersten Teil entworfenen theoretischen Programms. Sie sind nur Illustrationen der Erklärungskraft des theoretischen Bezugsrahmens. Das läßt es sinnvoll erscheinen, zu überprüfen, inwieweit das Programm realisierbar erscheint, welches die spezifischen Probleme seiner Umsetzung in konkrete Einzelanalysen sind.

In den Untersuchungen ist die Rolle systematischen Wissens in unterschiedlichen (wenngleich nicht symmetrischen) Bezügen dargestellt, die einen Teil der möglichen Relationen abdecken, wie sie im handlungstheoretischen Modell enthalten sind. In keiner dieser Analysen ist der Anspruch des theoretischen Modells voll eingelöst, nämlich die doppelte Rolle des Wissens als Determinante von Institutionalisierungsprozessen und als deren Produkt aufzuweisen. Die Studie zur Genese des ›Umweltprogramms‹ zeigt deutlich die Schwierigkeiten des empirischen Nachweises dieser Beziehungen, die vor allem in der Konzeptualisierung der analytischen Einheiten und ihrer dimensionalen Veränderungen zu suchen sind. In der Analyse konkreter Prozesse ist deren Zerlegung in analytische Teilabschnitte unumgänglich. Das erscheint nicht unbedingt als Nachteil, denn das handlungstheoretische Entwicklungsmodell muß den Eindruck erwecken, gemäß dem Prinzip, daß ›alles mit allem zusammenhängt‹, auch gegenüber jeder Überprüfung immunisiert zu sein. Tatsächlich gibt es aber nur den *analytischen Bezugsrahmen* für die Analyse von Determinationsverhältnissen zwischen systematischem Wissen und sozialen Strukturen an, insbesondere die Mechanismen, über die diese Beziehungen vermittelt werden. Durch diese Spezifizierung der implizierten ›Wechselwirkung‹ bleibt das Modell im Prinzip überprüfbar. Allerdings kann es sich nur in Untersuchungen spezifischer Determinationsbeziehungen bewähren, und hierbei ist die Zahl der handhabbaren Faktoren (gegenüber den faktisch involvierten) in der Regel sehr begrenzt. Daraus ergibt sich die umgekehrte Gefahr der einseitigen Hervorhebung bestimmter Beziehungen bei Vernachlässigung anderer. Dieses allzu bekannte Dilemma kann, wie das hier thematisierte Beispiel der Umweltforschung zeigt, dann erhebliche negative Konsequenzen haben, wenn die wissenschaftlichen Ergebnisse handlungsanleitend für die Praxis werden. Es ist kein Widerspruch zwischen Theorie und empirischer Analyse, wenn der theoretische Bezugsrahmen seine Orientierungsfunktion behält. Am Beispiel des Verhältnisses zwischen Wissenschaft und Politikformulierung haben wir gezeigt, daß beide Fragerichtungen gleichermaßen legitim und vor allem auch gleichermaßen notwendig sind; andernfalls würde ein völlig schiefes Bild entstehen. Gerade an diesem Fall läßt sich demonstrieren, daß die wissenschaftssoziologische Analyse, wie sie hier vorgeschlagen wird, der politischen Wissenschaft manche Erkenntnis liefert, ebenso wie sie ihr manches Ergebnis streitig machen kann.[1] Für die Wissenschaftssoziologie folgt daraus, daß die isolierte Analyse z. B. der Determinierung der biologischen Forschung durch das Umweltprogramm zur Kontrolle die umgekehrte Frage nach dem Einfluß der Biologie auf dieses Programm verlangt.

Eine andere Schwierigkeit liegt in der Historizität »der Wissenschaft«, in ihrem umfassenden (aber unscharfen) Verständnis (abgesehen vom ›prozessualen‹ Charakter der Wissenschaft, d. h. dem ständigen Wandel des konkreten systematischen Wissens). Am Beispiel des Wandels der Institutionen und des Verständnisses von Wissenschaft und Technik sowie des Verhältnisses von Wissenschaftsbegriff und Planungsinstrumenten (bzw. der gesellschaftlichen Nutzung der Wissenschaft) hat sich zeigen lassen, daß die gesellschaftliche Rolle der Wissenschaft und das gesellschaftliche Wissenschaftsverständnis historischem Wandel unterliegen. Die umfassende Erklärung dieses Wandels entzieht sich einstweilen der Handlungstheorie (wie wohl auch der Geschichtswissenschaft). So ist bislang nicht überzeugend geklärt, welche Bedeutung die Wissenschaft für die Industrialisierung (vermittelt über die Technik) und für die gegenwärtige ökonomische Entwicklung hat, und ebensowenig, welchen Einfluß die ökonomische Entwicklung der Industrialisierungs- und Nachindustrialisierungsphase auf die Wissenschaftsentwicklung gehabt haben.[2] Hierin läge sehr wahrscheinlich *eine* wichtige Erklärung. Eine andere könnte in der Erhellung des Zusammenhangs zwischen der ›Entzauberung‹

der Welt und der Rationalisierung der Lebensführung einerseits und der Entstehung der modernen, universalistischen Wissenschaft andererseits liegen. – Erklärungen dieser Art sind einstweilen nur als Makrotheorien sozio-kultureller Entwicklung vorstellbar.

Ein weiteres analytisches Problem, das in den Studien deutlich geworden ist, betrifft den Bezug der Wissenschaft, der Wissensproduktion und -entwicklung auf außerwissenschaftliche Handlungsbereiche, speziell das politische und das ökonomische System. Das handlungstheoretische Modell *benennt* die Beziehung, *spezifiziert* sie jedoch nicht. Am Beispiel der Genese des Umweltprogramms haben wir versucht, die involvierten Vermittlungsprozesse detaillierter zu fassen. Dabei ergibt sich als die Hauptschwierigkeit, wie die relevanten analytischen Einheiten zu konzeptualisieren und abzugrenzen sind, damit sie einer exakteren empirischen Analyse zugänglich werden. Was ist im konkreten Fall das politische System, was ist die Öffentlichkeit und was ist – nicht zuletzt – die Wissenschaft? Die Abgrenzung dieser Handlungsbereiche ist die Voraussetzung für den allerwichtigsten Schritt, nämlich die Bestimmung der für sie spezifischen Orientierungskomplexe (Normen, Werte, Zwecke), die eben unter Umständen zu denen der Wissenschaft in Konkurrenz treten oder als zusätzliche Orientierungskriterien wirksam werden. Nicht nur die Abgrenzung der verschiedenen Handlungsbereiche selbst stellt ein Problem dar, sondern auch die Wirkungsweise der unterschiedlichen Orientierungskomplexe ist aufgrund der Prozesse der antizipatorischen Anpassung außerordentlich schwierig zu fassen, da kaum jemals klar voneinander getrennte Wissenskomplexe aufeinanderstoßen. Will man der Gefahr entgehen, die Relationen zwischen der Wissenschaft und außerwissenschaftlichen Handlungsbereichen nur mehr diffus bestimmen zu können, erscheint der Weg über eine handlungstheoretische Konzeptualisierung der bereichsspezifischen handlungs- und erkenntnisleitenden Orientierungen dennoch der allein erfolgversprechende Weg zu sein. Bevor das weit entfernte Ziel einer umfassenden Handlungstheorie erreicht ist, können daher nur Einzeluntersuchungen der Art weiterhelfen, wie wir sie mit der Analyse der Beziehung zwischen Wissenschaftsentwicklung und Politikformulierung versucht haben.

Eine andere Frage betrifft die gesellschaftliche Organisation der Produktion systematischen Wissens und dessen Eigengesetzlichkeit. Wenn hier die Ausdifferenzierung der Wissenschaft, ihre relative Autonomie in Gestalt der akademischen Grundlagenforschung und vor allem ihre entwicklungsbedingte ›Resistenz‹ z. B. gegenüber einer politischen Disposition hervorgehoben worden ist, so ist damit nicht ein ahistorisches Charakteristikum der Wissenschaft schlechthin hypostasiert worden. (Die historisch orientierten Studien zum Verhältnis von Technik und Wissenschaft sowie zum Wandel des Wissenschaftsbegriffs und der Wissenschaftspolitik sollten ein derartiges Mißverständnis wohl ausschließen.[3]) Allerdings werden in diesen Merkmalen historische Ausprägungen der Wissenschaft gesehen, die charakteristisch für unsere Zeit sind. Das gilt für die institutionellen Aspekte der Ausdifferenzierung und für die kognitiv-strukturellen der Paradigmatisierung gleichermaßen. Kuhns Modell, wonach die vorparadigmatische Wissenschaft relativ beliebigen Einflüssen gegenüber offen ist und erst mit Erreichen des »sicheren Gangs« eine Abgeschlossenheit erlangt, sowie die Extrapolation dieses Phasenmodells durch das Konzept der ›Finalisierung‹, d. h. der Steuerbarkeit der Wissenschaftsentwicklung, nachdem diese zu einem Abschluß gekommen ist, beinhalten darüber hinaus systematische Gründe kognitiver Art für das Entwicklungsmuster von Wissenschaft. Eine der zentralen Fragen in diesem Zusammenhang ist, ob grundsätzlich jede gesellschaftliche Entwicklung systematischen Wissens aus analytisch-systematischen Gründen an derartige Entwicklungsphasen gebunden ist, womit – innerhalb gewisser Bandbreiten – auch die institutionelle Organisation vorbestimmt wäre. Diese Möglichkeit zielt in Richtung der ›genetischen Erkenntnistheorie‹ Piagets.[4] Oder, das ist die andere Möglichkeit, ist die Entwicklung der Wissenschaft ein historisch einmaliger und glücklicher Zufall, der sich der besonderen Konstellation gesellschaftlicher, ökonomischer und ideeller Faktoren verdankt. Diese Möglichkeit zielt in Richtung interkultureller Vergleiche der Entwicklung und Bedeutung von Wissenschaft.[5] Beide Fragerichtungen sind komplementär. Sie verweisen auf den problematischen (und eben nicht ›trivialen‹) Charakter von Wissenschaft (bzw. des wissenschaftlichen Erkenntnisprozesses).

Die Frage in allen Analysen ist immer die nach dem Verhältnis von Eigengesetzlichkeit des Wissens zu gesellschaftlichen Prozessen. Diese Eigengesetzlichkeit wirkt als einschränkende Bedingung auf andere Handlungsstrukturen. Systematisches Wissen ist nicht disponibel, es kann zwar für andere
Zwecke verwandt werden, wenn es mit diesen kompatibel ist,
es kann aber nicht für beliebige Zwecke produziert werden.
(Natürlich gibt es die Grenzfälle der ›politischen Instrumen-
talisierung‹ von Wissen, z. B. im sprichwörtlichen Gutachten-
streit. Abgesehen von der Disponibilität der vorparadigmatischen ›weichen‹ Wissenschaften – z. B. die oft konfligierenden
Gutachten der Wirtschaftsforschungsinstitute zur konjunkturel-
len Entwicklung – lassen sich solche Instrumentalisierungen
aber entweder als Konflikte zwischen unterschiedlichen Bewertungskriterien – was ist z. B. die höchstzulässige Strahlen-,
Lärm-, Staubbelastung etc. – oder als ungeklärte Fragen –
z. B. welche Substanzen erzeugen Krebs – identifizieren.) Das
darf wiederum nicht zu dem Mißverständnis führen, daß nicht
letztlich beliebige Relevanzkriterien (Zwecke, Fragestellungen)
Prozesse der systematischen Wissensproduktion anleiten können. So gibt es etwa Friedensforschung, Brandbekämpfungs-
wissenschaft, Textilwissenschaft, Ernährungswissenschaft u. v.
a. m. Im Prinzip ist jede menschliche Erkenntnis systematisier-
bar, läßt sich jeder Erkenntnisprozeß, der von einem wert-
oder zweckbedingt konstituierten Gegenstand ausgeht, festen
Regeln unterwerfen und entsprechend organisieren. Im Prinzip gilt daher Feyerabends »anything goes« ebenso wie Holo-
renshaws »nothing works in China«. Die Einschränkungen,
der die Systematisierung und Institutionalisierung derartiger
normativ bestimmter Erkenntnisprozesse unterliegen, ergeben
sich – das ist eine Hypothese – einmal aus der offenbar in der
Definition des Gegenstandsbereichs begründeten mangelnden
Kumulativität und Problemgenerierung. Dies, wie auch der
Umstand, daß die normative Bestimmung des Gegenstands in
der Regel keine ausreichende Konsensbasis findet, verhindert
zum anderen die erforderliche institutionelle Absicherung des
Erkenntnisprozesses. Es muß jedoch daran erinnert werden,
daß am Anfang systematischer Erkenntnisprozesse geradezu
unglaubliche Abstraktionen stehen (z. B. die gradlinig gleich-
förmige Bewegung oder das wesensmäßig herrschaftsfrei kom-

munizierende Individuum), die erst eines allgemein verbindlichen Konsens bedürfen.[6]

Unabhängig von der endgültigen Klärung der Faktoren, die die Genese und den Erfolg oder Mißerfolg systematischer Erkenntnisprozesse sowie den Bezug zu Alltagswissen determinieren, die auch eine *soziologische* Einordnung wissenschaftlichen Wissens in eine Handlungstheorie ermöglicht, besteht für uns kein Zweifel, daß wissenschaftliches Wissen eine *soziale Kategorie* ist. Der Fehler der herrschenden soziologischen Theoriebildung ist darin zu sehen, daß Wissen (wie auch die Derivate, z. B. Technik) völlig ignoriert oder ›trivialisiert‹ wird. Wenn es überhaupt für die Analyse sozialer Prozesse thematisiert wird, so entweder als bloße Resultante oder als verabsolutierte Determinante. Die Behauptung der Disponibilität führt zu den erwähnten Fehleinschätzungen.[7] Die Hypostasierung als Determinante führt in den technokratischen Zirkel.

Die Bedeutung des Wissens als sozialer Kategorie erschließt sich nur, wenn es analytisch als sozialstrukturell bedingt und als handlungsbestimmend zugleich aufgefaßt und so für die Analyse sozialer Prozesse in Anschlag gebracht wird. Das als zwingend zu demonstrieren, verstehen wir als eine der vordringlichen Aufgaben der Wissenschaftssoziologie gegenüber der allgemeinen soziologischen Theoriebildung. Im Grunde ist dies nur die Aktualisierung einer in Vergessenheit geratenen Tradition.

Anmerkungen

1 Zu letzterem vgl. Kapitel VI.
2 vgl. dazu die Einleitung zu Kapitel III.
3 vgl. Kapitel III und IV.
4 vgl. J. Piaget, Einführung in die genetische Erkenntnistheorie, Frankfurt, 1973.
5 Als herausragendes Beispiel ist hier das Werk J. Needhams zu nennen. J. Needham, Science and Civilisation in China, Cambridge, 1954.
6 Ein exemplarischer Fall, an dem sich der Streit um normative Gegenstandsbereichsdefinitionen demonstrieren läßt, ist der der

Friedensforschung, genauer des Konflikts zwischen traditioneller und »kritischer« Friedensforschung. vgl. P. Weingart, Bedingungen und Möglichkeiten einer »kritischen« Friedensforschung, in: D. Pforte, O. Schwencke, Hrsg., Ansichten einer künftigen Futurologie, München, 1973. Ein offensichtlicher Grund, warum die Abstraktionen der Physik offenbar eher akzeptiert werden (bzw. worden sind), wird in der exakteren Sprache, der Mathematisierbarkeit der Phänomene gesehen, aber diese ist selbst ein Resultat der Gegenstandsdefinition.

7 vgl. Kapitel VI.

Immanuel Kant
in den suhrkamp taschenbüchern wissenschaft

stw 51 Helmut Arnaszus
Spieltheorie und Nutzenbegriff
Eine marxistische Kritik aktueller ökonomischer Theorien
266 Seiten
Thema des Buches ist die Nutzen- und Spieltheorie in
ihrer Bedeutung für die mathematische Ökonomie. Die
rein formale Behandlung wirtschaftlicher Probleme führt
den Ökonomen leicht dazu, Fragen der philosophischen und
gesellschaftlichen Grundlagen seiner Theorien zu übersehen.

stw 34 W. Ross Ashby
Einführung in die Kybernetik
Aus dem Englischen von Jörg Adrian Huber
416 Seiten
Die Einführung in die Kybernetik ist eines der Standard-
werke der jungen Wissenschaft Kybernetik, nicht zuletzt
durch des Autors didaktisches Geschick der Grundlagenver-
mittlung. Ashby vermeidet es, für den Laien unnötig ver-
wirrende Bereiche der Elektronik und der höheren Mathematik in seine Einführung einzubeziehen und verwendet
statt dessen allgemeinverständliche Beispiele aus dem Alltag.

stw 68 Hans Barth
Wahrheit und Ideologie
331 Seiten
Barths im Jahre 1945 erschienene Untersuchung gilt einem
Begriff, der zunächst rein wissenschaftlich-philosophisch
konzipiert war, nun aber längst in den Sprachgebrauch

der Alltagssprache aufgenommen worden ist und in den verschiedensten Bedeutungen verwendet wird. Barth vertritt die These, daß menschliches Denken immer ideologiehaft sei und geht der Frage nach, unter welchen gesellschaftlichen und ökonomischen Bedingungen Ideologien produziert werden. Die verschiedenen Aspekte dieses Zusammenhangs untersucht er unter anderem an den Werken von Marx, Schopenhauer und Nietzsche.

stw 114 Oskar Becker
Die Grundlagen der Mathematik in geschichtlicher Entwicklung
428 Seiten
»Der Aufgabe, die Mathematik auf die Stufe des historischen Bewußtseins zu heben, ist mit dem vorliegenden Buch ein großer Dienst erwiesen.«   *Paul Lorenzen*

stw 99 Aaron V. Cicourel
Methode und Messung in der Soziologie
Aus dem Amerikanischen von Frigga Haug
319 Seiten
Die quantitative Erfassung dessen, was Max Weber als »soziales Handeln« beschrieben hat, ist nach wie vor für die Soziologie problematisch. Die Schwierigkeit in verschiedenen Bereichen soziologischer Forschungstechnik, die Cicourel untersucht, beruht unter anderem darauf, daß der Sozialwissenschaftler bei der Anwendung seiner Methoden – Inhaltsanalyse, Befragung, teilnehmende Beobachtung usw. – »aus der Rolle des kommunizierenden Mitspielers nicht ganz heraustreten kann« *(Habermas)*. Es ist Cicourels Verdienst, die Probleme von Methode und Messung nicht auf die Ebene der Forschungstechnik abgeschoben, sondern erkenntnistheoretisch ins Bewußtsein gehoben zu haben.

stw 10 *Einführung in den Strukturalismus*
Mit Beiträgen von Ducrot, Todorov, Sperber, Safouan und Wahl
Aus dem Französischen von Eva Moldenhauer
480 Seiten
Die Essays zum Strukturalismus gehen nicht von einer Apriori-Definition einer so zu nennenden strukturalen Methode aus, was nach Ansicht der Autoren nicht möglich ist. Vielmehr überprüfen die Verfasser – alle Strukturalisten der zweiten Generation – an ihrem jeweiligen Forschungsgebiet, was ihr Strukturalismus überhaupt sei.

stw 71 *Ethnomethodologie. Beiträge zu einer Soziologie des Alltagshandelns*
Herausgegeben von Elmar Weingarten, Fritz Sack
und Jim Schenkein
464 Seiten
Das Interesse der Ethnomethodologie ist auf die Methoden gerichtet, derer die Gesellschaftsmitglieder sich bedienen, um ihre tagtäglichen Situationen zu bewältigen. Sie versucht, die als selbstverständlich hingenommenen Strukturen unserer Alltagswelt sichtbar zu machen.

stw 96 Michel Foucault
Die Ordnung der Dinge
Eine Archäologie der Humanwissenschaften
Aus dem Französischen von Ulrich Köppen
480 Seiten
Foucault hat »Eine Archäologie der Humanwissenschaften« vorgelegt, die die »Kontinuitäts-Illusion« (*W. Lepenies*) herkömmlicher Wissenschaftsgeschichten zerstören will. Der Autor ist daran interessiert, epochenspezifische »Systeme der Gleichzeitigkeit«, Analogien und Beziehungsgeflechte zwischen den Disziplinen hervorzuarbeiten, um so zugleich auch epochale Brüche und Unvereinbarkeiten aufdecken zu können.

stw 160 Hans G. Furth
Intelligenz und Erkennen
Die Grundlagen der genetischen Erkenntnistheorie Piagets
Übersetzt von Friedhelm Herborth
384 Seiten
Hans G. Furth hat den ersten Versuch einer systematischen Darstellung der Theorie Piagets unternommen, und er hat, wie Piaget selbst es formuliert, »diese Aufgabe außerordentlich erfolgreich gelöst«. Piaget zwingt zu einer Revolution unserer Anschauungen, wie es außer ihm in der Neuzeit nur Kopernikus, Darwin und Freud getan haben.

stw 8 G. W. F. Hegel
Phänomenologie des Geistes
622 Seiten
Die Phänomenologie ist »ein Werk, das im philosophischen Schrifttum nicht seinesgleichen hat, vielsträhnig und zentral, dithyrambisch und streng geordnet zugleich. Nirgends kann genauer gesehen werden, was großer Gedanke im Aufgang ist, und nirgends ist sein Lauf bereits vollständiger«.
Ernst Bloch

stw 1 Jürgen Habermas
Erkenntnis und Interesse
Mit einem neuen Nachwort
420 Seiten
Einzig als Gesellschaftstheorie ist radikale Erkenntniskritik
möglich, heißt die Grundthese von Habermas. Damit greift
er nicht nur in die an Methodenfragen orientierte Positivis-
mus-Diskussion ein, sondern auch in die auf Praxis gerichtete politische Diskussion.

stw 49 *Materialien zu Jürgen Habermas' »Erkenntnis und
Interesse«*
434 Seiten
Die unverhofft intensive und breite Diskussion, die *Erkenntnis und Interesse* entfacht hat, läßt es sinnvoll erscheinen, Kommentar und Kritik in einem Band zu vereinen. Die zum Teil sehr schwer zugänglichen Aufsätze
von europäischen und amerikanischen Autoren repräsentieren das weite Spektrum der Auseinandersetzung mit Jürgen Habermas.

stw 125 Heinz Kohut
Die Zukunft der Psychoanalyse
Aufsätze zu allgemeinen Themen und zur Psychologie
des Selbst
304 Seiten
Nach Kohuts Ansicht stellt die Ausbildung der Psychoanalyse einen bedeutsamen Schritt in der Geschichte der
Wissenschaft und möglicherweise sogar einen entscheidenden Wendepunkt in der Entwicklung der Kultur dar: Mit
der Ausbildung der Psychoanalyse ist es dem Menschen
gelungen, Introspektion und Empathie in Werkzeuge einer
empirischen Wissenschaft zu verwandeln.

stw 25 Thomas S. Kuhn
Die Struktur wissenschaftlicher Revolutionen
Aus dem Amerikanischen von Kurt Simon
227 Seiten
Fortschritt in der Wissenschaft – das ist Kuhns These –
vollzieht sich nicht durch kontinuierliche Veränderung,
sondern durch revolutionäre Prozesse: Ein bisher geltendes
Erklärungsmodell wird verworfen und durch ein anderes
ersetzt. Diesen Vorgang bezeichnet sein berühmt geworde-
ner Terminus »Paradigmenwechsel«.

stw 70 Friedrich Albert Lange
Geschichte des Materialismus und Kritik seiner Bedeutung in der Gegenwart
Herausgegeben und eingeleitet von Alfred Schmidt
2 Bände. 1018 Seiten

Langes *Geschichte des Materialismus* ist entstanden im Gegenzug zu einem sich ausbreitenden, krude mechanistischen, vulgären Materialismus (»Der Mensch ist, was er ißt«); sie ist daher in ihrer Darstellung gleichzeitig Kritik des Materialismus: Der Materialismus sei zwar die einzig legitime Methode der Naturwissenschaften, aber aufgrund des Kantschen kritischen Unternehmens für Metaphysik und Erkenntnistheorie abzulehnen. Auch wenn Lange nicht rein geisteswissenschaftlich vorgeht – er stellt z. B. eine Beziehung zwischen Sklaverei und Religion in der Antike her –, so trennt ihn von Marx und Engels doch, daß deren primäres Interesse am Materialismus auf den Menschen, die Gesellschaft und die Geschichte zielt.

stw 73 Paul Lorenzen
Methodisches Denken
162 Seiten

Der vorliegende Band enthält Arbeiten zu Problemen der Logik, Mathematik und mathematischen Naturwissenschaft. In diesen Beiträgen geht es nicht um einzelwissenschaftliche Theorien, sondern um Grundlagen, Grundbegriffe und Begründungsprobleme von Wissenschaft selbst. Lorenzen ist der Ansicht, daß auch die Grundlegung exakter Wissenschaft im Kontext gesellschaftlicher Zusammenhänge zu sehen ist und erschüttert damit die These von einer möglichen wertfreien Wissenschaft.

stw 93 Paul Lorenzen
Konstruktive Wissenschaftstheorie
240 Seiten

Für Lorenzen ist die Wissenschaftstheorie eine Grundwissenschaft, die »Fach«-Wissenschaften begründet, und nicht ein Fach neben anderen Wissenschaften. Eine solche Wissenschaft muß in allen Schritten kontrollierbar sein und darf »praktische« Fragen, d. h. solche nach den Zwecken von Wissenschaft nicht ausschließen. Die hier vereinigten, größtenteils unveröffentlichten Aufsätze von Paul Lorenzen, des Gründers der »Erlanger Schule«, sind Beiträge zur allgemeinen Wissenschaftstheorie und zur konstruktiven Begründung der Mathematik, speziell der Wahrscheinlichkeitstheorie.

stw 12 Niklas Luhmann
Zweckbegriff und Systemrationalität
Über die Funktion von Zwecken in sozialen Systemen
390 Seiten
Mit seinem Entwurf einer Systemtheorie erneuert Luhmann den von der gegenwärtigen Soziologie vernachlässigten Versuch, Gesellschaft im ganzen zu begreifen. Er untersucht die Funktion der Zweckorientierung in sozialen Systemen und bestimmt sie als Reduktion von Komplexität, als Vereinfachung, die das System handlungsfähig macht.

stw 33 Georg Lukács
Der junge Hegel
896 Seiten
Lukács' Studie untersucht Hegels Auffassung von der Dialektik der menschlichen Gesellschaft in ihrer Entwicklung von den Jugendschriften bis zur Phänomenologie des Geistes. Mit scharfsinniger Polemik gegen die bürgerliche Hegelforschung deckt er ideologiekritisch die idealistischen Züge dieser Dialektik auf. Dabei geht es Lukács um den inneren Zusammenhang von Philosophie und Ökonomie.

stw 75 *Marxismus und Ethik*
Texte zum neukantianischen Sozialismus
Herausgegeben von H. J. Sandkühler und Rafael de la Vega
377 Seiten
Marxismus und Ethik präsentiert die Debatte zwischen sozialistischen Neukantianern bürgerlich-ideologischer Prägung und Marxisten in der II. Internationale, um Grundzüge eines theoretischen und politischen Revisionismus zu kennzeichnen, von dem her der heutige ›demokratische Sozialismus‹ datiert. These der Einleitung (1970) ist: Der ›demokratische Sozialismus‹ entsteht als bürgerlicher Konservatismus im Gegenzug gegen das Proletariat und dessen politische Organisation und Kampf. Die Einleitung 1974 revidiert Fehlanalysen der ersten und begründet ideologisch und politisch die Notwendigkeit einer aktuellen Auseinandersetzung mit traditionellen und zeitgenössischen ›ethischen‹ Revisionismen.

stw 77 Jean Piaget
Die Bildung des Zeitbegriffs beim Kinde
Aus dem Französischen von Gertrud Meili-Dworetzki
397 Seiten
Die Analyse des Zeitbegriffs mit all seinen verschiedenen
Aspekten gibt ein besonders markantes Beispiel für die
Gesamtentwicklung des Denkens, wie Piaget sie in allge-
meiner Form in der *Psychologie der Intelligenz* beschreibt.
Die einzelnen Etappen der Bildung des Zeitbegriffs beim
Kinde stellt er mit Hilfe konkreter Beispiele dar, die die
pädagogische Anwendung des Buches erleichtern sollen.

stw 98 *Seminar: Geschichte und Theorie*
Umrisse einer Historik
Herausgegeben von Hans-Michael Baumgartner und Jörn
Rüsen
Die gegenwärtige Neuorientierung der Geschichtswissen-
schaft an sozialwissenschaftlichen Methoden und Theorien
trifft auf ein zunehmendes Interesse der systematischen
Sozialwissenschaften an historischen Problemstellungen.
Beide Tendenzen führen zu den prinzipiellen Fragen nach
Voraussetzungen, innerer Logik, Zweck und Funktion hi-
storischen Denkens. – Die Beiträge dieses Bandes bezeich-
nen den Umkreis möglicher Antworten auf diese Fragen.

stw 156 *Seminar: Kommunikation, Interaktion, Identität*
Herausgegeben von Manfred Auwärter, Edit Kirsch
und Klaus Schröter
Der Band enthält Arbeiten aus der Interaktions- und Kom-
munikationsforschung, die u. a. als Beiträge zur Klärung
folgender Fragen gesehen werden können: Wie interpretieren Individuen wechselseitig ihre Äußerungen und Handlungen? Wie stimmen sie Erwartungen aufeinander ab?
Wie verhalten sie sich im Fall der Enttäuschung von Erwartungen? Was folgt daraus für den Prozeß, in dem
grundlegende interaktive und kommunikative Fähigkeiten
erworben werden und Identitäten aufgebaut und bewahrt
werden?

stw 48 Derek J. de Solla Price
Little Science, Big Science
Von der Studierstube zur Großforschung
Aus dem Amerikanischen von Wolfgang Ebenhöh und
Helmut Neunhöffer
127 Seiten

Nach jahrhundertelangem Wachstum nähert sich die Wissenschaft heute ihrer Wachstumsgrenze, die erreicht wird, wenn ein bestimmter Anteil der Bevölkerung Wissenschaftler geworden sind und die Hälfte des Bruttosozialprodukts für die Wissenschaft aufgewendet wird. Solla Price stellt dar, welche Änderungen in der institutionellen Struktur und den Organisationsformen im Zuge dieses Wachstums und besonders bei der Verlangsamung des Wachstums auftreten.

stw 32 Helmut Spinner
Pluralismus als Erkenntnismodell
300 Seiten
Der vorliegende Band enthält drei selbständige Abhandlungen, in denen das pluralistische Erkenntnismodell aus der Popperschen Konzeption eines fallibilistischen Kritizismus systematisch entwickelt und in Rückanwendung auf Poppers eigenen Denkweg zur Kritik seiner Spätphilosophie des kritischen Rationalismus eingesetzt wird, deren konservative Tendenzen mit dem radikalkritischen Erkenntnisprogramm eines konsequent durchgehaltenen fallibilistischen Pluralismus kollidieren. Gegen Poppers eigene Philosophie des kritischen Rationalismus, aus deren Schule der Autor hervorgegangen ist und deren Ansatz eines rechtfertigungsfreien Kritizismus er weiterführt, wird in diesem Buch die These vertreten, daß der Feyerabendsche Pluralismus die konsequente Weiterentwicklung des fallibilistischen Kritizismus verkörpert.

stw 95 Peter Winch
Die Idee der Sozialwissenschaft und ihr Verhältnis zur Philosophie
Aus dem Englischen von Roland Pelzer
176 Seiten
Im Anschluß an die Philosophie Wittgensteins und dessen Auffassung der Regeln von Sprachspielen als Formen sozialer Lebenswelten bemüht sich Winch um die linguistische Grundlegung einer verstehenden Soziologie. Er zeigt, daß für das Vorgehen im Bereich der Sozialwissenschaft naturwissenschaftliche Verfahren nicht vorbildlich sein können und wendet sich damit gegen das Selbstverständnis einer Soziologie, die sich am behavioristischen Modell der Gesetzmäßigkeit beobachtbaren Verhaltens orientiert.

stw 5 Ludwig Wittgenstein
Philosophische Grammatik
Herausgegeben von Rush Rhees
491 Seiten
Die *Philosophische Grammatik* gibt Auskunft über Wittgensteins Weg von der Konzeption einer Idealsprache zur Theorie der Sprachspiele und zur mathematischen Grundlagenforschung der Spätzeit.

stw 152 Edgar Zilsel
Die sozialen Ursprünge der neuzeitlichen Wissenschaft
Herausgegeben und übersetzt von Wolfgang Krohn
Mit einer biobibliographischen Notiz von Jörn Behrmann
288 Seiten
Edgar Zilsel hat im amerikanischen Exil eine zusammenhängende Studie über die Entstehung der Naturwissenschaften begonnen, deren Ergebnisse (wegen seines Todes im Jahre 1944) nur fragmentiert als Aufsatzveröffentlichungen vorliegen. Diese Aufsätze folgen aber einer inneren Systematik, die ihre gemeinsame Veröffentlichung nahelegt.
Die allgemeine These Zilsels: zwischen 1300 und 1600 existieren drei Schichten von Intellektuellen, die institutionell und ideologisch voneinander getrennt waren: die Gelehrten, die literarischen Humanisten und die Künstler-Ingenieure. Während die letzte Gruppe Experiment, Sektion und das wissenschaftlich-technische Instrumentarium entwickelt, bleiben die sozialen Vorurteile der Gelehrten und Humanisten gegen Handarbeit und experimentelle Verfahren in der Wissenschaft bis ins 16. Jahrhundert stabil. Erst mit der Generation Bacon, Galilei, Gilbert wird das kausale Denken der plebejischen Künstler-Ingenieure mit dem theoretischen Denken der Naturphilosophie verknüpft.
Das Vorwort des Herausgebers rekonstruiert den theoretischen Zusammenhang der Aufsätze und geht auf die empirischen und begrifflichen Probleme ein, die sich einer Soziologie der Wissenschaftsgeschichte in der heutigen Forschung stellen.

Alphabetisches Verzeichnis der suhrkamp taschenbücher wissenschaft